1916年中华武士会本部第一班毕业学员合影

1918年中华武士会学员刘楚轩、卞蠡洲舞剑

1919年中华武士会教职员合影(左起程海亭、韩慕侠、周祥、李子扬、李星阶)

1920年中华武士会传习所师生合影(左起李怀白、孙禄堂、李星阶)

1922年中华武士会师友合影

1922年中华武士会学员何威如、杜化南演武

天津中华武士会第二分会职员合影

定兴三李合影(左起李子扬、李呈章、李星阶)

津沽文化研究集刊第十一种

主编 王振良

国术之魂
天津中华武士会健者传

李瑞林 阎伯群 编

天津出版传媒集团
天津古籍出版社

图书在版编目(CIP)数据

国术之魂：天津中华武士会健者传 / 阎伯群,李瑞林编. —— 天津：天津古籍出版社,2018.3
（津沽文化研究集刊 / 王振良主编）
ISBN 978-7-5528-0662-5

Ⅰ.①国… Ⅱ.①阎… ②李… Ⅲ.①武术家—列传—天津—近现代 Ⅳ.①K825.47

中国版本图书馆 CIP 数据核字(2018)第 039644 号

国术之魂：天津中华武士会健者传

阎伯群 李瑞林 编

出版人 / 张玮

*

天津古籍出版社出版

（天津市西康路 35 号 邮政编码：300051）

http://www.tjabc.net

天津市天办行通数码印刷有限公司印刷

全国新华书店发行

开本 880×1230 毫米 1/32 印张 14 字数 315 千字
2018 年 3 月第 1 版 2018 年 3 月第 1 次印刷

ISBN 978-7-5528-0662-5

定 价：78.00 元

为武林先贤造像

李洪钟

辛亥革命之后,清帝逊位,民国建立,整个中华民族的面貌为之一新。但国家积贫积弱的面貌没有改变,战争频仍,中华民族仍饱受外族欺凌之苦。"中华武士会"正是在这种背景下诞生的。"今同人创设此会,募集技击名手,广设传习所,以求普及,期我国民自兹以往,变文弱之风而成坚强之习,以负我民国前途之重任。"《中华武士会公启》中的这段话使该团体存在的意义上升到了家国大义的层面。"天下兴亡,匹夫有责",乱世之中,一群布衣武者能够登高一呼,振臂响应者云集而影从,武术在那个时代已不单单是一种搏击技巧,或者健身手段,而是民族尚武精神的象征。这也是中华武士会能够湮灭个人恩怨情仇,消除门派地域之争,将清末民初的武林中人统一到"救亡图存"的大旗之下的真正原因。"侠之大者,为国为民;侠之小者,为友为邻",以御侮强国为宗旨的中华武士会诸位先贤皆可谓"侠之大者"了。

中华武士会位于天津,因而是当时整个中国北方的武术传播中心。民国时的天津是北方大港,又是经济中心,上至达官贵人,下至贩夫走卒都活跃在这一历史舞台。中华武士会在这个三教九流会聚之地,能够不谄媚于庙堂权贵,不合流于市井小人;周旋于各派势力之间,克服种种困难,坚持办学演武。更为重要的是,几经周折,武士会"振起我数千载之国粹,使光显于世界"的初衷不变,殊为不易。

我的曾祖父李星阶先生自1919年至1928年担任天津中华武士会会长。在任期间,他致力于开拓中国武术教育本土化的传播模式,将武术普及到学校、军队之中,为中华民族的复兴崛起注入了一股强劲的动力,继而将其上升为"国术"。1928年底,中华武士会改组为河北省国术馆,他担任教务处长,主持馆内日常工作,继续为发扬国术做出卓越贡献。七七事变后李星阶先生回到家乡,组织乡民投入到抗日斗争之中,用自己的一生完成了一个武者对国术精神的完美诠释。

阎伯群先生的祖父阎道生先生是一位允文允武的艺术大家,也是中华武士会的主要教员之一,襄办中华武士会的始终,为武士会的发展壮大贡献卓著。时隔九十年后,伯群先生编辑这部《国术之魂》,为中华武士会的巨擘先贤造像,也是对其先祖遗志的一脉相承。

本书的另一位编者李瑞林先生是一位武术史学者,多年来挖掘整理天津中华武士会的史料,曾编著《形意拳侠》,对研究燕赵武术文化,弘扬武林先辈的民族精神做出了贡献。

这次,两位先生合力编录《国术之魂》,是近年来中华武士会研究的又一个重要成果,具有高度史学价值,必将推动和深化天津地方武术社团、组织的研究及地域武术、拳派史的研究。

今次为中华武士会诸人物立传,当然有"勿使前辈之遗珍失于我手,勿使国术之精神止于我身"的考量,但更为重要的是,在当前新的社会形势下,宣扬国术教育,为中国传统武术正名。发展和传播中国武术的意义绝不仅仅在于使其成为一种举世认可的技击术,而是使其中蕴含的修身养性、扶危济困、保家卫国的国术精神再度成为时代风气。我想,这才是编写本书的最终目的。

2017 年 7 月

目 录

序言：为武林先贤造像 / 李洪钟 …………………… 001
中华武士会史略 / 阎伯群 李瑞林 …………………… 001

罗疃八极宗师张景星 …………………………………… 012
神棍王中泉 ……………………………………………… 017
北洋武林泰斗李存义 …………………………………… 021
李式太极拳创始人李瑞东 ……………………………… 041
武林英杰翠花刘 ………………………………………… 052
任侠尚义的周祥 ………………………………………… 057
孙禄堂传略 ……………………………………………… 059
神枪李书文 ……………………………………………… 087
忆先父尚云祥 …………………………………………… 093

闪电手张占魁 …………………………………… 099

赛白猿唐维禄 …………………………………… 105

沽上名流杜之堂 ………………………………… 118

戳脚名家李维祥 ………………………………… 124

冠绝侪辈的程海亭 ……………………………… 129

镖业豪杰李呈章 ………………………………… 131

形意拳名家马玉堂 ……………………………… 136

与定兴三李相伯仲的王子翙 …………………… 138

乔锦堂及其武术生涯 …………………………… 142

张鸿庆其人其事 ………………………………… 151

李存义的衣钵传人李星阶 ……………………… 157

韩慕侠的武术人生 ……………………………… 168

神枪翟树珍 ……………………………………… 180

名扬东瀛的郝恩光 ……………………………… 187

武术名家姚馥春 ………………………………… 189

高振东回忆录 …………………………………… 195

同盟会燕支部成员马阜 ………………………… 203

践行尚武精神的黄柏年 ………………………… 204

侠农傅剑秋 ……………………………………… 209

开创中国武术教育先河的张恩绶 ……………… 213

靳云亭先生在上海 ……………………………… 217

武林虎将傅振嵩 ………………………………… 220

我的祖父韩子衡 ………………………………… 225

融晋冀形意于一家的董秀升 …………………… 235

誉满全国的北洋大学武术教员李子扬 …… 241
清河三杰之一阎志高 …… 247
形意统一拳传人郭汉之 …… 252
济南才子杨明漪 …… 255
英年早逝的李彬堂 …… 261
王俊臣小传 …… 263
剑胆琴心阎道生 …… 265
武当剑仙李景林 …… 288
中华武士会干事叶云表 …… 304
哈尔滨太极拳开拓者李玉琳 …… 308
中央国术馆教官韩化臣 …… 314
御前教习霍殿阁 …… 328
文通武备的武术家马凤图 …… 333
高等学府的国术先驱李剑秋 …… 347
神八卦蒋馨山 …… 356
我所知道的张荫梧 …… 360
中国拳击运动先驱朱国福 …… 369
姜容樵谈个人经历和武术 …… 378
陈泮岭先生传略 …… 384
形意拳大师褚桂亭 …… 389
张占魁弟子钱树桥 …… 396
武术内功名师郭铸山事略 …… 401
从中华武士会走出的科学家卞彭 …… 407
名门虎子李春芳 …… 411

螺旋拳创始人裘稚和 ………………………………… 412
德艺双馨的李敦素 …………………………………… 414
技击大师赵道新 ……………………………………… 418
中华武术教育先驱刘文华 …………………………… 420

后记:献礼中华武士会105周年 ……………………… 422

中华武士会史略

阎伯群　李瑞林

　　中华武士会的历史可上溯至清光绪三十四年（1908），由直隶教育家张恩绶与同乡好友晚清武进士、著名实业家杜晓峰，联络深县籍人士，在津创立了一个同乡会组织，其中有李存义、刘文华等武术家的参与、推动。而在清宣统二年（1910），武术家李瑞东、李存义、张占魁等人在天津三条石创办了民间武术团体"中华武术会"，开始了民间武术资源的整合。两个团体声气相投，均可视为中华武士会的前身。

　　辛亥革命以后，民国成立，锐意图强，孙中山倡导尚武精神，以强国强种，振兴国本，民间尚武之风蔚起，我国固有武术迅速复兴。中国同盟会直隶成员张继、王法勤、顾德宝等人鼎力支持中华武士会的成立，作为发起人之一，参与到初期的筹建中。燕支部成员叶云表、马凤图被委以重任，积极联络各界。作为武术界发起人的李存义、李瑞东、张占魁等一大批爱国武术家，成为武士会的主体。

1912年6月5日至6日，天津《大公报》发布了《中华武士会公启》《中华武士会简章》及《中华武士会传习所简章》。

《中华武士会公启》曰：

我中国者，一尚武之国也。自我祖黄帝降昆仑，而东以武力逐蚩尤得中土，其雄武气概，盖可想见。以及战国时代，各国犹莫不崇尚武事，尽力发扬其尚武之精神。盖自古迄今，未闻有文弱之民而能立国者也。迨夫后世中原一统，各专制君主皆极思柔弱其民，使易于控驭，自是武道始不竞矣。极其弊而通国士夫，皆以习武事为轻狂，不但不以为可贵，而反蔑视之，遂使通国之人靡弱若病夫。夫以靡弱若病夫之人，而欲竞胜于此强权之时代，其有幸乎？吾中国近年以来，屡遭外人侮辱，而无如之何者，其原因虽不一，而国风之文弱，与士气之不振，则为其原因中之过且大者无疑也。彼东瀛萃尔三岛，人口土地不及我者，不止数倍，而能一战辱我，再战破俄，彼国士夫推原其故，辄归功于彼之武士道。由斯以察，武道之有关于国家兴废，不亦重大矣哉。况我中国之击技，其神妙实甲全球，若其变化莫测、刚柔并用、运气诸法，又为外人所梦想不到者。凡此，皆我先民好武者，久由经验而得之，岂有神权涉其间者。日本拾我唾余而能名动天下，甚至美之大总统求教师于彼邦，英之女校体操将尽改，用其柔术，拾我余唾而能盛称于天下，且收莫大实益，若彼者何也？此无他，以彼之视此有若第二之生命故也。我则藏精具粹，而世莫知焉，国家亦未能得其利者，何也？此无他，以我之视此直蔽屣之不若故也。他无论矣。就学界一方面观之，日本中学程度以上各学校，其校中莫不设柔道击剑，各部学生亦未有不习之者。年中试，合数次定优劣，以资鼓励。故学生时代除研究功课外,谈则论武,聚则斗力,周视全国莫不皆然。吾国则反,是文人直以运动为轻佻,而且视为下流。以此相较,彼兴我腐,岂偶然哉?同人观此情形,慨叹莫已。用特发起此会,欲以联络同好,广征武术名手,自兹以往,振起我数千载之国粹,使光显于世界。于是我国之武风可长,士气可振,国本可立,此岂可再忽之者哉?近世体育一科,各国莫不竞尚,其操练之术亦种类不一,然其适于运用,且益于体力者,则皆莫我中国之古击技,若此亦不必详论,就实际上比较之,自暸然矣。观凡精于击技者,其体力气力魄力胆力不胜常人数倍耶?吾人处世行事乏以上数种力者,鲜能成功。而欲备此数种力,则非近今各运动法所能济事。盖法门之不同,而收效自异也。今同人创设此会,募集击技名手,广设传习所,以求普及,期我国民自兹以往,变文弱之风而成坚强之习,以负我民国前途之重任。诸君有闻风兴起者乎?此同人大有厚望焉者也。

《中华武士会简章》对武士会的办会宗旨、建制、人员等作了规定。名称,定名为中华武士会(亦称中国武士会,意在武术普及全国之目的)。宗旨,以发展中国固有武术,振起国民尚武精神为宗旨。会员,以年在15岁以上,籍贯为中华国民而品行端正者充之。入会,具前条之资格,经本会会员介绍,可准其入会,唯须纳入会金五角。出会,凡本会会员,不得无故出会,但有背公理行为,经会员过半数指斥者则强令出会。职员,本会设干事、书记、会计、招待各二人,以上皆由全会员投票选举,任期以一年为限。经费,凡本会会员,每月须纳会费一角,而在本会传习所习技艺者,则须按学费(每月一元)照加,所收学费十之八为各教师薪金,十之二及每月所收会费为本会经费。会期，每年开春秋两季大会，是为常会，开会日期则临时酌定，定后早日通知各会员。开会，常会外由本会会员十人以上，可要求干事开临时会，凡开会时到会者过半数之议决事件，即为有效。会所，暂借河北三条石直隶自治研究会总所。附则，此简章有不妥宜之处，可由多数会员随时议改。

中华武士会附设传习所，简章规定：学科分为两种，一速成科，一专修科。速成科每日传习两小时，五个月毕业。专修科每日两小时，两年毕业。凡在本会传习所毕业者给予本会徽章。学费，凡在本会传习所习艺者，每月纳学费一元。传习时间，每日自午后1时起，至晚9时止，此时间中任学员自择适宜时间学习。报名处，河北三条石直隶自治研究会总所。发起人，王法勤等77人。

6月16日下午，直绅张继、王法勤、顾德保等80余发起人，假河北三条石直隶自治研究所开成立会，筹议开课事宜，广延拳棒击剑各名师为教习。李存义为教务长，刘文华为总教习，李彬堂、郝恩光等人为教员，以传授形意、八卦、太极拳为主，另有长拳、八极拳、通背拳等，各拳种均由优秀拳师任教。

时任北洋政府要职的冯国璋，对中华武士会的呈请，批准立案，拨给会所一处，位于河北公园内直隶学务公所，捐资提倡，并亲自题写牌匾，担任名誉会长，其后的办公款项，多来自冯国璋以政府名义的拨款。中华武士会在直隶学务公所备案，隶属其管理，除有志于武术研究者外，为埠内各学校教员及改良私塾塾师提供免费培训，学商两界半费，造就学校技击之师资。"迄未筹有的款，只恃职教各员甘尽义务，推广传习，本于爱国之热忱，奋为强种之善举，艰难缔造，煞费苦心。"（《益世报》）。

6月底，中华武士会开课有期。自成立以来，学务公所为各校发布通知,《大公报》刊登成立消息,仅数日,入会者约有百数十人,各教习亦经聘订,其地址借妥公园内学会处,暑假期内即可开课。

9月8日下午1时,中华武士会在河北公园召开正式成立会,兼行开学礼,并由各教习演习各项拳棒技术。是日,观者如堵,当由到会各会员分班演习枪刀拳棒各技,堪称绝艺。

1912年10月28日,中华武士会在河北公园组织举行了全国秋季运动大会,盛况空前,时称"天下英雄会"。李瑞东为了筹集此次活动的经费,卖掉了自家在武清城关的200亩好地。"是日,首由干事张泽儒(恩绶)报告开会词,继由干事叶云表报告近日办事手续,毕,当有各武士各献技能,掌声雷动,尤以广东卢杰之君舞铁线拳及舞长杆功夫为纯绝,武清县之太极拳更属文雅,此种技能不但为吾中华之粹,亦为民国之光,倘能从此极力提倡,未始非振起尚武精神之根本问题也。"(《大公报》)

中华武士会创立后,到天津公园学习武术的人络绎不绝,常有学生、教员、商人排队前往学习武术,场地不足,中华武士会在河北甘露寺宣讲所设立分部,招致学员。作为师资,中华武士会聚拢了一大批中国北方武林的顶尖高手,如当时保定万通镖局的原班人马尚云祥、定兴三李、郝恩光、李彬堂、黄柏年、王子翔,以及程海亭、李进修、王俊臣、韩慕侠、张景星、李书文、霍殿阁等人,都是中华武士会的早期教员。

与中华武士会同步,李存义和刘文华在北京创办"尚武学社",由弟子李彩亭、尚云祥等人执教,部分教员来往于京津间,尚武学社致力于在北京传播形意八卦拳术,可以说是中华武士会的分会。不久,中华武士会的分会组织在省内外接踵而起,北洋各省习武之风盛行。

1913年3月7日的《大公报》,刊登中华武士会的募捐公告,呼吁政界、商界、民众捐资补助,进一步支持中华武士会的发展。

在社会各界爱国人士的支持下,中华武士会蓬勃发展,京津各校纷纷到武士会聘请教员。1913年,李子扬受聘于天津北洋大学,身居一校,声塞全国,学生遍游东西洋。李剑秋接替刘文华赴北京清华学校任武术教员,之后成为北方著名学人,传形意拳而有世界影响。北洋大学与清华学校与欧美教育并行,学生邀游异国,拳勇不胫而走。中华武士会的武术教学活动扩大到全国。李存义为调节南北政治分歧,赴江西司令部任总教员,后在金陵、上海等处提倡武风,在上海南洋公学教授拳术。李瑞东常驻北京,在京传艺。张占魁在南京成立了"武术研究社",编写教科书,竭力扩大形意拳八卦掌在江南一带的影响。这些活动,都以中华武士会为轴心,再把影响辐射到全国。

同年,中华武士会干事叶云表留学东瀛,联合日本留学生界邀请郝恩光赴日本,成立中华武士会东京分会,传授中国留学生。来自中国的形意拳术让日本武士道深感中国武术的深邃,羡慕且嫉妒。日本武士道召开赛武会,意将抑制中国人以自扬。郝恩光登台,展露形意绝技,日本武士无敢撄之。留学诸君,交口相赞,多年来,我国事事落在人后,郝恩光今日为国扬眉吐气。形意拳术被日本人视为武林绝学,在私下揣摩和研习,重金邀请郝恩光传授技艺,被郝拒绝。郝恩光归国时,受到留学生的热烈欢送。

1915年,教育部明令开设武术课程后,南开中学延聘中华武士会韩慕侠为武术教员。除课程时间外,在课外从韩习拳者达数十人。后来,中华武士会李昭荫接替韩慕侠受聘于天津南开中学,在校创立"广武学会"。王俊臣、李剑秋在保阳陆军学校任教,成立武术研究社。李彬堂在太原国民师范学校任教,复传河北形意拳于发祥地山西,促进了山西河北两地形意拳的交流。李星阶受聘于直隶一中(铃铛阁中学),靳云亭受聘于工艺学堂、育德学校。秦月如受聘于北洋法政专门学校。刘凤春受聘于北京体育学校。李玉琳受聘于扶轮中学。"中华武士会历经北京训练总监、南京武术研究社暨各省、本省各级学校团体延聘,充当教习成效卓著,久为社会各界所赞许。"(《益世报》)

1916年4月2日,在河北公园举行了讲习专科班首届毕业典礼,毕业者有王恕、杨琪、阎道生、罗斌、胡岗5人。毕业后充实到教学工作中,为武士会效力。

1917年11月11日,中华武士会上书曹督军,呈请提倡维持,"际此国势阽险之日,幸值硕果仅存之余,曹督军卫国经武定有一番倡导也"。消息发布于《益世报》,题曰《中华武士会扩充之希望》。其后,曹锟常往武士会视事,聘请人员。

1917年,会长李存义函招远在云南蔡锷军中的弟子李星阶来津,主持会务。

1918年夏,天津博物院开成立展览大会,以中华武士会为主体,李星阶协助李存义,召集北方数省60多个门派,300多位武术家莅会表演,规模之大,影响之广堪称空前。各派之间沟通了感情,交流了技艺,受到社会各界的嘉许,数百群众踊跃报名加入武士会。武士会利用天津城厢附近的四个宣讲所,除原有的甘露寺(北大关)宣讲所、天齐庙(东马路)宣讲所,还在西马路、地藏庵(河东粮店街东)两处宣讲所,设立武士会分部,与天津社会教育办事处共同推行社会教育,兼筹并顾,形成德智体三方面兴学的一部分。中华武士会第二分部（天齐庙）在《星期报》《大公报》发布续招学员通启。第一分部也在《益世报》发布续招学员公告。

1918年9月14日，北京召开万国赛武大会，俄国大力士康泰尔设擂比武，主办方函请北方武术家到京。李存义为维护国术和民族尊严，率门人数十前往赴会较技。会上，因格于警厅、步军统领之禁未得交手，改为演武。中华武士会有精彩表演，其后，康泰尔表演举重，力举200斤石墩，墩上带6人，环社稷坛走一圈。中华武士会王贵臣举其墩，能带12人环社稷坛走三圈。中华武士会豪杰的神功绝技慑服了俄力士，使其将11块金牌主动献给中华武士会。中华武士会参加赛武会的消息被北京、天津、上海的各大报纸连续跟踪报道，成为当时家喻户晓的社会新闻。会后，北京《顺天时报》、天津《大公报》和《益世报》先后以《中华武士会赛武大会之详志》为题，刊发详细报道。

万国赛武大会后，北方各省掀起习武热潮，前来中华武士会习武人员彻夜不断，令年事已高的李存义难以应付，隐居英租界弟子张天普家中，由继任会长李星阶打理会务。

李星阶在主持武士会期间，秉承李存义的办会理念，团结武林人士，联络各个门派，以武术教育为主旨，与阎子阳、王子翔、杨明漪、韩怡庵等一批武士会的骨干成员做了大量卓有成效的工作。

1920年，直隶实业厅、商品陈列所和天津博物院联合举办展览会，附设武术馆、游艺馆演习技艺。武术表演大会以中华武士会为主体，参加大会的还有北方数省数百位武术名家。大会取得了极大的成功，为此三单位联合为中华武士会颁赠奖章。这几次重要活动,影响波及全国。南北各派名家高手经常聚首武士会,把酒论剑,以武会友,据李星阶的儿子李敦素回忆,常到武士会教学和做客的有刘凤春、孙禄堂、尚云祥、李毅仲、秦月如、周祥、程海亭、李文彪、邓云峰、乔锦堂、王俊臣、韩慕侠、傅振嵩、阎志高等人。社会各界士绅、名流经常到中华武士会观摩,遴选人才或结交朋友,中华武士会成为我国北方武术教育活动的中心。

1922年年底,恰逢上海精武旅行游艺团莅津,来北方宣传中国武士道,提倡体操及国粹武术,直隶一中举行欢迎会,李星阶执教的武术会给客人表演了功力拳、大雄拳、形拳、连环剑、步捶、少林拳,李星阶表演了剑术,鼓掌之声,相继不断。精武会在演说中,首先提到"幽燕多壮士,声名天下闻。自古讲求武士道者多在北方",愿与北方同人一起振衰起弊,恢复国光云云。(《益世报》)

1925年,奉军将领李景林任直隶督办兼省长,武士会的会所被奉军军队占为营房,会长李星阶找李景林交涉,两人一见如故,结为知己,经常在一起谈拳论剑。"李督办自到任以来,对于军学各政,无不加意整顿,于武术教育尤注意焉。中华武士会为本埠唯一之武术体育机关,矗立十数年之久,向无的款,全赖教员捐资维持。李督办为求武学之发达,月之二日,特招该会教务主任李星阶研究提倡办法。每月补助常年会费百元,及修房费三百元,以资会务扩充,而发扬国粹云。"(《益世报》)

李景林每月发放经费,解决了武士会一时经费紧张的问题。同时,天津三条石天成铸造厂东家郭庆年和商家郭汉之、张天普等人常年捐助银两,维持中华武士会的开支。画家阎子阳捐款捐画,补充武士会的会务费。

1926年秋,李景林败走天津,天津陷入军阀混战的局面,中华武士会再次沦为驻军之区,进入有史以来最艰难的时期,中华武士会同人矢志不渝,力行不辍。

此时,时势在飞速变化,"国术"一词出现在了西北军将领张之江呼吁成立中央国术馆的公文里。下野后的李景林也把精力投入到对国术的弘扬中。1928年,国民党内政部《提倡国术十要义》发布全国,中央国术馆在南京西华门挂牌,中国武术史上的另一个时代来临。

从中央国术馆的一些资料中,我们可以发现,中华武士会的骨干成员,如张占魁、李星阶、尚云祥、李子扬、黄柏年、姜容樵、傅剑秋、赵道新等人都积极参加到中央国术馆的早期活动中,有的还担任了要职。中央国术馆成立伊始,在此任教的孙禄堂、姜容樵、马英图、高振东、韩化臣、左振英、靳云亭、朱国福等20多人,都是原天津中华武士会的会员。从中可以看到,中华武士会在时事变化中采取了开明态度,站在武术变革的前沿,把自己的血液融入了更广阔的背景里。

中央国术馆成立后,各省政府闻风而起,纷纷兴办国术馆,民国政府颁布"统一国术,取缔武术团体"的规定,中华武士会作为原北洋政府武术机关,亟待改制,会长李星阶顺应形势变化,与北平警备司令张荫梧(中华武士会成员)、河北省主席商震、天津警备司令傅作义及社会名流发起,成立河北省国术馆,李星阶被公推为教务处长。中华武士会完成了它的历史使命,一部分成员投入到中央国术馆、河北省国术馆、天津市国术馆、天津县国术馆,一部分成员在民间组织起新的社团,20世纪30年代初,天津市民间涌现国术社团百余家,大部分武师出自中华武士会。张占魁组织的中华武术研究社与李呈章执教的中华武士会第二分部继续坚持活动，于1928年底连续三次举行国术观摩大会，延续着民间社团的辉煌。另有一部分中华武士会成员则浪迹大江南北，继续传播武术文化。

罗疃八极宗师张景星

张景星画像

八极拳，全称为"开门八极拳"，素有"文有太极安天下，武有八极定乾坤"之誉，同时该拳也被孟村回族自治县人民视为传统的武术项目。

八极拳迄今已有近 300 年的传承历史，相传在清朝雍正初年，由河北省庆云县吴钟习于"自称癞"的云游道士，后传其女吴荣。后吴家迁居至沧县孟村，并将其拳一直传承下来。

八极拳共分为两支传习，一支为吴氏本家；一支是王四学艺于孟村之后，又传于罗疃张克明，张克明又传其子张景星及其徒弟黄士海等人。罗疃八极一支的代表人物之中又以张景星授徒最多，影响也最大，其徒有李书文、张玉衡、韩化臣、马英图等人。而罗疃八极也自张景星起得到了迅猛发展，并逐渐走出了罗疃村而盛传于中国北方以及台湾等地,后又传入日本、美国、加拿大等国家。

张景星习武轶事

张景星(1843—1924),河北沧州孟村罗疃人,字拱辰,八极拳门第四代宗师,职业武师。其父张克明是罗疃八极第三代宗师,曾拜吴钟为师,同时亦得到吴钟之女吴荣的真传。张景星受到家庭的影响,自幼就对武术产生浓厚的兴趣,随张克明习练罗疃八极。但因年龄小,张景星对罗疃八极拳的拳理及发力技巧的理解不够深入,因此,这也是其父对张景星严格训练之处。

八极拳的发力特点"刚猛暴烈,崩撼突击""动如绷弓,发若炸雷",而劲法也以十字劲、沉坠劲等为主。起初,因张景星在发力技巧上达不到要求,所以其父常以断其晚餐为惩罚,直到将每个发力技巧运用娴熟时方可进餐。

一日,张景星在家中做"十字劲"功夫练习,坠肘动作总是不能将前手向前打的劲力与后手向后拉的劲力完美融合,父亲非常生气,于是要他将每个动作进行分拆练习,以求由心而发并与坠肘、跺脚等动作达到统一。但是,张景星怎么也达不到父亲的要求。晚上,在被父亲责骂之后,张景星极感委屈,在月下徘徊,顺手折断一根树枝,抽打地面,发泄着自己的郁闷。无意中,张景星发现地面布满了树枝的凹痕,忽有所悟,"柔顺自然、松而不懈、力透而达"——张景星终于找到练习"十字劲"的诀窍,理解了罗疃八极的劲力精髓。

张克明听闻张景星领悟"十字劲"拳理的经过,也倍感欣慰,遂将罗疃八极的拳理及精要一一讲与张景星。张景星自此也如鱼得水,习练罗疃八极到了如醉如痴的境界,进步很快。成名后,他与师兄黄士海一起被武林誉为"罗疃双杰"。

父亲去世之后,张景星便开始执掌张家把式房,还请来师兄黄士海,一起精研罗疃八极及六合大枪术,并开始广收门徒。期间,张景星与师兄黄士海每日授徒、切磋,共同对罗疃八极进行了全面总结与提炼。张景星还常常与徒弟及自己儿子张玉衡进行八极拳的徒手实践交流,为日后对罗疃八极的进一步精炼与传承起到了积极的作用。张景星此时已将罗疃八极及六合大枪术运用得炉火纯青,以心神镇静、招数精熟为世人所称道。尤其神奇的是,他与弟子韩化臣及儿子张玉衡在晚间进行拆招时,都不用掌灯,在黑暗中犹可应对自如。

光绪末年(1908),张景星携子张玉衡去武清拜访武术名家李瑞东大师,受到了李瑞东大师的热情款待,两人进行了诚挚的交流。闲时,张景星令张玉衡演练一套八极拳,李瑞东看后遂对张景星赞道:"这才是真正的八极拳!"同时,李瑞东也演练了一套太极拳,张景星亦对李瑞东大师精湛的太极拳技艺钦佩不已,赞不绝口。张景星自己又演练了一遍六合大枪,李瑞东对张景星的精绝枪法更为震惊。在钦佩和赞赏之余,李瑞东大师提出欲以太极、金刚八式换张景星的六合大枪术,张景星欣然同意。两人还因此结为金兰之交,往来不断。两位武术宗师打破门第之见的换艺之交成为当时武林的佳话。

1912年,天津中华武士会由李存义、张占魁等爱国武术大师创立,成为中国北方第一个得到政府支持、倡办的民间武术社团。天津中华武士会不但以传播中华武术为己任,同时还以团结各地的武林人士、振奋民族精神、培养武术人才为宗旨。张景星也在形意拳宗师李存义等人的邀请之下，带领弟子李书文等人参加了天津中华武士会，任教习一职。在此期间，张景星与诸多的全国各地的武术名家进行了广泛的交流，开始着手对罗疃八极拳理加以进一步的提炼。

张景星对罗疃八极的贡献

在广结天下武术朋友之外，张景星还广收门徒，培养新秀，有王中泉、李书文、马英图、马凤图、韩化臣、张玉衡等人。正是由于这些人的不断努力，使罗疃八极走出了罗疃村，传誉天下。

首先，罗疃八极能够破除门第之见，广结天下豪士，广收门徒。在原有八极拳的古韵基础之上，罗疃八极博采众长，勇于创新、改进、精研，使之拳、枪合一，在秉承原有技艺风格的基础之上更具特色，使实战和技击效果更加完美，从而使罗疃八极闻名于世。张景星与李瑞东义结金兰、换艺互通之举，使张景星将太极拳拳理、拳架、揉手功以及金刚八式加以吸收而融入罗疃八极中，使之更具八极拳的实效与攻击力。同时，也促使罗疃八极在原有拳理精华之上，传承思路更加开阔，令后人可以从多层次、多方面、多角度去重新认识罗疃八极技艺。自此，罗疃八极摒弃陈旧的门第之见，以开放的胸襟走向世界。

其次，借助平台，全面发展。张景星受天津中华武士会创办人李存义、张占魁等爱国武术大师邀请，带领众多弟子参加了中华武士会。在此期间，张景星的弟子们也与各地的武术名家进行了广泛的交流与学习，其中以弟子李书文和再传弟子张德忠、霍殿阁、张子林、高熙臣等人为核心,与李存义为代表的京津两地的武术大家、名门形成鼎足之势,从而令张景星祖孙三代艺惊武士会而享誉津门,使罗疃八极成为煌煌显学。

与此同时,张景星与师兄黄士海等人在博采众长之余,又将其巧妙地融入到自身的罗疃八极的拳理之中并加以应用,从而形成了如今的"动如猛虎、稳如熊罴、刚猛松放、暴烈突然、势险节短"的新风格。同时,张景星与黄士海仍旧不断为了升华罗疃八极及六合大枪而努力着,提炼出《八极要领歌》以及《六合大枪歌》,使得这两项技击技巧更为精炼、准确。

(朱霖撰文。原题《浅谈张景星对"罗疃八极"发展的杰出贡献》,见《兰台世界》2014年第11期。有删改)

神棍王中泉

王中泉(1846—1919),河北省沧县张旗屯村(今属南皮县)人。幼年习家技,其家传少林技艺,有阎罗棍法、五虎擒羊棍。王中泉家贫,12岁即做雇工。清同治元年(1862),经人推荐到罗疃黄士海家中做长工。王中泉性情温顺,极其尊敬黄士海,农活、杂活也干得十分出色。

一日,武林界好友来探访,黄士海见王中泉早已将房间、庭院打扫干净,欣慰地将其唤到身旁说:"你想练'把式'吗?"王中泉急忙跪倒在黄的面前说:"您老如不嫌弃,我愿拜您老为师。"黄士海说:"我已观察你很长时间,你为人厚道、勤奋,出身与我幼时一样苦,咱爷俩有缘分,我就收你做个徒弟吧。"

王中泉深知"不吃苦中苦,难为人上人"的道理,每日清晨和晚饭后随师习武,苦练十余年。他还先后得师爷李大忠、张克明指导。王中泉将罗疃的行者棒、六合大枪及自家的五虎擒羊棍棍法相结合,自成一家。技艺大成后,王中泉回张旗屯广传八极技艺，从者众多。

王中泉练功内容极简，功夫却精深莫测，骑马式桩一蹲一个半时辰，盛满水之碗放于头、肩之上，任人推撞水丝毫不洒。为了测试他的千斤坠功夫，村人用耕地老牛拉他，王中泉骑马式桩一蹲，老牛拉不动，练功的鞋底子拽掉下来，可见下盘功夫之深。

王中泉为人刚直，疾恶如仇，对弱者全力相助，对蛮横者从不屈服。光绪初年，他到沧县城郊购药，遇一老者向他求救说，邻村有一叫张耀祖者，绰号"胎里坏"，要抢其女儿成亲。张家有钱，买通官府，又豢养了一批打手，其人功夫了得，横行霸道，无人敢惹。王中泉听后，气愤不已，道："'胎里坏'如此暴虐，我非会会他不可。"夜晚，王中泉跃入张宅，见室内吊灯高悬，张祖胸露腹，授打手以拳法。王怒不可遏，哼了一声，被张听到，大声说："何人敢来张宅偷艺？"话音刚落，王中泉已跃其面前，说："如此花架子之功，岂值分文？"张大怒，要与王比艺。王说："现已更深，不可惊动四邻，各演其技如何？"张练棍术，其徒助威。王见张之棍向他袭来，身一闪，右手一捞，将棍夺过，继而练之，张目瞪口呆。张不服，要较技。张双手持棍，"力劈华山"朝王头顶猛力砸来，王不躲不闪，迎上前，一招"翻江倒海"将张之棍磕飞，同时用棍梢击中张左肩，张哇呀一声倒地，勉强爬起，叩拜求饶。王中泉训之以礼，教之以德，告之以规。从此，"神棍"王中泉名扬四方。

清光绪五年（1879），有一自称来自河南嵩山少林寺、法号震明的武僧，来罗疃会武。言其走遍南北未遇敌手，耳闻沧州武林豪杰甚众，持十多斤齐眉铁棍，演练了一趟棍术，一探虚实。也确实棍行风吼，功力非凡。时大枪枭雄曹井田、镖王刘虎臣等闻讯到现场观望，虽觉和尚狂妄，但念其为外地人，未与他较。

第二日，和尚又来摆阵。于是，曹井田、刘虎臣、黄士海、张景星等人商定由王中泉上场与和尚较棍技。王中泉持七尺长的腊杆长棍，与和尚接架相还十余合，不分胜负。王发现和尚棍沉力猛，不能与其硬磕硬碰，便发挥白蜡杆棍轻巧灵活的优势，当和尚以"泰山压顶"之势袭来时，王一招"太公钓鱼"顺势化解和尚铁棍来式，未等和尚变招，王以闪电般速度摆腰抖臂，一招"老翁砍柴"，击中和尚左肋，使其跌坐在地。王急忙向前将其扶起，拱手言失。和尚后悔道："不该口出狂言，沧州果然豪杰辈出。王施主神棍称号，当之无愧，和尚佩服！"王中泉请医师给和尚疗伤，精心照料。和尚康复后，与王中泉相互切磋棍法，结为好友。

光绪末年（1908），王中泉赴北京戳杆授徒，在北京城九门挂棍（摆擂台），屡战不败，威震京都，号称"天下第一棍"。

八极拳的特点是根稳身正，讲究"八极八极脚不离地"。王经常说"你会飞也没有用，你也得到我跟前来打我"。有人将此话传给燕子李三，李三轻功上乘，在北京访王中泉。李持单刀，王赤手对之，三回合李败，王以诚相待，换艺而去。八极拳遂落脚北京城。

1912年，王中泉与师叔张景星、师弟李书文率领众弟子赴天津中华武士会任教习，传八极于津门。后王中泉被驻扎黑龙江省的许兰洲将军请至家中，传授八极拳。

一次，许兰洲将军之"黑老虎"轿车被王中泉桩步扎好双手扪住，轿车难以开动，可见其桩功之深。故八极门中有"功夫大王王中泉"之誉。

许兰洲将军一生好武，称一生见到功夫最深的武师是神棍王中泉和神枪李书文。

王中泉与师弟李书文关系甚佳,王中泉将自己的弟子王树德、张德忠送给师弟李书文深造,李书文的弟子霍殿阁得到王精心执授。由于大师兄王中泉的榜样力量,罗疃张家弟子,关系皆融洽,互相扶助,交谊深厚。

王中泉一生豪侠仗义,扶危济困,全部精力致力八极拳艺。其弟子有马福有、王树轩、宫宝庆、李瑞歧、隋文通、王华顺、王华成、卢文立、田长泰等。

王中泉晚年由家住万庄的弟子王华顺、王华成养老送终。坟茔现在廊坊万庄镇,其再传弟子、三传弟子,感其功德,为其树碑立传。

王中泉以"棍"名世,他总结的八极拳《要领歌》,流传至今。

王中泉是八极拳门早期闯天下的代表人物,八极拳在祖师吴钟之后在京津地区传播并立足,王中泉、李书文功绩卓著。

(朱宝德、吕甫琴撰文。见《搏击》2004年第3期。有增补)

北洋武林泰斗李存义

由王家卫执导，反映民国武林生活的电影《一代宗师》的上映，在勾起人们对逝去的武林及宗师们好奇的同时，也在关注着其背后的诸多原型人物。

李存义，作为民国初期中国北方第一个武术团体中华武士会的创办人，虽未在影片中出场但却是十分重要的人物，主要故事以他在北方所建立的形意门派体系为背景展开。

李存义

李存义一生主要的贡献在于弘扬和推广河北形意拳，使这个诞生于近代的内家拳拳种，走出了河北深县的黄土地，在武术救国思想的引领下，风靡全国，成为中国优秀拳种之一。

形意拳始称心意六合拳，起始于明末，盛行于晚清，迄今已有三百多年历史。为明末清初山西蒲州人姬际可所创。姬际可擅长"心意把"，尤精枪法，据说他在终南山见鹰熊相搏，心有所悟，于是变枪为拳，编创新法。姬际可门下分成河南、山西、河北三大派系，分化成不同的名字传承，包括心意六合拳、心意拳、形意拳等。传承谱系上，姬氏传曹继武，曹又传山西戴龙邦、河南马学礼。戴龙邦再传河北深州李洛能，李洛能根据拳术的原理原则及特点，反复实践，对心意六合拳进行了大胆的改革创新，衍化出新拳种"形意拳"。李洛能传郭云深、刘奇兰、宋世荣、车毅斋等人，在河北和山西两地传承。在河北，以郭云深、刘奇兰为代表，被称为河北派形意拳。在山西，宋世荣的宋氏形意拳，车毅斋的车氏心意六合拳，加上古老的戴氏心意拳，三家统称为山西派形意拳。

清末民初，河北派形意拳发展最为迅猛，在形意拳的第三代，以李存义为代表的武术家开始把这种风格简约、融技击与健身为一体的内家拳法传播到京津等大城市，在北方地区普及，直至辐射到全国，进入军队、学校，形成当时全国影响最大的拳种。

形意拳在近代历史上的巨大社会效应，与李存义等武术家站在时代激变的潮头，追求强国强种、武术救国的梦想密不可分，也与其个人叱咤武林的风范、高尚的武德修养息息相关。李存义之于形意拳，乃至形意八卦，堪称承上启下、奠定基业的一代宗师。

李存义小传两种

李存义诞生于清道光二十七年（1847），是形意拳肇始初期以乡邦传承为主的深县籍拳家，与前辈拳师一样，均因家贫无资入塾，而以习武谋生。因缺少文化，李存义自己留下的生平文字极少，且武术作为民间活动，很少见载于官方史料，再加上年深代远，仅有的一些文献和口传资料逐渐湮灭，尽管曾经是一位在武术史上产生过伟大影响的人物，其事迹也显得极为疏略。

现存李存义小传两种，均为其随身弟子撰写，可资采信。1913年，李存义携弟子郝恩光、李彬堂、李子扬等人执教于中华武士会本部，担任教务主任，开始编纂形意拳教科书。李存义虽没有文化，但却利用自己粗浅的文字再加上象形绘图，编创了大量的形意拳图谱，这些手稿多达二百余卷，交由弟子们整理。他首先与弟子黄柏年编录了《五行拳谱》一部。此书为手抄本，现藏于天津市河北区档案馆，《武魂》杂志根据此版本整理后发表。其序文部分介绍了形意拳的源流、中华武士会的创会历史，涉及李存义的生平事迹，下文为李存义小传之一种：

《五行拳谱》(李存义原稿　黄柏年同删补增修)序

(原谱现存第一页)□□□□拾年，时东洋□□□命刘□□征东总师。其年腊月，在京城靖摩寺招考武士，得第一名总教习，随营教授将佐。抵金陵，公任为两江督□□总，止仕归籍后，友人邀在保□□□万通镖局，公为该局之局长□□□□□□英雄之佳□□□□□□□□□之规模。(原谱现存第二页)孙□□□□□□□□□□公虽财政□□□□□□扬燕赵之士，咸知李公武技道德过人。至庚子变乱，郑州诸门人欢迎抵郑，挽留十余载，收徒甚广。宣统三年冬月归籍。民国元年天津组织中华武士会本部，举公为本部总教员。二年春二月，因南北意见有歧，政府委任王芝祥君为江西宣抚使,请公腹心从事,又命公为江西司令部总教员。续在金陵、上海等处□□□□提倡武风。抱定国民转□□□□□□至□□□□□□。(原谱现存第三页,自以下各页均连贯)予幼爱习拳术,初本为强身练习,继乃成技艺门中人也。然虽若此,于技艺中,余终不知其究竟。复贸易云□所□□□□□□丑春月,经王君维忠介绍于李存义夫子门下。公待遇笃诚,指教真功。余天性鲁钝,惟克(刻)苦功勤,后稍得堂室门径。民国元年,天津组织中华武士会,邀余为本部教员。虽技业浅薄,而授处之间,膜得我为成赞。是李公一世之春暄(晖),难以我报。又蒙假以拳剑诸谱,其中语言深奥,唯恐初学者有弗明通之处。余等故解释数篇,为初学者辱观。所解释目录于左:一、形拳初步;二、用功暗诀;三、五拳发论源;(略)。第四章形拳历史。此功自达摩祖为始。初,祖静坐山林,观其龙、虎、诸鸡彼此相斗,各有所长。祖睹其形势,又以五拳为母,遂悟出十形,前文叙明,故不再录。至宋朝岳武穆王以得此异术,又增二形,鹰、熊是也,至今河南汤阴县岳家专门传授尚在焉。咸丰年间,山西载(戴)(原作"载",自后改正之)龙邦先生,在河南得此传授。同治三年,直隶深州李君飞羽,平生最好武技,因贸易抵太原,经孟君介绍于戴先生。时李初见戴,即论平生所习,谈吐豪迈,稍一比拼,而知戴为异人也。自此北面而师之。经历十易寒暑,戴曰:"子勇成矣。"后李君返直,所收弟子甚广,余不能尽述,择其要者略而言之。第一,有深县城内刘奇兰君;二、郭云深君;三、山西车永宏、宋世荣。未能细述。于光绪甲午年,诸君树教京门。余师李公存义,立负笈从师,方得此术。至庚子,直省变乱,京师颓靡。时燕南之士,咸知李公武技、道德过人。鄚郡诸门人欢迎抵鄚,留十余载,至宣统三年冬月归籍。民国元年,诸君提倡尚武,其中有叶云表君、张恩绶君、张占魁君、刘殿琛君、张季高君、韩秀珊君将余等招至天津,同为提倡武风,先组织武士会。本郡广设传习所,为求普及全国之目的,唤起我国尚武之风。此形意所由始也。

李存义先生 黄柏年君同增修
民国二年冬月于天津公园内武士会师徒灯下修缮

李存义的另一版本小传,由济南才子、中华武士会成员杨明漪撰写,收入《近今北方健者传》一书。该书于1923年出版,又称《拳勇见闻录》。杨明漪本人既是李存义的弟子,也是中华武士会创立和发展的见证者。《近今北方健者传》一书是研究中华武士会历史的珍贵资料。下文为第二种:

李存义,字忠元。直隶深县南小营村人也,世称其业为首饰李,或称其艺为"单刀李",先生者也。先生修七尺有咫,赭颜钟声,精通武术,未尝读书,然于拳家谱牒,无不心识手摹。自言历习多门,年三十八,皈依形意门。师事刘奇兰,与八卦门之眼镜程、翠花刘为兄弟交。民国八年,年七十矣,望之如四十许人,内功醇而眸盎见,理固然欤。施教未尝有懈容,学者遇之,辄依依不忍离。聆其一二语,终身由之,无珠粟失,大河以北宗之。高弟某功行最深,声塞津京间,一日请益,先生用劈拳,未致力也,某仆丈余外,体无轻微伤,予适值之,不知其手法也。先生名满天下,顾与人恂恂如老妪,殆侠其骨佛其情者耶?著拳谱二百余卷,皆手自编录图解。民国元年创办天津中华武士会,今会中及弟子孙禄堂所出之拳谱,特其绪耳。予师事先生又与其子彬堂游,于八年秋(1919),先生之归农也,曾合影作颂以送之曰:七旬老翁,发鹤颜童,精深武术,形意是攻,娓娓循循,宇内从风,阐明详瞻,著述富隆,黄河滚滚,岱岳崇雄,守先传后,斯道无穷。

明漪曰:忠元先生,于民国十年辛酉二月二十八日,病逝于家中,年七十二。予从之学,然文弱不任先生教,惟受呼吸法尔,并以之却病者今数年矣。闻先生之高弟云,先生之拳械,无不造极,所编十三枪法,尤为集大成之作。学者均未能窥其深,略有所获,即享大名矣。中华武士会谋所以寿之贞珉者,其事迹尚未征齐也。

七侠结义

1930年,正在上海尚武进德会编辑"尚武丛书"的著名武术家姜容樵,出版的《武侠奇人传》一书,为最近50年来国术掌故小说。此书"搜集各派名家传记逸闻、专门造诣,以及作用思想,事必确实,语有明证","七侠结义"的掌故出于此。

《武侠奇人传》载,李存义家祖居深州城西南40里的南小营村,父母均好武。李存义7岁时,父母给他请了一位教书先生,这位先生恰巧同刘奇兰比邻而居,李存义读书闲暇时常到刘奇兰家练拳,后来李存义的父母就备礼投帖,让儿子磕头拜师。李存义性情极其忠厚,品格高尚,天然的高人一等,刘奇兰很器重他,传授于他的技艺独多。当时,随刘奇兰练功夫的还有周明泰、耿诚信、田静杰,都是一身好本领。后来,张占魁拜师刘奇兰门下,与李存义情同手足,他们就在李存义家联合了7个人歃血订盟,效桃园结义故事结为生死弟兄。这七兄弟是尹德安、程亭华、李存义、耿诚信、周明泰、刘德宽、张占魁，他们统统拜于董海川门下。又过了几年，田静杰、刘凤春等人在北京也加入拜盟。这时形意八卦合一，传遍了北省。

关于"七侠结盟"，20世纪30年代，保定武术家刘纬祥在《行意拳讲义》中是这样记载的："距今四十年前，余与同盟兄弟，太极拳家刘德宽、八卦拳家程亭华、形意拳耿继善、李存义，会于北京后门，共议合太极、八卦、形意三门为一家，自即时起，此三种拳术，即不分领域，消除界限，练此种拳者，可以兼学他拳，并且可以互相援受，后更罗致他门各乎。故每集会辄数十人，互相研究，互相角技，直打破分门分派之陋见。夫拳术专家，济济一堂，共谋策进，可谓盛举，吾国拳术家之互相讲通，当自此始，亦一极可纪念之事也。"《行意拳讲义》是刘纬祥在保定六中、二师、河大三校任国术教师时的教学讲义。

刘纬祥记述的七侠结盟发生于光绪十九年（1893），武林中几位名闻遐迩的大家，相会于北京"后门"，协商太极拳、八卦掌、形意拳三门拳术合为一家，史称"后门之会"。这五位结盟的兄弟，有形意门中的刘纬祥、耿继善、李存义，太极门中的刘德宽，八卦门中的程廷华。以后又有多人参加。

刘纬祥又名刘轮山、刘风伦，世人称"二彪子"，直隶河间府南里店村人，初拜本村刘晓兰为师，随师在易州西陵学拳。后遵师命，事师郭云深学拳。五年后，刘纬祥又拜见宋世荣、白西园先生，执弟子礼学拳，故一人得到形意门内八大弟子中的四位大弟子的教授。学成后，成了一代武术名家，于保定六中、二师、河大三校任国术教师，并任保定国术馆馆长等职，直到垂暮之年。《行意拳讲义》一书就是刘纬祥在这几所中学任国术教师时的教学讲义。

此"后门之会",由"内三家",发展为多门多派和有多位名家高手参加的一大联合体,确实是武林中的一大盛举。各门各派之间在消除界限,打破自我封闭和门户之藩篱,互相学习、交流借鉴、切磋武技、取长补短,充实提高、挖掘真谛等诸多方面,都起了相当大的作用,促进了武术的发展,繁荣了武术事业。此交流达七年之久,于光绪二十六年(1900)"庚子之乱"时停止活动。

不管是姜容樵的"七侠结盟""九侠结盟",还是刘纬祥的"后门之会",都是记载了同一个事件,即在李存义主持下,北方武师消除门户之见,各汲对方技艺之精髓弥补自门,把形意、八卦二艺合一,为中华武林习武人树立了"不分门派讲武德,汲集中华武术精髓,加强相互间团结"的典范。

刘快庄传拳

刘快庄,原名天津东乡刘快庄,现是北辰区的一个普通村落,距天津东北方向30余里,是东北方向进津必经之路。紧靠北运河,是天津的物流码头。这里民性豪爽、彪悍。装卸艚(船)子曾经是重要的生活来源。

村落的地理位置、村民谋生的方式,决定了村民要有强健的身体、保护自我的手段。

19世纪末,由于物流业的迅速发展,有看护物资、押镖车船的好汉随行来北运河码头装运货物,早晚习练洪拳等武艺,受此影响,在码头做活计的刘快庄人跟着学练,因此常有外来武师被延为上宾,用以教授村民武艺。但在刘快庄教武术并不是一件容易事,因为村民中不少人常年习武,功夫不凡,作为一个教头,若非武功超群,否则很难在这里立足。在李存义到刘快庄传拳之前,曾有一个韩姓武师,武功虽未精绝,却绝不是平庸之辈,只在该村待了几个月,就被赶走了。紧接着被赶走的教头是形意拳师刘国庆。

刘国庆原来是练长拳的,后来遇到李存义先生,深服李先生的武功,愿拜李为师。李先生观刘为人,人虽不坏,但要命的是胸无大志,举止懒散,实属不堪造就之辈。但因刘情辞恳切,李先生不肯断然拂其意,遂漫然应之。不想刘氏跟随李先生之后,在不足一年的时间里,竟也能苦下心来,粗略学会了形意拳的几个套路。终于有一天,刘国庆被刘快庄聘为教头。那时在刘快庄,早已有几个拳种落地生根,成为不少人的看家本领,而形意拳尚属阙如。这样,作为当时为数不多的形意拳师,刘国庆就成了刘快庄的座上宾。

刘快庄人特别喜欢撵老师。一方面是眼界高,等闲的功夫看不如眼;另一方面,他们延请教师有自己的窍门,这就是"分头学艺",让拳师将不同的套路同时传给不同的徒弟,等大家都学会了再互相教,这样就可以提前赶走老师,省下不少延师费用。当初对付韩姓武师用的就是这种办法。

刘国庆开始教拳了,没过多久,他那点关于形意拳的知识就兜售一空,于是刘快庄的人又开始琢磨撵师了。

一天,在开始打拳之前,一个徒弟走到刘国庆跟前说:"老师教我劈拳,架势已经差不多了,只是不知道自己悟出来的用法对不对,您能不能陪我演练演练?"

弟子的请求断难推辞。于是,刘国庆站好"三体式",准备迎接徒弟的进攻。但出乎意料的是,对方并没有使用劈拳,而是使出以前学的其他拳法,一拳把他打倒了。

到了这个时候,刘国庆如果武功过硬,只要施展手段制服对方,自然也就无事了,无奈他只是个冒牌货,长拳功夫也稀松平常,只好含羞忍辱,卷铺盖走人。临行时,刘快庄人不无恶意地问他:"形意拳到底是什么东西?"

刘国庆咽不下这口气,到处求访老师的踪迹,在天津小树林尚家店找到了老师李存义。

李存义先生自与恩师刘奇兰学成形意拳后,仗刀侠行数十载,以"单刀李"的赫赫声名享誉大江南北。徒弟刘国庆的来访,给李先生带来了烦恼,也带来了机会。烦恼的是,刘国庆学艺不精,本不该打着形意拳的旗号到处招摇,给一个神圣的拳种抹黑。

这一日,一叶小舟从天津小树林出发,在金钟河上顺流东下(如今金钟河故道已改为金钟河大街),来到刘快庄。李存义先生肩挑行李,腰挎刀剑,轻捷上岸。

此时在刘快庄,形意拳已经和刘国庆的名字一起,成为人们的笑柄。在这种情况下,忽然又来了一个自称是形意拳师的人,刘快庄人暗笑之余,不免又生出不良之心。他们一面为新来的拳师安排食宿,一面暗里盘算摸底的计划。

李存义被安排在一座充作拳坊的古庙里暂歇。陪同住宿的有个叫于连才的问道:"您练的这些我们都学过了,只是不知道用法,您能不能教教我?"李存义先生不禁暗笑,道:"好啊!你想知道哪趟拳的打法?"于连才说:"就教劈拳吧。"

两人相对而立,李存义先生开始演练劈拳的打法。忽然,他看到对方的肩头一动,知道对方要偷袭他了,便抢先当胸一掌劈下去。

于连才可不是等闲之辈。他身材魁梧,本力奇大,又会好几种拳法,论武艺,在刘快庄也是数一数二的,要不然刘快庄的"智囊"们为什么偏偏选他作为发难先生的当头炮呢?

但今天他的武艺不灵了。当李先生一掌劈下去的时候,他只感到被一股巨力催逼着向后飞去,而且,当他身不由己地向后飞的时候,只见李先生贴身飞追,一步不落。这还不算,当他飞出一丈多远的时候,忽被一股力量牵着向前飞扑,转眼间,他发现自己又站到原来的位置上了。

就这一手,整个刘快庄都被征服了。人们开始认识到真正的形意拳的厉害。事后,人们问于连才挨打时有什么感受?于连才回忆说,开始被掌打得后退时倒不觉怎么样,最难受的是被抓着往前飞的时候,那时他的心肝五脏好像都要从嘴里蹦出来了。

从此以后,李先生成了刘快庄最尊贵的客人。

李存义在刘快庄培养出了一批形意拳高手,有被后人称谓云大爷的刘云集、门二爷的门广兴、三爷张鸿庆、姬四爷(哑巴)、韩五爷韩子衡,都是李存义来津收的带艺拜师的弟子。刘快庄也成了天津习练形意拳第一村,占据了天津武坛的重要位置。

严师出高徒。李存义认真传授武艺,习武人得到了高超、精湛的武艺。李存义更注重用道家观念严格进行教诲,弟子们的道德观念也得到加强,一改用粗俗的地方语说话,待人谦虚有礼,尊老扶弱,扶正祛邪,颇得村民拥护,享誉津门达半个多世纪。当时的刘快庄为人父母者给女儿选婿,都把习武人当成首选。闺秀也愿意嫁给身体强壮阳刚、有规矩懂礼仪的夫郎。

李存义在刘快庄授徒期间,还有一段重要的经历。他曾专程去山西寻根,向师叔车毅斋、宋世荣学习形意拳,弥补了河北形意拳不完整的套路,而"安身炮""八势"等练法,则是李存义通过二次学习、交流得到的。通过这些行动,使河北地区的形意拳套路完善到今天的地步。当河北形意拳在京津地区蓬勃发展起来,李存义还派自己的嗣子李彬堂及弟子李星阶、王俊臣、尚云祥、孙禄堂等人去山西传授河北形意拳,促进了两地形意拳的交流合作,两地的形意拳传人共同遵守门派辈分字序,彼此互敬互学,融为一家。

殉技之讹传

李存义于 1921 年 4 月 6 日,病逝于家中,年 72 岁。因李存义生前是享誉南北的北洋武林领袖,去世后有关他的传言较多,有的演变为谣言,在后世传播,如"出家说""陷害说""不死说"等,皆为无稽之谈。

所有谣传中,以民国武侠小说家平江不肖生(向恺然)的《拳术家李存义的死》最为热闹。此文发表于《侦探世界》第 24 期(1924 年 4 月),其中把李存义写成是练太极拳的,为了维护太极拳的声誉与马子贞的部下比武,并将李存义描述成一个性格刚愎、顽固的人。其中的描写与事实严重不符,显然是出于作者的道听途说,再加以想象而成的文学作品。此文以致成为后世某些居心叵测者造谣的根据,贻害武林。此文一出,立即在社会上引起了反响,其门人弟子多是武术界的中坚力量,尚云祥看到此文,找到向恺然理论,向恺然承认编造之错,于是,写下《李存义殉技之讹传》一文，辟除谣传，发表在同年的《红玫瑰》杂志第六期。部分文字如下：

"那拳术家说，李存义的武艺高与不高，本来是可以随人说的，和他有嫌隙的人存心破坏他的名誉固然可以将他的武艺说得一文不值半文，如果真有武艺强似李存义的人也不妨批评他的武艺不好，只有事实是有一定的，不能随人的爱憎将事实变更，颠倒黑白，污人名誉，我于今且简单说几句，便可以证明足下所听得的这些话，的确是荒谬无根据的了。马子贞请李存义去是在民国二年七月，马子贞在山东济南镇守使任上的时候，而李存义之死在民国十年二月，其间相隔七八年，世岂有受伤七八年之后才死的道理？这种事实何能随人的爱憎而变更颠倒呢？在下不禁狂喜道：好极了，我正苦没人能证明我所听的话不实在，心里虽然于这事有种种的疑惑，只因我一则不知道李先生的生平，二则不知道马子贞部下的人物，听了这种消息唯有感叹，无从判别是非真伪，难得足下知道详尽，即请把实在的情形说出来我好据实再做一篇更正的文字，方对得起李先生在天之灵，而我十数年来钦佩李先生的诚意也就可以不因此而有遗憾了。那拳术家道：我对于李存义马子贞两人都无所容心，只就我所确实知道的事实说一说，李存义字忠远（元），直隶深县南小营村人，少小时就慷慨好义，初学拳术的时候从刘奇兰先生学习形意拳，后从董海川郭云（深）两先生学八卦掌，也兼习形意拳，至于太极拳，我始终不曾见他练习过。他在北洋享武术的盛名很久，经他教授成为武术界健全的人物极多，他平生待人接物恭而有礼，轻易不见他有疾言厉色的时候，更欢喜奖掖后进，门弟子质疑问难的，自朝至暮，现身说法，毫无倦容，务必使门弟子疑难之处得完全了解才罢。这是由于他好艺出于天性,而学养又能兼到的缘故。所以凡是曾和他接见过一次的人莫不心悦诚服地说:其学可及,其养不可及。他既是一个最有修养的人,休说他的学力已到了绝境,便是第二等武艺的人物,但能养也决不至得足下所听得的那种惨结果。误传那种消息的人,是不是有意中伤,虽不得知,然与事实相差太远,即令不是有意也不能辞荒谬的罪。民国二年,马子贞在济南镇守使任上,发愿要统一中国的武术。统一的方法就是想将中国研究各派武术的人拣选出类拔萃的,由马子贞出面延聘,在一块大家各出其所研究有得的精华,融会贯通,创出一种混合的新拳术,就拿这种特创的新拳术教成一大批人才,再由马子贞将这一大批人才分派到各处教授,渐渐推广于全国,于是中国的拳术便可由此归于统一了,马子贞既是这样一个志愿。已经被延聘幕下的各派拳术家,当然有几个。那时做山东省长的是蔡儒楷,知道马子贞这种志愿与办法,便对马子贞说道:君欲统一中国拳术,形意八卦这两种拳的法门似乎非研究加在里面不可,北洋李存义为武术界老前辈,并是研究形意八卦两种拳中之杰出者,应该派人去以礼聘他到这里来。马子贞见省长这般说,只得打发一个姓郭名永禄的人迎接李存义到山东,李存义以拳术雄视北方几十年,北方拳术界中的人才,谁强谁弱,纵不能遍观尽识,然一般稍露头角的,即未见面也已闻名,及到马子贞部下一看,知道能手很多,心里甚是欢喜,以为可得些切磋的益处,想不到马子贞见面便对李存义说道:敝处的武术起手就用打人的方法,不知形意拳的用法怎么样,请李先生指教指教。李存义见马子贞开口就要他较量武艺,心里未免有点儿不愉快,只因自己处于来宾地位,又本为研究武术而来,不便表示不愿较量的意思,其实李存义之不愿意轻易和人较量武艺就是他平生待人接物恭而有礼的缘故,因为武艺不较量则已,较则胜负立分,胜了的志得意满,负了的便不免恼羞成怒,殊非他平生待人以礼让主的本意,并不夹杂着丝毫畏缩的心在内,但是马子贞的志愿既在融汇各派之长创造新武术,其势又非互较一番不可,李存义明知终不免于一较,不可以谦让得畏缩的声名,有玷宗派,只得问道:马将军,怎生比法?马子贞道:敝处比武素有定规,拿白粉在地下划一个圆圈,随两人的便,一个站在圈子内,一个站在圈子外,动手的时候,在圈子内的不能打出圈外来,在圈子外的也不能打到圈子内去。李存义原没有求胜人的念头,就立在白圈子内。马子贞指令一个兵士装束的拳术教习和李存义较量。那教习的武艺果然矫捷异常,确不是等闲之辈,竟与李存义支持到半小时之久,才被李存义捌住手腕,一腿打仆在地,但是这一腿打去却打出了白圈。马子贞急忙喊道:这不能算是你胜了,你的前足出了圈外,违背了定规。李存义听了从容笑道:是,只怪我的武艺不用前足不能仆人,用前足自不觉出了圈子。马子贞见李存义态度闲雅,绝没有骄矜使气的样子,似乎自觉说得太唐突,即改口带笑说道:好好,你真是名手,请你就在敝署当教官,随即送了份委认状给李存义,月俸60元。他怎么甘愿干这玩意儿呢,只因有打仆这个教习的事觉得不受委任就走,反为不好,既成了在一块共事的人,受仆的便有嫌怨也可以消释,所以接受委任并不推辞。

在那里住了两天,第三天有个姓杨的教习,直到李存义的卧室来拜访,李存义殷勤招待,杨教习寒暄了几句之后,便质问形意拳的用法,词气之间,很带着寻暇抵隙的意味,李存义虽明知其用意所在,然以自己才来不久,与杨某又是初次相会,不能不存些客气，仍以研究学理的态度待杨某，那姓杨的武艺不待说，也很有些惊人的地方，加以年壮气盛，咄咄逼人，使李存义不能不出手自卫，一个不留神，将杨某也打仆在院子里，李存义吃了一惊，连忙上前扶起来，陪话道：对不起对不起，我偶然失手，老哥不可见怪。幸当时没有第三人在旁边，杨某也是一个能虚心服善的人，并没有嗔怪的表示，不过李存义的为人素来谨慎，逞强争胜的心思更是从来没有，终恐因此买怨，于提倡武术，前途必多妨碍，遂极力与杨交欢，并愿结盟为兄弟。杨某见李存义这么揣谦温霭，本来没有嗔怪的表示，至此更不把这回事放在心上了。李存义在济南没多久，就因赴王芝祥的约辞职到广东去了。直到民国九年八月，李存义在北京得了痢病，医治无效，到这年年底才由几个常在他跟前的徒弟送他回深县原籍，在原籍还支持了一个多月，到民国十年二月才去世。这便是李存义到马子贞幕下以及去世的实在情形。从马子贞那里辞职出来的时候，不但双方都没有受伤的事，并且好来好去，彼此连嫌隙都说不上。李存义年高德劭，固不至掩败为功，便是马子贞，他是个以提倡中国武术自任的一世贤豪，也决不至造作蜚语，厚诬长者，向足下妄传那种无稽之谈。"

李存义轶事

著名武术家郭铸山是天津三条石大街郭天成机器厂东家郭庆年之子，是李存义的弟子、义子，生前讲述了一些李先生鲜为人知的轶事。

中华武士会早期活动场所"直隶自治研究所"会址就是郭氏

机器厂的所在地,郭家除了给予中华武士会场地上的支持,也给予了经费上的巨大帮助,每当会费短缺,郭氏便慷慨解囊。据郭铸山介绍,父亲郭庆年与李存义是把兄弟,李先生排行在前,故郭铸山称呼李存义为"大先生"。

1.青年时代以卖首饰为生

李存义青年时在家乡赶四集,以卖包金、包银(民间称呼假金银首饰)的首饰为生。他将首饰置于木箱内,放在手推独轮平板车上,固定好,推着去赶集。身带单刀,随时演练。李先生天生膂力过人,遇着难行的路他能平端着车走过去,行人见他的车轮悬在地上,无不惊讶。至集上铺好地摊,摆好首饰,先耍单刀,待观者围了一圈,然后展卖首饰。返家时在途中休息,即在路旁的高粱地或玉米地里耍练单刀。早年庄稼行距比现在宽,但在其内耍单刀也非易事。李先生在高粱地中,走得嗖嗖有声,左撩右抹,旋转飞跃,却并不损伤庄稼。行人观之,拍手叫好,誉为"单刀李","单刀李"的绰号亦源于此。

2.与木匠行化解恩怨

不知什么原因,李先生的学生得罪了木匠行,木匠行的头领找李先生算账。李说我请客道歉,但木匠行不同意,非要和李存义战个胜负。没办法,只好定了地点、时间、交战的规矩。李存义叫学生不要参加,让大家站在一旁观看。木匠行带了很多扁担,来了好几十人。李先生坐在一太师椅上,任木匠们用扁担打。木匠们各执扁担一条,扬得高高的向李的头上打去,顺序而行。当扁担将落到李的头上时,李向上一伸手,顺势将扁担捋下,置于椅旁。一会儿椅子两边积了一堆扁担。数十人也未打着李存义,学生们反收了战胜品,木匠行的人服气了,同学们也增长了见识。

3.在家乡小学表演

一日,李存义回乡探亲,村里小学的老师知道了,请李存义去学校表演。李用黑布把自己的眼睛蒙住,让小同学在操场上逮他,如果逮住他,即为学生胜了。一群学生蜂拥追逮,抓他,但都逮不着,抓不着。观者也感到奇怪,李用什么办法使学生逮不住他。老师赞扬李存义,说李应变灵活,有脱身之术,学生们虽然没有逮住李存义,但玩得很痛快,很高兴。

4.在济南表演单刀和交流武术

山东省督察使马良,回族人,有异力,擅摔跤,在济南创办山东国术传习所,马良请李来济南交流武术。但马良不服气李,时李先生已年届古稀,马良初与李先生见面,握手时用力想捏伤李的手指,让李知道他不是凡辈,结果李面不更容,反应平平,这一招未奏效。继约李存义在省府珍珠泉大厅表演单刀。厅中挂着数趟电灯,几垂于地,刀若碰到电线和灯泡,是很危险的。李存义有在高粱地里练刀的娴熟技巧,他从容登场,向众位行抱拳礼后,开始演练单刀,只见他崩、点、挑、抹、缠头裹脑,左砍右扫,间打腕花、背花,迅疾有声。走遍了前后四门,结束前,飞至一秘书身旁,该秘书站着看他的表演,身着白色杭纺长裤,李说了一声"请您不要动",随着话音一刀劈下,将该秘书的长裤由上而下划开,而毫毛未伤,在场者无不惊叹。

李在山东国术传习所,接见练武的学生,李说我试试你们的功夫如何?每人都可用拳冲击我,我只用劈拳还你。学生们兴奋,并用力出击,但见李先生并不用力,用劈拳一按,学生即趴在地上,有的被击出丈外。李鼓励学生们说,练功不要怕苦,还需下实功夫才能提高。

5.李存义开路条

过去的天津,一度在张作霖的管控之下,关内有到东北出任县长或做官者,当时带着家眷到口外去,路上怕遇到危险,特请李存义开个安全路条,签上中华武士会李存义的大名很管用。遇上隘口,不论黑道白道,凡见到李的字,莫不放行,绝不为难行走者,由此可见李存义在社会上有很高的声望。

6.押镖路上救济灾民

深县小南河村李焕州、李彬堂兄弟同为李存义养子,李彬堂跟随李存义身边,学有所成,继承李存义衣钵,成为形意拳一代大师,只可惜英年早逝,李焕州因自身条件原因,没有学武,遵李存义所嘱,进入木匠行,靠手艺为生。李焕州的后人李永讲述了一件家传的李存义的故事。

李存义曾经设教于北京船板胡同,后在河北保定府应友人之邀成立"万通镖局",在河北商贸重驿任丘郑州传授形意拳术。有一年,李存义押镖去东北,经过山海关,路过一个小山村,忽然闯出一帮人,以一名老者为首,有的拿着刀枪棍棒,有的拿着锄头镰刀农具,呼啦啦将镖车截住,嚷嚷着要把车上的东西留下才能从这里经过。当时行走江湖或啸聚山林,按照规矩都有一定"切口",也就是行话,这时李存义上前,按照江湖规矩与前面的领头人搭话,可这帮人却听不懂李存义的行话,李存义知道碰上的是当地的贫苦百姓而非真正的劫匪。经询问得知,此地已有两年多未曾下雨,庄稼颗粒不收,饿殍遍地,为求生存这才聚众抢劫过往客商。听到这些,李存义犯难了,镖车上是给商户们押运的货物,货物是绝对不能有丝毫闪失的,如有丢失是要按价赔偿的,更何况也赔不起呀。可饥饿的百姓们在前面拦着不放行又不能对他们动武,这可如何是好?忽然李存义灵机一动计上心来,对领头的老者说:"不如这样吧!我们来打一场赌,你们选出十个年轻力壮的青年人,用绳子绑在我的腰上,一齐使劲,如果能把我拉动,你们就算赢了,我押的这趟镖你们尽可以拿走,我二话不说,但你们如果拉不动我,你们就输了,就必须让开道路让我们过去,你们看如何?"对方迟疑了片刻,互相商量了一下说:"可以,就这样定了,我们谁也不许反悔。"说罢就让人准备绳子,并挑选了十名血气方刚的棒小伙,李存义也和镖师们交代了一番,回过头来站了一个形意拳的"混元桩功"。这时对方将绳子在他腰间系好了,双方准备停当,只听得一声号令,"开始!"十个小伙子一字排开,攒足了力气一起拉动了绳子,可是李存义就像大树生根一样纹丝未动。这下可把周围的老百姓看得目瞪口呆,不知所以然了,领头的老者一时也懵了。李存义又说话了:"众位,实话说,要是留下这趟镖车的货物,我可做不了主,我们既然接了镖,就要保证把货物送到家,立身世上都要讲一个信字,你们输了也要遵守诺言,放我们过去。可今天也不会让你们白来,我这几年押镖也攒了一些银两,虽然不多,先拿出来帮大伙儿度荒吧。"于是把身上所带的一部分银钱,分发给了饥民,然后告别了众乡亲,又踏上了路途。

(阎伯群、李瑞林撰文)

李式太极拳创始人李瑞东

清末民初，河北省武清县出了一位名闻遐迩的武术名师——李瑞东。他一生潜心研究中华武学，身经中华武术六大名师传授，博学广见，武德高尚，武功出神入化。清末任北京端王府武术教师、宫中四品带刀侍卫。民国初年曾创办天津中华武士会，主持天下武林英雄会，出任总裁判长。晚年，独创李式拳派，为中华武术的发展贡献了毕生的心血。李瑞东的一生充满了传奇色彩，武清人可谓有口皆碑，京津一带至今盛传不衰。

李瑞东

潜心学艺 誉满京城

李瑞东，名树勋，字文侯，号瑞东，河北省武清县（现天津市武清区）城关人。生于咸丰元年（1851），卒于1917年。由于鼻子扁平，故人称"鼻子李"。

李瑞东自幼好武，家中富有，常有不少食客，每遇练武之人都要留在家中求习拳棒。曾有河北省饶阳戳脚门名师李老遂来，遂拜李老遂为师，学习戳脚拳。戳脚门专讲硬、快、毒、狠手法，有八字诀是擒、拦、沾、拿、掀、压、挫、拉，所打招套练法是五花、四剪、八翻诸拳（金钢锤、九头锤、十字锤、扫项锤、截骨锤）等手法。身法是欺、靠、吸、扫、拽、肩、肘、腰、胯、膝。步法是八卦自转，跟、走、欺。腿法是踢鸳鸯、扁踹、撞、点、毒。其中变化多端，颇属可嘉。李瑞东天资聪颖，习艺甚是专心，日复一日，年复一年。李老遂见李瑞东习艺领会甚快，且待师意志专诚，便尽全力以艺授之。九年时间，李瑞东习戳脚已颇见功夫。平日练功，碗口粗的木桩，李瑞东可一脚踢断。李老遂见李瑞东已学有所获，便暂且告辞离去。

李瑞东自学戳脚后，又与京都王子斌（大刀王五）结成金兰之好，成为异姓兄弟。两人互相研习武艺，从而又得山东弹腿门许多妙处。月转星移，又过了几年，李瑞东兼习各家拳技，武功已大进。一日，李老遂返回武清，李瑞东得见恩师十分高兴，以师礼待之，奉为上宾。此时，李老遂已知李瑞东兼习他门武技，心中甚为不快，有心要废掉这个弟子。晚饭后，对李瑞东言道："瑞东，我离此几年你功夫大有长进，但本门尚有些绝妙手法未得传授于你。今晚为师向你传授。"于是李老遂给李瑞东说手进招，但进招手法并非指点，而是要李瑞东致命之处。此时，李瑞东已看出老师的用心，但不管李老遂怎样急下杀手，李瑞东总躲躲闪闪不与老师对垒。偶然，李瑞东被挤到墙角，李老遂见时机已到，飞起一脚欲致李瑞东于死地。李瑞东见此，急忙腾身跃起，李老遂一脚踢到墙上，青砖陷进三寸。李老遂不能伤着李瑞东，一气之下就要愤然离去。李瑞东再三挽留不下，李老遂执意而去，为感谢老师多年传艺之情，李瑞东急叫弟子李进修速去追赶，送上路途盘费，并与老师辞行。

光绪六年（1880）四月二十八日，端王府总管王兰亭，由京赴武清王庆坨办事，途经武清城，投宿于李瑞东家中（王与李瑞东之父交厚）。晚饭后闲谈时，李瑞东因见王兰亭足穿练功专用武鞋，遂问起王兰亭是否也好拳脚。王兰亭非常谦虚，忙说："昔日学过几日，未成，多年不练，如今已无功夫矣。因在家教孩子们拳脚，一时匆忙忘了更换便鞋。兄实是才疏学浅，若非在弟处绝不敢妄言此道，恐惹人见笑。"李瑞东又问："不知吾兄所习何门，系何师传授？"兰亭答道："系广平府杨老师所传太极门，专练八势五步共为十三势。久仰弟台大名，只恨未得一叙，今日相逢不知可肯赐教？"李瑞东觍然许可。两人说着来到武术房，时天色已晚，两人即在灯下试手。刚一出手，忽然不见了王兰亭身影，李瑞东急转身仍不见王兰亭身影，忽闻背后其声道："吾在此！"一连三次皆如此。最后竟被王兰亭抓住腿倒立起来。三战三北，李瑞东羞愧难当，几乎愧急而死，急忙问道："京都有一最著名者姓杨名班侯，吾兄认识否？"兰亭答道："他非外人，是吾师弟，乃杨老师之次子也。"李瑞东闻言，如梦方醒，急忙跪下道："小弟甘拜下风，如吾兄不弃，愿以师待之。"兰亭闻言，急忙扶起道："吾弟何出此言，言之太甚也。如不嫌弃，愚兄愿尽平生所学相授。可惜相遇之晚，杨老师已逝世，今拜为师兄弟，吾代老师领拳可也。"自此，李瑞东始学太极拳。后李瑞东赴京随王兰亭学艺多年。由于李瑞东功底深厚，因此深得杨式太极拳真髓。在《太极拳之源起》一书上，李瑞东曾经清楚地记下了自己学太极真传之经过："自光绪初年，深得太极真传，从先师兄学太极十三势功夫，一载有余，仅学会六十四势拳架，又给拳谱一本，为初学之人所读者。其篇虽数无多，而言简意深。……后又授我八式、五步、八法，并单练、双练、单行、双行、单操、双操、单杀、双杀各层功夫，余发奋学习，又有二年之久。先师兄云，吾弟如是苦心练习，实属可嘉，将来必无敌手矣……"

李瑞东自得太极真传后，又通过师兄王兰亭向少林寺方丈慧海学习少林内廊密法悟真派拳术。此少林拳有：六合八式、金刚八式、文功八式、武功八式、六十四式、罗汉拳、五路佛拳等，从而李瑞东得以深研外家少林拳术。李瑞东和王兰亭久闻内家拳名家岳青山（又名岳二爷）身怀岳家拳绝技，两人随至诚求教，拜为门下。岳青山乃是岳飞的嫡传后人。岳家拳自古不传外姓，只在本族内传习；如有传外姓者，要按门规在祖师台前金盆放血，以正门户。岳青山将岳家真传心意十二形拳、岳家八母枪、勇战心意枪传与李瑞东和王兰亭后，自此出家不再还乡。岳青山出家后，李瑞东和王兰亭曾多次前往看望师母岳二奶奶。一次李瑞东与王兰亭前往探望师母，兰亭曰："师母轻功最好，这次您老得给我师弟露一手功夫看看。"岳二奶奶闻言，放下手中八十斤重的铁拐棍说道："好，你二人且在里屋，我面朝内坐在外屋门槛，听我击掌，你二人速来追我。"王兰亭和李瑞东应允。掌声响后，两人飞身追出，已不见师母身影。来到院中发现师母已坐到屋脊之上。老人偌大年纪，轻功如此高超，使两人惊叹不已。

岳家拳术属内家拳，练法、打法绝妙，以凶猛刁钻见长。心意十二形拳术尽是吸取飞禽猛兽之绝技研习而成。李瑞东在练心意十二形拳时,常露出飞禽猛兽之绝技,使观者心惊胆战,不敢正视其态。李瑞东练习操法时,常练熊形蹭背磨肩之功,在院中垒一丈多高的土坯墙,然后用背在墙上一磨一蹭,墙壁立时塌倒。李瑞东不仅力大无比,轻功也颇见功夫,每天早晨起来散步,常以一手轻扶年幼儿子头部,在沙土地面走过不留脚印。

李瑞东练功从不墨守成规,而是博采众长,谦虚好学,不耻下问。他常言:"同道相成,同义相规,博学切问,所以广知。学者若肯如此,何愁其道不成。"李瑞东在京时还向八卦掌名师学习七星八卦掌,后将此掌传于弟子陈继先等人。一位武门弟子刘宝珍来到武清,在武术房和李瑞东研习身法。李瑞东言道:"师弟你下盘八卦掌最好。今日与弟开个玩笑,我将手掌放在弟头顶之上,能跑出我手掌吗?不妨一试。"结果不管刘宝珍身法变换如何之快,始终不能离开李瑞东手掌。

嗣后,李瑞东又遇年过百岁的甘淡然(字霈林,系大侠甘凤池的后人),向其学习内家八卦奇门拳法。此时李瑞东已经名师六位,尽得内家外家拳术之真髓,可谓博学。

光绪十六年(1890)前后,李瑞东应聘做了北京端王府武师,在王府教拳数年。曾有一山东武师慕名来访,来人用手平端一手推车牛肉,在王府门前高声叫卖。李瑞东闻报知是访自己而来,随叫人拿来二百制钱,自己用两指捏住前往。来到门前,李瑞东言道:"这位师傅给称二百制钱的牛肉。"山东武师用手拿钱,力夺不下。李瑞东淡然一笑,将手松开,二百制钱全已碎了。山东武师见此神力,早已心悦诚服,便推车而去。光绪二十年(1894),慈禧六十大寿时,端王带李瑞东及弟子李进修前去做祝寿表演。李瑞东演练了一套剑术后，飞身跃上太和殿屋顶，露出了轻功绝技，慈禧赞叹："真像一只神鹰！"从此神鹰之称传遍了京城。其弟子李进修练了一套少林八式，经过处脚下方砖皆碎裂，震惊了宫廷。此后，李瑞东受任宫中四品带刀侍卫，每天在京传授武功。数年后，辞职回武清。

融集各派 精研李式太极拳

李瑞东一生经六大名师传授武功，深得内外各派武术之精髓，又经几十年纯功磨砺，深感太极拳理之变化高深，练之熟则可以强其身，练之精则可以通其神，实乃强身之大用，防身之至宝矣。因而李瑞东集中华武林各派之长．以太极之理而化之，独创一新的流派——李式太极拳。李式太极拳法与众家太极有所不同，总体按天、地、人三才，分为天盘拳三十六式、地盘拳七十二式、人盘拳八十二式。其中天盘拳为最上乘功夫。李瑞东打拳时，两脚似离地腾空，没有深厚的内功轻功基础是难以学成此拳的，因而天盘拳只有极少数人学成。李瑞东次子李仲英是其中之一。地盘拳又名太极八卦奇门拳。此拳招法多走奇门，为太极离、粘、随之打法，见影打影，见形打形，与众家太极区分尤其明显。此拳现已极为罕见，李派现只有少数传人尚精于此拳。人盘拳又称太极五行锤。李瑞东除创编三盘主拳外，还传有太极十三势、太极十三丹形、太极小架、太极大架，器械有太极白虎十三刀、太极青龙十三枪、太极青锋剑、五户断门枪，以及太极气功、太极调蟾功等技。

李式太极拳法虽学于杨式，但又不同于杨式大架或小架，亦不同于其他各派，而是学而化之自成一派，其最显著特点有四：

其一，形多。李式拳法之代表太极五行锤，内中就包括十二种飞禽猛兽之形。地盘拳法形更为多，合于仿生学。

其二，锤法多。李式拳法中锤法最多，其中有：撇身锤、迎面锤、摇身锤、搬拦锤、肘底锤、探马锤、卧牛锤、栽锤等。

其三，步难。杨式太极步法，一式完毕多以重心后移再向前接下一式。而李式则多以腰带腿直接向前连接下一式。因而演时极累。

其四，打法风格突出。杨式为沾、连、粘、随之发力，而李式则不仅有沾、连、粘、随，而且又发展有离、粘、随之打法。杨式太极发力时为哼、呵、咳三气，而李式则为五气。李瑞东讲："头顶五星，口有五气，身有五方，手有五诀，脚有五步。怀抱太极，头顶三清，手分八卦，脚踩五行，静如山岳，动似雷风，微得神力，气通太空。"

李瑞东创李式太极拳法时，可谓登上太极之巅，清末民初名震天下，人称"京东大侠""黑风侠"。李瑞东于民初创办中华武士会，主持"天下武林英雄会"，在会上表演了惊人绝技，将一把钢刀用食指顶入三合土地面下，又以两指夹住刀把轻轻提起，只留一点刀尖子在地面之下。然后，轻轻一跃，单脚立于刀把之上，一百七八十斤重的庞大身躯，随着刀把轻轻晃动，竟没有使刀再插入地面一丝一毫。李瑞东的软硬功夫均臻上乘，可藏身于太师椅下，全身柔若无骨；可将身贴于高墙之上，如图挂壁；可置燕雀于手上不能飞；正身仰卧，将小米置于腹上，发功将其打进屋顶；苍蝇落于臂上，抖然发力可将其摔死；十二人纵行站立，各以双手轻扶前方人肩部，李瑞东将一手轻贴前方第一人脑部一侧，十二人腿皆不能抬起。可见李瑞东的气功功法何等高深。

多年来，慕名来访者名家高手众多，无不称李瑞东功夫之妙，既遇试手莫不心悦诚服。小南河的霍元甲就是其中一位。历史上的霍元甲与李瑞东比武真实情况是这样的：李先生在清末民初是人所共知的一代武林大师，武德高尚，武功超著。而霍元甲是在天津码头上一脚夫，霍身大力勇，通于拳脚和摔跤，在津小有名气。当时霍抱着成名的想法来到武清，先与武清河西务金某比武（金某当时在河西务有名，力大无比）。金某告其如要成名，研究武术，可去武清县城找李瑞东，不管能赢与否，均可成名。霍因而来李瑞东家中，李以礼相待。李瑞东问道："霍师傅所习何门？"霍言道："所习摔跤。"李瑞东随站起，立于堂前，曰："霍师傅习跤，拳脚一定很好。这样吧，我在此不动，你可使尽全力踢我双腿，如有丝毫移动，便可见你的功夫了。"霍依言飞起一脚，李瑞东依然站立，又运全力飞起一脚，仍不见丝毫动静。此时，李瑞东言道："第三脚可叫你脚拿不回去。"霍闻言，知李瑞东告诫之意，未敢起第三脚，遂辞去。后不几日，有李瑞东一弟子穆巴（穆在天津码头做工）来武清探师，言道："天津已传开霍来武清与先生比武，先生输了。"李瑞东闻言忙写书信一封，让弟子李子连速找霍元甲在天津法国教堂比武。李子连来到天津，找到霍元甲相约比武之事，霍元甲言道："兄弟别听外边传言，我并没说过去武清比武之事，我与李先生是好朋友。"霍好言相劝，李子连方肯回武清，子连回告老师天津传言并无此事、霍矢口否认之详情。李瑞东听罢确认穆巴造谣，后一直不肯再授穆巴武艺，并将其驱除门外。

关于李瑞东武功的逸闻很多。有一次，李瑞东带一徒弟从一家门前走过,突然扑出四条恶犬,李忙用双手将弟子托起,自己并不躲闪,待四犬咬住腿时,他一声大喝,运功于腿,四犬之牙全皆崩落,疼得尖叫而逃。

高尚武德 拳技传后世

李瑞东不仅武技高超,还深晓医术药理、针灸点穴,内外伤科无所不能。他在武清城开有"济生堂"药店,为人治病从不收取分文。当地人们为感谢他的恩德,在李宅挂了两块金字匾,二门上写"福元善庆",腰房上写"万寿无疆"。李瑞东讲武德,不做挟技欺人、嫉贤妒能之事。晚年广开门户,收徒授艺,每批多达百人之众。

清宣统二年(1910),李瑞东胸怀"凝聚民心,以武强国"之民族大义来津创办"中华武德会",时遇孙中山领导的同盟会成员叶云表和马凤图等人在津开展活动。李瑞东创办武德会的宗旨与叶云表、马凤图等人的主张不谋而合。时武德会设在河北劝业会公园(今中山公园)。叶云表、马凤图等人考虑到武德会创会宗旨虽好,但在号召力上存在局限性,为广泛吸纳和团结武林侠士和社会英才,发挥更大影响,他们将"天津武德会"改名为"中华武术会",并联合形意门李存义、八卦门张兆东等武术大家共同筹建,最终定名"中华武士会"。由于中华武士会的成立,李瑞东、李存义、张兆东也成为民初中国武林著名的"北方三杰"。"北方三杰"具有鲜明的民族主义立场,从骨子里彰显出的是中华儿女宁折不屈的品质和豪侠尚武精神,为普及中国武术、增强人民体质做出了突出的贡献。

李瑞东一生致力于中华武术的研究与推广，并为此付出了毕生心血，耗尽了几乎全部家财，为中华武术的继承和发展，作出了不可磨灭的贡献和不容诋毁的业绩。1917年农历正月初二，李瑞东因煤气中毒故去，终年66岁。李瑞东有三子二女。长女奇英，长子伯英，次子仲英，次女菊英，三子季英，均精太极拳术。长子武功高超，力大无比，可一手拉住惊跑的马车；站在牛车上发功，车轮陷入土中，使牛拉不动车。民国年间，任北平大学国术教师。日寇占领期间，因将日本武师击成重伤，离职回到武清。后开门授徒，其徒曹承涵中华人民共和国成立前侨居日本，现在日本奈良传播李式太极拳术。次子仲英，自幼习武，其技艺为门徒之最。在民国年间，赴法留学，回国后在河南任铁路工程师，因在一次比武中小挫群雄，被人以毒药害死，时年不到30岁。三子季英中华人民共和国成立前在北平任国术教师，中华人民共和国成立后在天津授徒多年，1961年因病逝世。其徒有张万生、杨贵福、郑炳章等人。张万生老师曾任河北廊坊市武术协会副主席，于1985年5月参加了全国传统武术比赛，他表演的李式太极拳获取了两枚金质雄狮奖牌。李瑞东先生入室弟子几十人，以长门弟子李进修（又名李八爷）功夫最著。李进修随师多年在北京端王府任教，民国年间在天津授徒。李进修和李瑞东另一弟子蒋万合曾授艺予武清城关南无梁庙村李昭荫（号仰真，是李进修嫡侄）。李昭荫武功颇为出众，20岁时就在天津授拳。当时天津督军邓如琢曾慕名向其学拳。李昭荫与李景林等人有过密切交往。他在天津授拳三十余年后回乡隐居，1986年7月逝世，终年92岁。李昭荫晚年授徒很多，广泛地传播了李式拳技。其子李广增继承父业，为李式拳的继承和发展作出贡献。据笔者调查，李式拳技除在武清传习较众外,全国各地都有传习者,如河北的武淑清,北京的任正光、孙镇奎,天津的王逸樵、张洪奎、李兴、张照来等等。国外亦有传习者。李式太极拳经历了清末民初极盛时期,在李瑞东先生的大力倡导下,以武清为核心传向全国各地,在广大人民中生根开花,流传至今。

当前,党和政府高度重视武术事业的发展,向全国人民提出"习武强身,振兴中华"的伟大号召,积极组织力量挖掘整理民间武术,并提出把武术推向世界的宏伟目标。面临中华武术事业兴旺发达的到来,笔者心情激奋。笔者乃李瑞东先生故乡人,自幼酷爱武学,故对先生的生平事迹有所了解。为了促进武术事业的发展,百花齐放,百家争鸣,经过向李门先辈多方调查,撰写此文,以使李式太极拳这一国宝能在当前武林盛势中复出,为中华武术大花园中增添一朵奇葩。

(邢起林撰文。原题《武林名师李瑞东》,见《武清文史资料选辑》第1辑,1987年3月。略有增补)

武林英杰翠花刘

刘凤春

刘凤春(1855—1922),字茂斋,原籍河北省涿州市罗家营村,后定居本市码头镇北西郭村。刘凤春出生于农家,十余岁时经友人介绍到北京打磨厂"吉祥"号翠花作坊学徒(所谓翠花是妇女的一种装饰品),因其酷爱武术,又幸得名师真传技艺大成,武功超众,因以行业得名,人称"翠花刘",又因其是涿州人,亦称"涿州刘"。

吉祥翠花作坊的隔壁有一家眼镜铺,掌柜程廷华("眼镜程")是个武林高手。一日,刘凤春偶见程廷华练武即被程的武技所吸引,故萌生学武之念,遂向程请求习武。程看他态度诚恳,且为人厚道,慨然应允,自此授以八卦拳法。在程的精心指导下,刘凤春刻苦练习,进步很大。程见他悟性非凡，用功刻苦，有培养前途，打算荐他拜自己的老师继续深造。程的老师就是鼎鼎大名的八卦拳始祖董海川先生。刘得此讯后惊喜非常，因当时八卦拳已威名远扬，董公及门人捷报纵横武坛，名震海内外。刘深感能目睹董公威颜就算是有造化，拜师学艺，那更是拳缘不浅。

清同治十二年（1873）九月七日，程将刘刻苦学习武术的情况和忠厚老实的为人一一向董公禀明，当时董公已年逾古稀，不再收徒，但被刘的少年有志、刻苦锻炼的精神所感动，经程的恳求，才允许相见。程偕刘同往吉祥寺拜见董海川。董公体魄魁梧，面如古月，姿态威严，顾盼生威，刘见之好不敬佩。董公弟子多人正在练功，董公命刘将所学之式一一演练，刘举步如猫，抬手似鹰，腰转若龙，众人对刘的一招一式赞不绝口，董公也频频点头，从内心泛出喜悦。待刘凤春收式后，董公告诫刘说："练武可是个吃苦的事啊！练武术是下米的吃饭，添水的喝汤啊。"

董公话音未落，刘坚定地说："我不怕吃苦。"董特别高兴，对程说："此人细琢可成器，选个日子让他给武圣人磕个头，收他做个关门弟子吧。"程即说："今日初八，明儿初九，是重阳节，就明天吧！"董公朗朗大笑，并点头许诺。初九日，董海川师徒云集吉祥寺举行收徒典礼，刘凤春遂拜八卦大师董海川为师。刘时年18岁。

刘凤春自得董公亲传后，便朝夕用功，他为人谦和礼让，深得董公喜爱，每于夜静更深之际，董将八卦拳精髓悉心传授，刘更是加倍苦练。当时刘在吉祥翠花作坊学徒尚未期满，除终日辛勤劳作外，还要坚持练武。时过年余，刘凤春体魄健壮，精力充沛，对练武的好处体会更深，于是更加持之以恒，坚持不懈。董公对刘爱如亲子，刘对董公敬之为父，师徒感情融洽。董公遂将一生积累的八卦拳真髓传授之。刘不避严寒酷暑风雪烈日,刻苦练功,为了练好八卦拳的基本功——走转行圆,每次由北京回家探亲,除像以往练功外,还要在磨房里围着磨台转着练。真是"宝剑锋从磨砺出,梅花香自苦寒来",日复一日的勤学苦练,使刘的武功进境很快,日臻成熟。

忽一日,河北形意拳开山鼻祖李洛能的大弟子刘奇兰偕同其师弟郭云深探望董公,三人携手揽腕,甚是亲切,谈拳论道,兴趣盎然,当即刘凤春问董公:"形意、八卦两拳何以为优?"董公正色道:"形意、八卦为一家,外形虽有区别,但同属内家拳。拳理、技击、技法本是相同,无高低上下之分。云深用半步崩拳打遍黄河两岸,未遭敌手,足见其功夫之精湛。"董公沉思片刻又对刘凤春说:"为师已是年迈之人,又忙于公事,不能常陪你过手过招,刘、郭两人功夫同为师一般,为了你的前程,明日为师亲荐你从刘奇兰学习形意拳法,望你莫负我望。"从此刘凤春又得到形意拳名家刘奇兰的真传,正所谓"二师保高徒"。

刘兴汉主编的《游身八卦连环掌》一书中写道:"刘凤春乃董海川先师之关门弟子,深得董学之精髓,后辈钦之亚于程(廷华)。"此后刘凤春又和刘德宽、李存义等人研习形意、八卦及外家拳式,兼得武当、少林两派之精华。刘凤春不避寒暑功夫日益精进,终于练就一身功,成为誉满京华的武林高手。

刘凤春深得董海川、刘奇兰二公技艺精髓,拳法有致,动静分明,那真是静如山岳,动似狸猫,故有"赛猫行刘凤春"之美称。但他身怀绝技而不骄蛮,德高望重不言他人之短,武功武德皆属上乘,可谓德艺双绝。每与人较技,从未伤过人,但也未遭过敌手,故有常胜将军之美誉。例如:一次与河北马某较量技艺,马以虎头双钩威震一方,他的钩式奇特,钩顶为枪头式,钩齿是直斜钩,刘凤春用杆子几次欲锁其钩,因钩齿很短,每皆滑过。刘遂对马表示,放下杆子,空手进钩。刘凤春施展八卦拳轻灵身手,迈右步,出右掌直向马的面部,马见势闪电般十字钩往上架去,刘即摆左脚,抽右手,用右手反撩马的胸部,马见势将上架钩往下一卡,刘随即扣右脚,抽回右手,做个回身掌式,几个照面过后,刘凤春让过马照头劈来的右手钩,上左脚,出左手,用左手拇指和食指捏住马的右手钩身,马的左手钩又趁势向刘的胸部猛刺过来,刘斜身闪过用右手拇指和食指捏住了马的左手钩身,同时右脚直向马的下颔蓄力轻轻踢去但未踢伤,到此马某为之一惊,连道:"佩服!佩服!"此后两人情意更加深厚,经常探讨技艺。自此刘凤春的空手进双钩,传为武林佳话。

戊戌变法失败,谭嗣同等六君子就义,次年霍元甲仗义出头在上海与英国大力士奥比音打擂比武,雪洗我"东亚病夫"之耻,刘凤春被约帮场。在平江不肖生著的《侠义英雄传》第六十三回写:"霍元甲三打东海赵,王小乙夜斗翠花刘",记述了刘公的武艺与武德。《近今北方健者传》一书对其也做了专篇论述。张宝瑞著《八卦掌传奇》一书中第三十二回写"静琬塔牛亮臣就义,法源寺刘凤春识宝",第三十三回写"翠花刘教堂夺国宝,董海川庙会赏京味",记述了刘凤春在北京牛街法源寺内发现了西汉时期张骞通使西域时丝绸之路的丝绸真品,被当作跪毯(磕头用的垫子)太可惜,当即告知该寺文赞法师:"这是国宝,不应当跪毯,应妥善保管。"文赞法师闻之如梦方醒,这才知道为什么天主教南堂神父要用十万两白银买这块地毯,故而将此毯藏在藏经楼,派武僧日夜守护。事隔不久,此毯被贼人盗走。刘凤春得知后认为丢毯之事可能与南堂摩西神父有关,他满怀激愤,出于爱国之心,独自一人夜闯教堂,打死摩西神父,赶走摩西的中国姘妇,夺回丝绸真品,使国宝物归原主。

光阴似箭,斗转星移。弹指间,刘凤春在京50年,上承武术前辈遗风,常年善练不辍,平生以八卦、形意著称,早年就有三掌(单换掌、双换掌、顺式掌)威震北京城之佳传。刘凤春根据董公亲传的八卦拳法细心钻研揣度,不断发展完善,既尊重传统,又有创新,在八卦门中,独树一帜,形成了独特的一派——"刘凤春派"。裴锡荣、李春生、裴武军、郭长生合编的《武当武功》一书中写道:"八卦掌(拳)这门武当派传统武功,实为中华武术之瑰宝。自清代八卦掌宗师亡后,百余年来,名师辈出,代有传人。后代八卦掌名家,又根据自己多年练习经验,把它发展成不同流派。现在本派别有尹福派、程廷华派、梁振甫派、刘凤春派、宋长宁宋士荣派、李存义派、黄柏年派、姜容樵派等派别……本章介绍的是八大掌,为董海川秘传之技,过去从不外传,只传门内入门弟子,董海川传给刘凤春。刘凤春传子刘文华、徒傅剑秋。"

刘凤春一生恭谨勤劳,德高望重,名播京师,广誉海内外。他以弘扬我国武术与武德为己任,使八卦拳得以广泛流传,被聘为北京武术学校(校址北京西斜街5号)镇场教师多年。主要传人有:其子文华,徒许禹生(北京武术学校校长)、李剑秋(北京燕京大学武术教师)、傅剑秋(武当形意拳首传人)、周鲁泉(涿州人,有"小霸王"之称)、张广居(深县中学武术教师)、周祥(武清人)等人。

刘凤春在京50年,从习武到从事武术教育事业也整整50年,为祖国的武术事业,为维护祖国尊严做出了卓越的贡献。

(史建华撰文。见《涿州文史资料》第4辑,1997年)

任侠尚义的周祥

周祥(1859—？),一名云祥,武清人,身高五尺,面麻,师事翠花刘,尽刘之学,即步趋目眴谈吐之际,无不逼肖刘者。少年多豪举,曾设擂于某县。是时习八卦形意者少,遇周辄不支,祥名声大噪。孙禄堂适游其地,从者怂恿孙击周。孙亦恶周之狂也,首肯从者请。以他名刺造周,周故闻孙名,未识面也,询孙拳门,孙绐称花拳,周易之。孙又以花拳式诱周,周以穿掌进,孙横以掌,拳击周,颠。孙回身出横拳式,周咤曰:客乎,得无为孙禄堂弟？孙笑曰:弟即禄也,且饱吾老拳如何？周辍手曰:久闻弟名,今日接进,功夫果好,抑手何毒也。遂把袂置酒焉,孙以炫矜贾祸规周,周诺之,而不能韬晦。现六十余矣,谈八卦手法拳理颇

周祥

精，其意气尤熊熊动人，两目炯炯有异光。

明漪曰：予遇周师兄津门，闻其述八卦拳理，并指定胸际为☲，小腹为☵，左胁为☳，右胁为☴，囟门为☰云云。则八卦拳实道家学，何与汞船既济之说，陈希夷先天地只有水火之理，若合符节。周又云：胜人之处，在学问不在形势；养生之道，在血气不在筋肉。有味乎其言之。尝见与存义师交手，周以撞掌进，师以穿掌去。周曰：师何走也？师哂曰：吾走尚不足两意，抑呆受尔击始足乎！周汗出力疲，师亦未击之也。周晚得李瑞东之说颇夥。询以与禄堂交手事，则慨然曰：去今且三十年矣，盛气哉当年也！然禄堂手实硬，盖学事益邃，有谦退之风焉。予遇翠花刘，讶其举止眴视如周，谓彬堂曰：刘先生何神似周麻子？彬堂曰：周师兄从刘学深故，吾兄不知耳。始恍然焉。由是益佩教泽人人，与学有内心之士矣。

（录自杨明漪《近今北方健者传》，1923年。生年为编者加）

孙禄堂传略

孙禄堂（1860—1933），讳福全，晚号涵斋，河北完县东任家疃（今属望都县）人。

孙禄堂自幼聪颖慧达。史载：孙禄堂生而巍巍，超绝常儿。孙禄堂排行老二，上有兄长，下有胞妹。乃父孙国英，母安氏夫人。孙国英生前为正七品文林郎，慷慨好义，济困扶危，急人之难，声闻四达。孙禄堂同治六年（1867）入

孙禄堂

私塾，兼随吴姓师习练拳术。同治十一年（1872）考录附生后，因遭家境变故，至生计窘迫而最终辍学。后随父挚友奎元李先生读书兼习形意拳。光绪元年（1875）武功已臻超凡，李师念其技击天赋非凡，故将孙禄堂荐于其师——形意拳大师郭云深。郭云深以"半步崩拳打天下"，享誉四海，纵横江湖数十年未遇其匹。教授孙禄堂仅

年余，郭云深即慨叹曰："能得此子，乃形意拳之幸也！"

光绪四年（1878），河北大旱，饿殍载道。乃父因殚精竭虑地救济乡邻，加之斯时孙家窘困滋甚，最终疾困交加而中道崩殂。孙禄堂返乡葬父后，因愧悔不已，悲痛至极，遂于夜半在村外枣树林自缢。然天佑英才，翌日凌晨当他被路人救起时，因其内功深厚而气息尚未全闭，竟至死而复生。嗣后，孙禄堂接老母至保定投亲经商。翌年，城内大户张举人瑞先生见孙禄堂人品和禀赋不凡，遂择为门婿。张举人力劝孙禄堂返郭处继续深造，并代为抚养其母。同年，孙禄堂再投郭云深处深造。郭云深很高兴与孙禄堂同吃同住，形影不离，随时予以点化、指导。常常是：郭云深骑马在前急驰，孙禄堂徒步在后奔跑，日行百里，超迈绝尘。

光绪六年（1880）春，郭云深让孙禄堂送信给自己的师弟、京城名医白西园。白西园见信后方知是郭云深有意让自己帮助指导孙禄堂。信中称，孙禄堂乃光大形意拳之希望。于是，白西园把孙禄堂留在自己家中，将形意拳拳谱相赠，并结合自己的心得体会向孙禄堂讲授该谱。同时，又传孙禄堂医术。由是，孙禄堂后来萌生"参《易》修拳，光大形意拳谱奥蕴"的想法。

同年秋，郭云深带孙禄堂去山西拜访郭的师兄弟车毅斋、宋世荣等人。在晋期间，郭云深让孙禄堂与门内外各路高手广泛交流切磋。而孙禄堂则每战必胜，未曾一负，胜人而不伤人，谦逊如仪。

孙禄堂高尚的人品、高超的武功和非凡的天赋给车毅斋和宋世荣留下了深刻的印象。车毅斋擅长研究打法，宋世荣擅长研究内功。

宋世荣讲论炼神还虚之法，由此孙禄堂内功大进。之后，孙禄堂再返郭云深处,从郭云深研究形意拳理法,并得出形意拳之"三步功夫""三层道理""三种练法"。

到光绪八年(1882),孙禄堂已经研修形意拳达11年之久,且以跟随郭云深时间为最长,前后共8年。为了彻底揭示拳学原理,郭云深让孙禄堂再赴京城从白西园研究《易经》。不久,孙禄堂在白西园处遇见了郭云深朋友加老乡程廷华,这正是郭云深荐其从学的"眼镜程"。程廷华是八卦拳宗师董海川最好的弟子之一,功夫最接近董海川。出师后,程廷华在北京与各路高手比武从无败绩。八卦拳与形意拳都是以内功为基础的拳,但在技术上又各有特点。形意拳的特点是劲力整实,动作简捷;八卦拳的特点是身法灵活,手法多变。两种拳法各有其擅。程廷华非常喜欢孙禄堂,遂开始教孙禄堂八卦拳。白西园告之曰:"八卦拳之理,依其名,亦应出自《易经》。"孙禄堂遂以八卦拳为参照,继续以形意拳对《易经》进行实证研究。

光绪九年(1883),南方某武师北上京城,专访各派名师较技,结果是所向披靡。后访至程庭华,程之门人与南人较,皆不敌,于是,程廷华只好亲自出战。但因对手武功高深,程廷华有不便遽自动手之虑。其时,孙禄堂仅跟程庭华学习了一个单换掌,尚未被程廷华列入门墙,故程廷华未让孙禄堂代表自己出战。然而,孙禄堂深知程廷华之意,便主动要求代程廷华与该武师比武,程庭华最终首肯。比试开始,孙禄堂一出手即将该武师从屋内打出屋外。该武师遂深服之。程廷华亦喜出望外,便要孙禄堂在董海川墓前磕头拜师,与自己结为师兄弟,自己代师授艺。但孙禄堂执意不肯这样做,程廷华只好将孙禄堂收为弟子。此后,进一步教授八卦拳理法及点穴、轻功、八卦剑、七星杆等绝技。孙禄堂这时的形意拳已臻化境,所以在程廷华的悉心教授下,仅研习八卦拳年余即掌握了其精髓。同时,孙禄堂也逐渐感悟出形意拳与八卦拳其理浑然相通。

光绪九年(1884)秋,孙禄堂已兼通形意、八卦两门拳学,在与武林各派高手的切磋较技中,皆能轻取对方。于是,程廷华劝孙禄堂效仿自己的老师董海川,游历天下、遍访名师,以臻拳学至境。程庭华对孙禄堂说:"汝生有宿慧,始克臻此。余意,汝之技黄河南北已无敌手。禄堂前途珍重,可去矣!行矣!"于是,孙禄堂听从了程庭华的建议,决定访游天下。

光绪十年(1885),孙禄堂正式开始了云游。途经河北、河南、湖北、四川、湖南、广东、江西、安徽、浙江、江苏、山东11省,其间游行郡邑乡野,曾访少林,朝武当,上峨眉,闻有艺者,不辞远蔽险阻必访至,相互较量,孙禄堂始终未曾有负。先生喜攀缘绝险奇峰、跋涉大川幽谷。一日,曾遇一云游隐道,俗姓张,授其修身养气之法。该法能辟谷,清净腹藏气血之杂物。先生后来将此法融入形意拳、八卦拳修习之中。后又于蜀中从一高僧研修《易经》数月,并于武当山从陈姓隐道结庐,闻其讲论《丹经》。孙禄堂遨游方外,一路行侠奇事极多,曾多次遇匪鏖战,独斗群枭,所向披靡,其事在南方有碑文记载。历时三年余,孙禄堂融会所学,使技击合于道,功臻造极至境,其行止坐卧,一念一应,无不依乎天理。

光绪十二年(1887),孙禄堂返回保定。因其声誉日隆,故欲拜师者甚众。当地拳家甚忌之,群谋暗算之。他们察得孙禄堂有去某店饮茶之习,一日,二十余人暗伏该店内外,候至孙禄堂入店,在揭帘之瞬,伏者前后夹击,猛不可挡。孙禄堂于不意之中,从容应对,前点后蹬,使前后偷袭者皆昏扑于地。暗中埋伏者惊恐不已,伏地请罪。时孙禄堂于武技已臻至空、至虚、至诚之化境,能有不闻不见之知觉,虽骤临不测,亦能从容应变,感而遂通。此事发生后,至孙禄堂处求教或猎奇者甚众,每日不绝。孙禄堂苦之,不久返归故里。

光绪十三年(1888),孙禄堂创蒲阳拳社。此时,其技击实战功夫已独步当时。也就是从这时起,孙禄堂开始探索完备中华武学体系。他每日研究《易经》、黄老、奇门遁甲之学,潜心玩味神化不测之功,并兼教乡人文武两道。期间教授弟子有裘德元、张玉峰、张玉山、崔老玉、李老丹等人。

光绪十四年(1889),完县县令拜于孙禄堂门下。其间,孙先生一直在打探郭师的行止,但因郭师常年游走各地,故不能遽知。光绪十五年(1890),孙禄堂已名冠武林,于是,朝廷聘其为武技主试官,前往各地招考武生。孙禄堂因此常与南北各派武林高手交流,比武切磋。孙禄堂的武功神乎其技,令人折服。一次,孙禄堂在武风盛行的河北丰润县招生,看到当地拳师在拳术上虽然肯下功夫,但多不得法,于是主动给予指导,因此当地一些拳师都来向孙禄堂请教,不想惹恼了当地的一位武术名家,其人尊之为武圣人——武林志。一天,武找上门来与孙禄堂比武,孙禄堂端坐在椅子上让武随意进击,结果只一下,武就被摔倒在椅子后面,再看孙禄堂,仍旧端坐椅上,武彻底折服。

光绪十九年(1893),应友人孙绍亭之邀,孙禄堂前往定兴。时绍亭与当地某拳家有忤。该拳家邀集北五省武林中之铮铮者百余人前去与绍亭较斗。绍亭也拟邀请武林名师应对,但仅邀到孙禄堂一人,即与彼等不期而遇。绍亭见彼等人众,且皆持器械,转身回避,孙禄堂无奈,独自应战。伤彼数十人,余作鸟兽散。此后,讼事由绍亭办理。此事传出后,人称孙禄堂为"平定兴"。

这年,孙禄堂打听到郭云深回到了老家深县,于是带上几乎多年来的所有积蓄前去看望郭云深。郭云深见到孙禄堂非常高兴,又看了孙禄堂的武功,更是兴奋不已。郭云深对孙禄堂说:"汝这般进境,如今海内已无人能及。"如今,在深县当地还流传着孙禄堂骑快马、带银两看望郭云深的故事。

光绪二十三年(1897),孙禄堂再赴京城探望老师程廷华。两人朝夕相处,意甚洽。数日后,孙禄堂返乡。同门张玉奎等人问程庭华:"禄堂师兄技竟何如?"程廷华叹曰:"神乎哉!神乎哉!独步绝伦矣!"

光绪二十四年(1898),郭云深去世。在去世前,郭云深将集其一生习武心得写成的《解说形意拳经》一书托人转交孙禄堂,以示孙禄堂的传承地位。

光绪二十六年(1900),庚子之乱爆发。孙禄堂闻讯后深感不安,再入京城探望程廷华,才知程廷华为救人已牺牲在八国联军的排枪之下。孙禄堂悲伤至极。两位恩师的先后去世让孙禄堂心情极为沉重,于是隐居故里,潜心研究拳学。不久,孙禄堂的师叔、形意拳名家耿继善在北京成立"四民武术社"传播武术,请孙禄堂前来助场。于是,孙禄堂再赴京城。在京城,孙禄堂认识了精通太极拳的张秀林和杨春圃(即著名武生杨小楼),感到他们的太极拳在柔化技术上有独到之处,和自己以前学过的拳术都不一样,但这种柔化技术在应用上有局限性,不能全面适用于实战技击。孙禄堂与张、杨两位一起研究数月,欲探究其拳的根本原理,改良其技,以全面适用于实战。从这时起,孙禄堂开始用心研究太极拳。

在京期间,因其武功高深,孙禄堂被肃王请到王府向其学拳年余。后其母生病,托信叫孙禄堂回乡。在与肃王相处的日子里,孙禄堂除了教授肃王武艺外,从无一事请托。因此,孙禄堂的武功、气质和品行令肃王极为钦佩。肃王常对人赞叹孙禄堂说:"此人(指孙禄堂)为圣人之气质,士大夫亦不能及。"

孙禄堂返回家乡时,同门师弟李文彪执意要随孙禄堂共进退。李文彪是程廷华的弟子,功夫很好,他非常崇拜师兄孙禄堂。这样,李文彪就跟着孙禄堂一同回乡,和孙禄堂一起继续办好蒲阳拳社。各地武术名家也常来拜访、请益,如程廷华的长子程海亭、八卦掌名家韩慕侠、形意拳名家马玉堂、郝恩光等人,他们每次来时,少则小住数日,多则共处数月,共同探究拳学至理。这期间,肃王也多次来函请孙禄堂返回北京,但孙禄堂不喜欢京城王府里的浮华生活,于是都婉言回绝了。在此期间,孙禄堂不断淬炼提升形意拳、八卦拳的技艺,并着意研究太极拳,欲从理论到技术结构,再到技击实践,使形意拳、八卦拳和太极拳相融合。这时所教授的著名弟子以齐公博为楚翘。

光绪三十三年(1907),翰林出身的徐世昌要去东北担任三省总督。他早就听说当今出了一位孙禄堂,武艺绝伦,道德高尚,学养深厚,于是,徐世昌聘请孙禄堂去东北做他的幕宾,实际上为其内巡捕,负责他的安全保卫工作。为东北大局计,孙禄堂接受了徐世昌的聘任,并推荐师弟李文彪和自己一同前往,后李在少年探访局任武技教官。

徐世昌在惊叹孙禄堂的武功出神入化的同时,也极为惊讶孙禄堂的学问之深和修养之高。为了表达对孙禄堂的尊重,他建议孙禄堂与自己并号,因徐世昌自己的号为弢斋,所以建议孙禄堂以涵斋为号。孙禄堂感其知遇之情,欣然接受这一建议。在东北期间,徐世昌殚精竭虑,在非常困难的环境下,治理地方,维护主权,稳步施行各项新政,全面推进东北社会的近代化进程。他与孙禄堂也相互了解得更深，彼此更加信任，结下了深厚的友谊。徐世昌曾保举孙禄堂担任知县、知州，但均被孙禄堂谢绝。孙禄堂告诉徐世昌，自己所长不在为官而在拳学，平生所志不在仕途而在提升中国武学文化。孙禄堂的轻利重道让徐世昌倍加敬重。每逢新年，徐世昌总要给他的全体幕僚每人一个红包以表谢意，唯独对孙禄堂例外，他知道孙禄堂不会接受这种方式的感谢，所以他是写一幅字送给孙禄堂，而孙禄堂也写了一幅字回赠徐世昌，真可谓君子之交淡如水。

在东北期间，俄国及欧洲格斗冠军彼得洛夫途经奉天（沈阳），经俄公使馆提议，让彼得洛夫与孙禄堂进行一场比武，孙禄堂亦应邀前往。比试中，孙禄堂在开始阶段让彼得洛夫充分施展其能，孙禄堂信步游走，暂不出手，彼得洛夫看着近在咫尺的孙禄堂就是打不着，孙禄堂见彼得洛夫不过尔尔，便于一手间将彼得洛夫击倒在地。在场的人都为孙禄堂精绝的技艺所震惊。于是，孙禄堂开始名传海外。

宣统元年（1909），孙禄堂随徐世昌返京。不久，孙禄堂举家迁入北京。此时，因孙禄堂武名极隆，来请益或试探高下者每日不绝，然而经交流或较量后，来者无不叹服孙禄堂的武功绝伦。从此，孙禄堂在武林中赢得"虎头少保，天下第一手"的称誉。

当时，北京太极拳辈分最高的人是杨健侯，他是杨式太极拳创始人杨露禅的儿子，在北京武林中与程廷华同辈。早在20多年前，孙禄堂跟程廷华学习八卦拳的时候，杨健侯就认识孙禄堂，以后也时有交往。杨健侯深知孙禄堂的武功冠绝时辈，所以设宴邀请北京的武林同道一同欢迎孙禄堂。后来，杨健侯提议让自己的两个儿子杨少侯、杨澄甫以及弟子中出类拔萃的张秀林等人都与孙禄堂结拜为盟兄弟。孙禄堂也愉快地接受了杨健侯的提议。

1912年，经友人介绍，孙禄堂与太极拳大师郝为真相识。两人一见如故，自此过从甚密。后受教数月，郝为真叹曰："奇了！我一句话，你悟出的功夫就胜过专习数十年者。"后来，郝为真病困于京，经孙禄堂为之请医问药、朝夕服侍而得以康复。郝为真感其恩德无以为报，得知孙禄堂正在研究、比较各派拳术，欲总结提炼武学统一的原理，进而使之合一，遂主动提出要将自己所习太极拳之心得理法和盘相赠，以供孙禄堂研究参考。这正是孙禄堂求之不得的事情，孙禄堂遂折节持弟子礼，随郝研习太极拳。几个月后，郝为真返回故里。这年，孙禄堂次子孙存周效仿父亲当年游历四方之举，也身背黄包袱独杖南行。

1912年，天津成立了中华武士会，会长是孙禄堂的师叔、形意拳名家李存义。孙禄堂早年学拳时，曾得到李存义的指点，所以这时武士会举办一些活动时，孙禄堂受李存义之邀也常去捧场。一次论及内家拳形意、八卦、太极、通背四门合一时，通背拳的代表人物张秀林认为四门虽皆为内家拳，但是以通背最高，并说古谱上就有"山右通背最为高"的说法。因张秀林本来是学太极拳，后跟韩老道学通背拳，技艺大进，所以有此体会。但李存义是形意拳第六代的领袖人物，当时武士会也是以教形意拳为主，所以听了张秀林的这番话，脸色就不大对。会中李某会其意，立即要与张秀林比试大杆子。因为徒手较量，如果双方用上真劲，很容易发生死伤，而不用真力又很难服人。像这种讨论技艺长短的比武并非死仇，但又要使出真功夫，所以多通过比试大杆子来验证高低。不想两人刚一交手，李某的大枪就落地了。原来张秀林向孙禄堂请益武功，孙禄堂曾把自己在大枪方面的一些心得告诉了张秀林。李存义是老江湖，一眼就看出张秀林枪法里有孙禄堂的特点，李存义知道张秀林是孙禄堂的盟弟，于是李存义对孙禄堂说："他是你的盟弟，你跟你的盟弟试试如何？"孙禄堂知道这是李存义要让自己给武士会找回面子，这让孙禄堂左右为难，一边是指导过自己武功的师叔，一边是自己的结拜兄弟，如何比才好呢？孙禄堂想起自己最近悟出的太极劲贯穿到枪法中，沾拿而不发，这样双方都不丢面子。于是，孙禄堂单手持大杆子的底墩，请张秀林进枪。张秀林一看孙禄堂竟单手持杆，认为这是盟兄当众小看自己，于是进步就劈，没想到孙禄堂单手一圈手中的大杆子，竟将张秀林的大杆子沾拿住，这时如果张的大杆子不动，孙禄堂并不准备发力使张难堪，但张秀林并没有领会到这层，还想极力挣脱，可是越想挣脱，他的重心越是不稳。张见孙禄堂单手持枪气定神闲，如垂钓之翁，心中一急，自己的身形更把持不住，不得已，张秀林只好弃枪于地，连连踉跄了数步倒靠在兵器架上。张秀林起身后，向孙禄堂拱拱手，一句话没说，扭头就走了。孙禄堂不尽怅然，因为孙禄堂最不愿意做的就是这种门派之争，不想却身不由己地卷入其中。以后，孙禄堂多次努力挽回与张秀林的友谊，这是后话了。

  1915年，孙禄堂经过数十年对各派武学坚持不懈地研究、实践与提炼，此时已豁然大悟，发现中华武学统一的原理和统一的基础技术结构，创立了拳与道合的武学体系。这就是中和内劲原理和以孙氏形意、八卦、太极三拳合一的技术结构为基础，融汇了百家的不断创新与提升的武学体系。

  孙禄堂的中和内劲原理构成了中华武学的基本理论。其要点揭示了因敌成体、感而遂通这种能力的核心是内劲，内劲就是将技击技能化为良知良能。内劲生成与完备的机制是中和，需要由后天之法而返先天，其方法是极还虚致中和之则。明确内劲是武学修为的核心。在历史上首次揭示了内劲的奥秘和修为的原理。结束了自明末吴殳提出"因敌成体"以来，历代拳家不断摸索追求"因敌成体"的境界但又苦无明确的理论指导的现状，开辟了武学理论研究的新纪元。

孙禄堂创立的形意、八卦、太极三拳合一的技术结构，是通过提炼三拳各自的特性并建立在共同的基础上，将最大的协同能力和最大的变化能力融合在最恰当的选择机制中，从而使适应机制完备，完备良知良能，也就是通过孙氏形意拳获得最大的作用功力，通过孙氏八卦拳获得最大的变化能力，通过孙氏太极拳获得最恰当的临机选择能力，并使这三大能力都建立在共同的技术基础上，从而使机体的适应能力最大化。由此完备了良知良能，提升了技击结构的基础。

孙禄堂为三拳建立的共同基础是：以中和为宗旨，以内劲为统御，以三体式为本体，以九要为规矩，以顺中用逆、逆中行顺为总纲，以有无并立又有无不立为法门。孙禄堂提炼出三拳的特性为：中直、蓄直、变直之技和实中、虚中、变中之能。从而将三者融合为一，形成互补完备的技击技能。并通过对内外合一、动静合一、体用合一、天人合一的追求，来实现"不求胜人，而神行机圆人亦莫能胜之"和"空而不空、不空而空、感而遂通"的技击效果，使技击合于道，历史性地建立了完善技击所需全部基础技能的互补完备的技术结构。为中华武学建立了统一的基础技术结构。

孙禄堂创立的"拳与道合"的武学体系，使技击艺术首次成为一个建立在完备的技击技能基础上的、不断创新、不断融合、开放性的技术系统，并升华为修身育德、完善人格精神和身心机能的体育显学。使武学成为能体物不遗、完备良知良能、文武兼容互补的修身实学。

因此自 1915 年起，孙禄堂开始撰写武学著作，以阐发其武学原理和技术体系。从 1915 年到 1932 年的这 18 年里，孙禄堂率先撰写了《形意拳学》《八卦拳学》《太极拳学》《拳意述真》《八卦剑学》等一系列武学专著，以及《论拳术内外家之别》《拳术述闻》《详论形意、八卦、太极之原理》等武学文论，开创了中华武学发展的新纪元。

孙禄堂的武学体系是以《易经》为立论，以儒释道诸家学理为参照，不仅在技击功能上是对当时武学研究水平的全面超越，而且构建了道艺武学哲武一体、体物不遗的修身学说，使孙氏武学成为支撑、验证、完善中国传统哲学的一门崭新学科。

因此，孙禄堂的武学体系，堪称是 16 世纪以来直到今天中国武学发展的最高成就。其精湛的武学修养，当年亦令海内学问大家无不折服，著名学者如马一浮、胡朴安、蔡元培、陈曾则、刘春霖、陈夔龙等人皆对孙持弟子礼。孙禄堂书法甚佳，与书法家秦树声及被称为"南开校父"的严修常有过从。严修曾任清翰林院编修，学部侍郎，曾与孙禄堂讨论《易经》，许为知者，亦曾为孙禄堂《八卦拳学》的出版题"学有本原"。在与上述文人名家的交往中，孙禄堂也充实、提高了自己。成为学贯文武的武术家。

16 世纪，作为中华武艺复兴的起点，是以战阵、齐勇为表征的军旅武术为代表；到 17 世纪、18 世纪，武术朝着单兵化、徒手化、养生化演化，以及开始将导引吐纳引入武技的研修，并将对技法的研究逐渐发展到对劲力研究的层面；到 19 世纪，随着对劲力研究的不断深入，发现了各家武艺若干普遍法则，产生了以劲力为特征而显赫于时的几大拳系;再到 20 世纪初,最终由孙禄堂发现了技击运动的根本规律,构建了拳与道合的中华武学体系。然而,当 20 世纪初孙禄堂完成构建了拳与道合的武学体系之时,也正是中国文化受到西方文化强劲冲击乃至分崩离析之际。随着新文化运动对中国传统文化的批判,以及西方文明的巨大成功所形成的文化强势,孙禄堂武学体系所代表、所蕴含的深厚文化传统难以抗衡当时汹涌而来的文化潮流,因此其巨大的文化价值并没有被当时社会所认识。只有极少数文化精英能够感悟到孙禄堂武学体系的人文内涵和巨大的文化价值,但是他们在武功上造诣不深,难以承担继承、发扬道艺武学的学术重任。因此,孙禄堂的武学体系从其完成建构的那天起,就开始面临着被湮没的窘境。孙禄堂曾感慨道:"吾言虽详且尽,犹虑能解者百人中无一二人。吾惧此术之绝其传也。"由此可见,在 20 世纪初的中国武林乃至当时整个社会,能够理解孙禄堂武学体系的人是不多的。

19 世纪末到 20 世纪初是中国社会急剧动荡的时期。自鸦片战争之后,经过太平天国、甲午战争、庚子之乱等来自内外的动荡与冲击,国人不仅认识到西方在技术上的优势,越来越多的人更对西方的一切,包括文化,由惊恐畏惧转而为崇拜。随着五四运动发出打倒孔家店的口号,国内知识阶层对传统文化的否定达到了顶点。因此,这一时期的武术家群体对建立在传统哲学基础上的中华道艺武学体系,或因文化根基所限而不能明其所以,或由于受到西方体育思想的影响而怀疑甚至全盘否定,这也导致孙禄堂的武学成就难以被当时大多数人真正地理解和接受。因此,客观上造成了代表中国武学最高成就的孙禄堂武学体系在刚刚完成、尚未被人们充分认识的时候,就迅速进入了"冰河"期。这是时代大更迭与文化大冲击过程之大势使然,非学术价值本身所能左右。这也就决定了中国武学的发展在孙禄堂之后,在学术上不但未能有所提升,而是出现了明显滑落。

1918年10月,徐世昌当选民国总统,聘请孙禄堂任总统府武承宣官,负责徐世昌的安全保卫工作。孙禄堂任此职直到1922年徐世昌下野。在这期间,日本全国柔术冠军板垣一雄曾访孙禄堂较艺。孙禄堂轻取阪垣。据《世界日报》记载:"民国八九年间,孙在京时,有日本著名柔术家阪垣者,来游中国,恃其柔术与华人斗,所向无敌。因之阪垣骄甚。嗣闻孙禄堂之名,即访孙,请一较身手。孙对阪垣谦逊如常,不肯较力。阪垣误以为孙为胆怯,请较益坚。孙力辞不获,乃允之,并依阪垣所提出之比赛方法,于客厅中设一地毯,两人并卧其上,阪垣以双腿夹住孙之双腿,两手攀抱孙之左臂,曰:'余将使用柔术,只需两手一搓,汝左臂将断。'孙笑答曰:'请汝一试可也,余意制之亦非难事。'阪垣闻言,露惊骇之态,即开始用力,孰知刚一发动,两臂如受重大打击,寻且震及全身,此时阪垣非唯手腿不能坚持孙体,即全身被震,滚至离孙两丈外室隅处。四旁站立之孙之弟子及外界观众甚多,至此莫不大声喝彩,观众哗然大笑,阪垣垂头丧气辞出。数日后,阪垣请托多人说孙,欲从孙学艺,孙未允焉。"

1924年,孙禄堂出版堪称武学经典的《拳意述真》一书,前辈宋世荣看后,惊叹不已,邀请孙禄堂去山西见面。时宋世荣在介休,孙禄堂到太原后由宋世荣的徒孙董秀升一路陪同,拜访宋世荣及山西各地同门。宋世荣精通内功修炼,当亲眼目睹了孙禄堂的武功后,宋世荣异常兴奋,在《拳意述真》的扉页上写道:"禄堂仁棣:学于后,空于前,后来居上,独续先宗绝学。"

孙禄堂与宋世荣交流数日后,在返回北京时途径省城太原,这时一路上陪同孙禄堂的董秀升亲眼目睹了孙禄堂的武功无人能及,因此一再要求孙禄堂留在他家,以便向孙禄堂深入地请教学习。于是,孙禄堂逗留董宅月余。期间,孙禄堂曾蒙目同时与十几位练了多年武功的青壮年交手,连试多次,每次都在一瞬间将其一个不剩地打翻在地。观者无不惊骇,叹为奇迹。月余后,因北京来函紧催,于是孙禄堂不得不返京。临行前,孙禄堂为董秀升的府邸题词"养性轩"。多年后,董秀升的胞弟董子英对著名记者姜侠魂讲:"孙禄堂道德极清,武功极高。其德之清,如天也,无所不容;其艺之高,盖世也,无人可及。其德其艺非世人所能测、所能知者,其知其行与古之圣贤大德足可比伦,至于技击末技合于道体,神乎其神,更遥遥不能望,无可比伦者也。今有得其拾一者,足可独步一时矣。余兄与先生交厚,尝叹曰千古奇人耳。"

1925 年的一天,孙禄堂突然接新任直隶督办、剑术名家李景林之邀,恳请他去天津一晤。原来,李景林部的时任武术教官是八极拳名家李书文,李书文擅大枪,很少有他看得起的人,一些被李景林请来的武术名家,竟被李书文在比武中击伤,但李书文唯独对孙禄堂赞叹有加,因李书文也曾参加过天津的中华武士会,与孙禄堂有过交往,所以每与李景林谈到当代武术家时,李书文总是推崇孙禄堂,称孙禄堂是当今武林第一高手。

1926 年,孙禄堂得道友关某(失其名),两人经常同处一室,闭门修习道功,一同合道修真,但其法从不传六耳。据孙剑云讲,两人练功时是不让人看的,即使对子女也是如此。

1927 年,孙禄堂之《八卦剑学》出版。

1928 年 3 月 24 日,中央国术研究馆成立,正理事张之江,副理事李景林。4月，孙禄堂被聘为中央国术研究馆的教务主任兼武当门门长。4月下旬，孙禄堂以古稀之龄乘船由天津抵达上海，并受到上海国术界和学术界的热烈欢迎。在沪期间。孙禄堂作了几场国术交流，整个大上海为之轰动。因上海国术界的极力挽留，他在沪逗留竟旬。后张、李两位一再催请，孙禄堂遂于5月7日到达南京，8日中央国术研究馆即举行盛大欢迎仪式暨开学典礼。在典礼上，突然一阵喧哗，有人公然向孙禄堂提出挑战，别人随之大哄附和。孙禄堂对挑战者说："今天本是馆方举行开学典礼，如果馆方同意即刻改为比武擂台，我将与诸君比武切磋。"这时，李烈钧、李景林站起来力劝孙禄堂与他们一起离场。而张之江、马良留下来安定会场，会场出现混乱。事后，在李烈钧、张之江等人的责令下，挑战者向孙禄堂当面赔礼道歉。这件事并非偶然，而是反映了当时一些习武者好勇斗狠的江湖习气。而这种习气正是孙禄堂所力图改变的东西。孙禄堂提出，习武者要动之以理，倡导刚勇和平。

孙禄堂上任后，作为教务主任便立即着手两件事：一是与正副理事共同确定教学计划和内容，二是与馆内董事及正副理事共同商议给馆内各位教师定级。

关于教学内容的确定，孙禄堂的思想与张之江有明显分歧。分歧的实质是：孙禄堂认为国术的功能主要是体现在修身上，其技击效力的发挥离不开明理、修身，即明理、修身为本，技术为末。而张之江、马良等人热衷于倡导国术在现代军事战场上发挥直接效用，认为实用招法为教学重点，修身为其外延。反应在具体的教学内容上，孙禄堂强调基本规矩及其学理的重要，并以此确定所占用课时的比例。而张之江则认为拳技教学应该多传授绝招绝技，要以此来确定教学内容和所占课时的比例。而且对于基本内容，两人的认识也有不同。孙禄堂所培养的是具有灵性的内劲，而张之江认为先培养绝对力量，因为战场上搬炮弹、扛机枪都要以绝对力量为基础的。因此，在教学内容的确定上，孙、张两位难以取得一致意见。孙禄堂与张之江都是极有原则的人，两人都坚持自己的意见，于是合作难以为继。这就是孙禄堂5月8日到中央国术研究馆任职未及两旬，5月底就提出辞职的主要原因。据孙禄堂的女儿孙剑云讲："先父到南京后，有一天张之江先生请家父一行人吃饭，见面时，张先生说：'人称老先生是万能手，国术馆是一年一期，不敢让老先生留下千手万手，一期留下个百手如何？'先父回答说：'留下百手又有何用，一年能学好三手就不错了。'张先生询问：'哪三手？'先父说：'无极式、三体式和劈拳。'张先生听罢愕然不解。"由此，反映出孙禄堂与张之江在对拳学本质和基本规律的认识上存在较大的差异。

此外，在教师定级等人事安排上，也使孙禄堂深感为难。当时中央国术研究馆的教师主要由两个系统的人员组成，一个是西北军的张之江系统，另一个是军警的马良系统，涉及每个人的切身利益。由于孙禄堂是享誉全国的国术家，既非西北军系的人，又不是马良军警系的人，双方都希望借助孙禄堂之口，来顺利给自己系统的人定级。当时有人提出，比武定级，赢了的当先生，输了的当学生。有人来征求孙禄堂的意见，孙禄堂说："若如此，国术馆不就成了角斗场了吗？今天你赢他，谁能保证明天他就不能赢你？要升级就比武，恐怕要天天打下去，今天你来，明天他来，这还能搞国术教学吗？"孙禄堂又说："国术研究离不开比试，相互比试也还是为了印证道理，靠比武定级与私斗何异？"又有人提出，靠比试力气大小和会的套路多少来定级,这也是当时国术馆很多人都比较认同的方法。孙禄堂对此提案更是不以为然。馆中一些人为定级相互攻击。孙禄堂由此感到在这里难以实施自己的武学思想,认为这里的环境与自己期望的国术研究的环境有很大差异。这也是导致孙禄堂决心提出辞职的另一重要原因。

因此,孙禄堂上任不到两旬,5月下旬正式向馆方提出辞呈。孙禄堂去意已决,李烈钧、张之江、钮永健、李景林等人苦留不住。由于李烈钧、张之江、钮永健和李景林等人对孙禄堂先生的武艺、学识和人品极为钦佩,因此李烈钧、钮永健出面决定成立江苏省国术馆,请孙禄堂全面主持江苏国术馆教务,并很快于6月1日召开了筹备成立江苏省国术馆董事会。此外,由于孙禄堂的辞职,原本跟随孙禄堂到中央国术馆任职的孙存周、李玉琳等人也与孙禄堂一同辞馆。因此,中央国术馆缺少教授形意拳的教师,馆方便请孙禄堂介绍一名教授形意拳教师。于是,孙禄堂派其子孙存周和弟子李玉琳借去上海俭德会洽谈教学事宜之机,让自己在上海的弟子高振东来中央国术研究馆教授形意拳。

那么,为什么孙禄堂要荐弟子高振东到中央国术研究馆任职呢?这是因为孙禄堂充分考虑了中央国术研究馆衡量师资水平的标准:会的套路多,力气大。高振东正好符合这些标准。高振东天生力大,博学多门,此外也擅比武。6月,高振东作为一等教习到中央国术研究馆任教。

这时江苏国术馆正在筹建之中,江苏省政府主席钮永健请孙禄堂也到江苏国术馆筹备教学工作。1928年6月27日江苏国术馆正式成立,6月30日聘省主席钮永健任馆长,7月1日聘孙禄堂任教务主任。8月,国术研究馆更名为国术馆。12月,各省国术馆统一组织设置,省国术馆设立教务长,教务长之下设教务主任,教务主任之下设教习,教习之下设助理教习,助理教习之下设练习员。这是当时国术馆的教学组织系统。因此,同年12月9日聘任孙禄堂为江苏国术馆教务长,嗣后又出任副馆长。当时,江苏国术馆的教习中有著名武术家孙存周、孙振岱、胡凤山、杨澄甫、田兆麟、金佳福、徐铸人、金淑英、郝月如等人。

孙禄堂在江苏国术馆任职长达3年多,这是由于江苏国术馆的办学宗旨与孙禄堂的武学思想比较接近。江苏国术馆办学宗旨是:(1)倡导国术的作用在于恢复中华民族的生命力,这种生命力体现在心力与体力两个方面,两者的关系相辅相成。这与孙禄堂早在1916年就提出的拳术的功用主要在于使"志士仁人善养浩然之气,志之所期,力足赴之,如是而已"这一武学思想一脉相承。(2)江苏国术馆成立的意义在于使人民认识到国术便是中国固有的"提升生命力的艺术",同时要把这"生命力的艺术"输送到全民的生活中去。这与孙禄堂早在1915年就倡导的武学修身的思想也是相近的。(3)反对并轻蔑好勇斗狠,提倡通过拳术造就刚勇,守卫和平。这"刚勇和平"的馆训正与孙禄堂的倡导相一致。

孙禄堂反对门户之见,认为把内家外家和武当少林联系起来是毫无根据的。他指出,拳术能善养浩然之气者即为内家。他还率先倡导国术的统一,引领着当时的国术运动向正确的方向发展。孙禄堂统一国术的思想并非一时的心血来潮,而是他在对自己建立的道艺武技融会贯通的深入实践和对各派拳术技术体系深入研究后提出的。孙禄堂在对各派武技融会贯通的基础上,通过对形意拳技术体系的完善和提升,为各派拳术建立了统一的技能。孙禄堂指出:"须知国术实为我国之国粹,其动作运用含有先后天之理,河图洛书之数。论其古,实基于伏羲画卦之义;论其高,则合于圣贤仙佛之道。苟失其理,则一本散为万殊,令人目迷五色,望洋兴叹。苟穷其理,则万殊合归一本,仍可豁然贯通,统一各派。"他进一步阐述道:"练习国术,当以形意拳为本……因形意拳之五纲十二目,言近而旨远,式简而义深,体万物而不遗,穷其理便可以资统一,广其用便可以谋普及也……意者诚中之心,形者形外之象,即大学诚意之功也。其拳之发,意动而形随之,非徒求形似而已。夫意之为物,放之则弥于六合,卷之则退藏于密。故其拳应用无方,变化无穷。其五纲,在易数之一二三四五,在物理为金木水火土,在性理为仁义理智信,练之者可以尽己之性,而尽人合天。其十二目,则练之者并可以尽物之性。由诚中形外,以至尽己尽物,知彼知己,则千门万户,各种拳术,均可不外此理而求之,故以形意拳为本,则统一国术理有可通、事便易举矣。且人之初生,均有不思而知、不学而能之动作,此即形意拳之意义也。"(孙禄堂《江苏全省国术运动的趋势》,见1929年1月1日《江苏旬刊·元旦特刊》)由此说明,由孙禄堂提升完善的形意拳可为各派拳术技术统一之基础。因此,国术统一在技术上并非是遥不可及的事情,而是有理可循,有现成的技术体系可依。孙禄堂统一国术的思想,开始并没有被当时国术界普遍接受,直到1933年底才为国术界逐渐理解,并开始酝酿成立全国统一国术委员会。但遗憾的是,由于孙禄堂的仙逝,统一国术缺少了具备相应能力的领袖人物,因此发展得并不顺利,最终没能取得相应成果和实际进展,这不能不说是我国国术运动史上的一大憾事。

在南方期间,孙禄堂还与李景林先后组织、主持了历史上规模最大的两次国术擂台大赛,即浙江国术游艺大会和上海国术大赛,以倡导技击实践。孙禄堂任浙江省国术游艺大会筹备副主任和副评判委员长以及上海国术大赛评判主任，且两次大赛的名列前茅者多为孙之弟子、学生。

1929年11月16日到27日，浙江国术游艺大会在杭州西湖涌江桥旧巡抚衙门举行。此次大会是近代首次专门比试拳脚的擂台大赛。比赛结果前10名为最优等，第11名到第20名为优等，第21名到第30名为中等。各等皆分出名次。其中最优等的名次依次为王子庆、朱国禄、章殿卿、曹晏海、胡凤山、马承智、韩庆堂、宛长胜、祝正森、张孝才。这10位中，在浙江国术游艺大会举行前已经拜在孙禄堂门下的有曹晏海、胡凤山、马承智。在浙江国术游艺大会结束后拜入孙禄堂先生门下的有王子庆、朱国禄、章殿卿。大会前6名获得者最终都成为孙门弟子。这次游艺大会的详细内容及各项统计数据被编辑成《浙江国术游艺大会专刊》，于1930年4月出版。这次大会中众多国术名家的武技表演被拍摄成纪录片，时论这次大会的武技以李景林之剑、孙禄堂之拳最为精湛。该纪录片片名广告即是《李景林之剑·孙禄堂之拳》，也为后世留下了极为珍贵的武术资料。

上海国术大赛于1929年12月19日至1930年1月5日在上海法租界亚尔培路逸园内举行，其间比赛地点一度改在云南路口的上海舞台，在此举行了数场。上海国术大赛是继杭州举行的浙江国术游艺大会后的又一次全国性的拳脚擂台赛，参加擂台比赛的人员多于浙江国术游艺大会，共计141人（浙江国术游艺大会为104人），绝大部分参加浙江国术游艺大会的选手又移师上海参加上海国术大赛，一些原本打算参加浙江国术游艺大会而因为路途遥远未能及时赶到者，这次赶上了参加上海国术大赛。上海国术大赛比赛的激烈程度与比赛的时间都大于浙江国术游艺大会。浙江国术游艺大会虽然进行了 12 天，但是前 4 天都是表演，擂台比赛只进行了 7 天，最后 1 天是闭幕发奖仪式。而且浙江国术游艺大会在决出前 26 名前，其规则是不允许击打头部，在进入 26 名大循环决赛时才允许击打头部。而上海国术大赛共进行 18 天，其中有 3 天因雨停赛，实际比赛 15 天，全部都是擂台比赛，比赛自始至终都允许击打头部。上海国术大赛最终取前 12 名为获奖者，比赛名次为：第一名曹晏海，第二名马承智，第三名张熙堂，第四名章殿卿，第五名李树桐，第六名张英振，第七名高守武，第八名袁伟，第九名韩其昌，第十名张长信，第十一名郭世铨，第十二名李成希。其中获得第一、二、三名的曹晏海、马承智、张熙堂和第八名袁伟都是在上海国术大赛举行前就已经拜在孙禄堂门下学艺的孙门弟子。其中，曹晏海、马承智的八卦拳和张熙堂、袁伟的形意拳都是得自孙禄堂先生。此外，曹晏海、马承智、张熙堂三人在赛前都得到孙禄堂亲自指导其散手。

其间，有某一评委称是×大师之关门弟子，并说，现在流行的形意拳把真谛都丢失了。有人问及孙公是否如此，孙公曰：没听说过×大师有×氏弟子。不久，孙禄堂的弟子胡凤山恰与某人切磋武技，一连切磋了 3 次，胡凤山 3 次击倒某人。事实如是，形意拳传承的孰真孰假就不辩自明了。

这两次擂台比赛不仅震动全国，而且波及海外，日本武道界也高度重视，并研究了这两次比赛。他们从日本全国筛选出 5 位技击格斗高手，来中国再次挑战孙禄堂这位中国武术界的象征性人物。他们知道孙禄堂不仅多年前轻取板垣，而且曾获世界格斗冠军，因此，他们打算利用孙禄堂年过古稀的现状，采取车轮战战术与孙禄堂比武。

　　一天，这5位格斗高手及一位日本领事馆的翻译来到孙禄堂的住处向孙禄堂提出挑战。孙禄堂决定以一对五，让5位日本格斗高手一起上。孙禄堂说："我躺在地上，你们5个人以任意方法按住我，你们一个人喊三下，如果在三下之内我不能起来，就算你们赢了。"那位翻译将这番话一转述，几位日本人觉得这简直是开玩笑。最后经孙禄堂再次确认这个比试方法后，他们也同意按这个方法比试。于是，孙禄堂平躺在地上，5个日本人中一个最魁梧的骑在孙禄堂身上，两腿将孙禄堂的身体盘住，并锁住孙禄堂的头，其他4人以他们各自的方式固锁住孙禄堂的四肢，最后一人喊：一、二、三，"三"字尚未出口，只见孙禄堂一跃而起，5个日本人都被放出两丈开外，扑倒在地，一时竟未能起身。孙禄堂将他们一一扶起，他们惊诧万分，由一人说了句抱歉的话就仓皇离去。第二天，他们又来到孙禄堂的住处，这次多了两人，一共8个人，除了昨天的6个人外，还有两个日本领事馆的官员。他们说，日本天皇邀请孙禄堂去日本教授武技，每月薪酬2万块银元，并请孙禄堂至少在日讲学一年。孙禄堂说："我老了，哪儿都不去了。如果你们想研究我国的武术，可以通过中国政府与国术馆联系，那里的教师更年富力强。"尽管他们再三恳请，孙禄堂仍然予以婉拒。从此，孙禄堂被日本武道界尊为"武圣"。

　　1931年，孙禄堂欲寻慧达之人继承自己之拳学，于是便登报招收弟子。此前，孙禄堂曾着意寻找可教弟子数十年而未遇，唯海桂元天赋尚可，但可惜于1928年5月随张作霖出关被炸死（海是张贴身秘书）。孙禄堂此番招徒条件有三：(1)本人酷爱武术，3年之内不准备从事其他事业者。(2)大学文化程度。(3)面试合格。仅1周，报名者已达两千余人，孙禄堂从中择出3人，认为条件尚可。决定使三人各承自己一门拳学。然而，同年9月发生九一八事变，不及一月整个东北沦陷。孙禄堂对当时国民政府的不抵抗政策非常失望，对国家前途深感忧虑，遂抱憾中断传授，毅然辞去江苏国术馆副馆长职务返回北平，劝其在北方军队中的弟子组织抗日。

回到北平后，北平国术馆副馆长许禹生多次登门请孙禄堂出山，孙禄堂均婉言谢绝。其间，尚云祥、邓云峰、张秀林、刘彩臣、马贵、恒寿山、刘斌人等常到家中向孙禄堂请益，众人莫不惊叹孙禄堂武功之高不可测。

当时，北平的国术开展得比较萧条，其中一些很有功夫的拳师生活非常困难，孙禄堂常常接济他们，每每有求必应。据孙禄堂的女儿孙剑云讲，那时常有拳师到他家里来，来的人无论认识与否，只要能报出师承，就一定管饭，一般是两荤两素四菜一汤，临走还送给盘缠。

孙禄堂虽然在当时武林中享有盛誉，但为人低调、谦逊，全不计较个人名利。孙禄堂返回北平后，很多学校、机关都聘请孙禄堂去讲拳，但孙禄堂总是向校方推荐那些生活比较穷困的拳师，并说他们的功夫比自己好。因为孙禄堂知道以这些拳师的水平，教授学校的学生锻炼身体绰绰有余。

有一年，孙禄堂返乡，邻村有一少妇见孙禄堂回来，就问是否在外面见到过她的丈夫，并告之她的丈夫已经几年没有音讯了，妇人说如果她丈夫年底不回来她要改嫁。孙禄堂见状就对妇人讲确曾见过她的丈夫，还捎钱回来，并拿出十几块大洋给那妇人，告诉她丈夫不久就会回来。这年年底，妇人的丈夫果然回家，不过妇人的丈夫说在外面从来没有见过孙禄堂,更未托孙禄堂给家中带钱,于是方知是孙禄堂见机行事,急人所难。夫妇俩后登门向孙禄堂表示感谢。孙禄堂所做的这种暗中救济他人的事情数不胜数。

1933年华北水灾,孙禄堂欲倾其家资赈济乡民。孙禄堂平日从来不管钱财,用钱只要向夫人说一下,夫人也很贤惠,向来按孙禄堂所嘱照办不误,这回也是如此。孙禄堂有个弟子叫雷师墨,是中国银行的主任秘书,以他的名义储蓄会有些优惠和便利,所以孙禄堂的钱一直都以雷师墨的名义储蓄在中国银行。当孙老夫人找到雷师墨说要把钱都取出来赈灾,雷师墨认为都取出来赈灾不妥,他说:"老师的年纪这么大了,又辞去了各种社会职务,平时总是周济同道,总要留几个养老的钱。"孙老夫人觉得雷师墨说的有道理,于是回家就对孙禄堂也说了这番意思,没想到一辈子跟夫人没有红过脸的孙禄堂这回竟然很激动,老爷子自己拿着铺盖搬到厢房去住了。憋了几天,孙老夫人憋不住了,又去找雷师墨。雷师墨知道老师从来不管钱,也从不过问钱的事,不知道自己到底有多少钱。当时,孙禄堂在中国银行存有6万块大洋,于是雷师墨就对孙夫人讲:"师母您把老师这6万块大洋分为两份存单,5万1份,1万1份,您就把1万这份交给老师,5万这份您收好,什么话都别说。"孙夫人说:"这行吗?"雷师墨说:"师母您放心吧,只要您不说,老师就不会问。"于是孙老夫人回家,把1万块的那份存单往孙禄堂手里一扔,故意装着生气的样子回到自己的房间。不久,孙禄堂就让弟子雷师墨把这存单上的大洋全部取出来,回到家乡全部用于赈灾。

1933年9月,孙禄堂由家乡返回北京后,得知方振武、吉鸿昌的抗日同盟军被日军与中国政府秘密联合剿灭。10月,国民政府又迫于日本的压力竟然同意与伪满洲国通车、通邮并禁止一切抗日活动。孙禄堂这时对国民政府已完全失望,深感有心讨贼而无力回天。一天,孙禄堂对夫人预言自己驾鹤之日,夫人大惊,遂命女儿孙剑云带孙禄堂去德国医院(今北京医院)做全面体检。孙禄堂笑道:"我身体无恙,去何医院。只是到时将有仙佛接引,我欲一游耳。"夫人疑而不信,坚持要孙禄堂去检查。最后由小女孙剑云陪伴他前往医院体检。检查后德国医生史蒂夫说:"孙先生的身体无任何不良迹象,比年轻人的身体还好。"回来后,夫人又请了4大名医中的孔伯华来家中为孙禄堂检查。把脉后,孙伯华说:"孙先生六脉调和,无一丝微瑕。这么好的脉象,我还是第一次遇到。"家人遂安。同年秋,孙禄堂再次回到故里,不食者两旬,而每日习拳练字无间,并收县教育局长、划梅圣手刘如桐等18人为徒。12月16日早上(夏历十月二十九日卯时),孙禄堂面朝东南,背靠西北端坐户内,嘱家人勿哀哭,并曰:"吾视生死如游戏耳。"遂一笑而逝。

孙禄堂一生在武学领域里的贡献是非常巨大的。首先,他公开出版发行了《形意拳学》《八卦拳学》《太极拳学》《拳意述真》《八卦剑学》等武学系列著作,开国内出版武学著作之先河,打破了传统武术的保守陋习,公开拳照与拳理以及自身的心得体悟。其次,他构建了完备内劲的技术体系,即孙氏三拳合一的技术体系,揭示出关于内劲的本质以及内劲是武学修为的核心,并指出修为内劲的原则是极还虚致中和之道,构建了拳与道合的武学理论体系,提出并实践着统一国术的伟大思想。

孙禄堂武功冠绝,击技独步于时,他在武学领域做出的开拓性成就，直到今日仍为世人称颂。

此外，孙禄堂一生讲学各地，弟子众多，弟子中鲜有好勇斗狠者，而多以修身养正气为诣归。他们在各自的行业里大多有所成就，并表现出较高的人格修养与品行。如其子孙存周、其女孙剑云皆德艺兼备、气质超迈，在武学界久负盛名。当年，国内教学成绩最出色的几所国术馆的主要负责人和教学骨干大多出自孙门，如中央国术馆教务处长朱国福、江苏国术馆几乎全体教员、浙江国术馆副馆长郑佐平、山东国术馆教务长李玉琳、湖南国术馆教务长朱国帧、上海国术馆教务主任靳云亭等。至于孙门造就的著名武术家、技击家就更多了，如齐公博、孙振川、孙振岱、孙少江、孙伯英、孙国屏、肖又臣、肖玉昆、肖格清、肖汉卿、刘文友、马承智、胡凤山、陈一虎、陈敬承、金一明、郝家俊、金淑英、张熙堂、宋长喜、徐铸人、董文华、童麟珠、柳印虎、李敦素、顾汝章、窦来庚、李庆澜、阎善益、曹晏海、袁伟、湛祖安、张景琪等，都曾在省级以上的国术馆中担任过教授、教师等工作。中华人民共和国成立前两次全国性擂台比赛和中央国术馆两次国术国考的成绩表明，上述几个国术馆的孙门弟子的教学成绩是最出众的。尤其中华人民共和国成立前曾代表中国参加柏林奥运会的武术表演、中华人民共和国成立后曾任中国武协主席的成都体育医学院院长郑怀贤和国家体委武术处的李天骥等孙门传人，对中国武术运动的研究、开展产生过重大影响。对普及武术起了重大推动作用的还有陈微明（致柔拳社创办人）、肖格清（中华武学会创办人之一）、章启东（上海国术馆创办人之一）等孙门弟子，他们对中国武术的发展同样做出了重要贡献。此外，孙氏武学对近代一批重要文化学者也产生了深刻影响，如一代儒宗马一浮、教育家蔡元培、朴学大师胡朴安、国学名家赵衡、画梅圣手刘如桐、著名古曲音乐家汪孟舒等,在此不一一枚举。总之,孙禄堂武功造诣卓绝,技击独步当时,道德修养崇高,已达中国武学之至境。孙禄堂建立的武学体系开拓并升华了武学的文化品位。孙禄堂是迄今为止中国武学发展史上最重要的代表人物之一。孙禄堂创立的孙氏武学培养了一大批卓越的武术家,而且还助益了众多杰出文人,为中国传统文化的继承和发展做出了巨大的历史贡献。

(孙婉容撰文。见《孙式太极拳剑》,北京体育大学出版社,2012年)

神枪李书文

李书文（1862—1934），河北盐山县圣佛镇王南良村（时属沧县）人。出身贫苦农民家庭。曾兼营贩卖小土布为生。幼性喜动，从十六七岁时，即跟八极门五世嫡传拳师黄士海学武艺。黄是罗疃村人。罗疃（原属沧县，今划归孟村县），距南良18华里。李于每日傍晚做完农活或赶集回来之后，为不误晚上的练功

李书文

时间，顾不得吃晚饭，怀揣凉窝头，即赶赴罗疃把式房。练完功后，再星夜返回，以致每天回家就寝时间都在半夜12点钟以后。第二天早上仍黎明即起，不误操作，勤学苦练，若干年如一日。因他有坚强的毅力，故功力根底深厚得很，被称为八极拳门六世嫡传大师。

"技艺都由勤中得，功力全靠苦练成"。他不但天天起早贪黑地争取时间练功，还把一切可利用的物体作为击打目标，鼓足力气掌

劈、臂击、胯撞、肩扛、胸顶、背靠，两脚前踢、后踢、左踹、右踹……几乎处处都是他的练功场所。他年龄还不满30岁，在武术界就已声震津、沧了。

八极拳的正宗祖师，是孟村的吴钟。八极拳是打击威力很大的拳种之一。由于李书文武功的声望，曾被当时沧州驻军团长夏鹤一邀请去表演，仅在会客室走了一趟八极小架，行气发声，冲拳跺地，被踏过的大方砖纷纷碎裂，在场观者无不瞠目。还有一次，他驯咬人的烈马，施展八极拳中的沉坠功，压力使烈马趴下，不能站立。

李书文对刀、枪、剑、棍诸般武器的招式无不熟练通达，其最精湛的武功是六合大枪。据说在刚练枪法时，他先在屋里用线吊个铜钱，拉开架式一枪枪刺去，从刺偏到刺准，从铜钱大动到微动；继而练刺玻璃镜子——他把镜子吊得高度与胸脯相平，一枪枪对准镜子猛刺，如枪出手多，镜子要刺坏，出手少，就刺不上，所以这种功力叫作"催枪问准"。这样对照镜子练，既能看得准大枪枪杆运转和枪尖的方向，还能看到自己两臂用力的动作和与腰腿的配合。再以后，他又在夜间练枪扎香火头，这样难度就更大了，偏一点和高一点，自然扎不上，如低了，香身就断了。不知他燃了多少把香，出了多少身汗，日复一日，年复一年，终于把"催枪问准"的功夫练得炉火纯青。他本门拳友称誉他说："枪法功力之独到，已得祖师吴钟之真传。"

根据《沧县县志》记载："蝇集于壁，李以枪刺之，蝇应手落地，而壁不留痕。"另外，还提到他每和人较量枪法，除刺枪外，并常以枪杆与人相搅拨，急擎枪柄，对方即前仆于地。又有单手托枪法，以一手叉腰，一手托枪杆，枪杆亦插于腰际，而运转如神，人莫能当；又以拱把铁锥长三尺许，捶之入壁，有力者拔之不能出，撼之不能动，李以枪搅之，随搅而出，若拔芥然。人以其枪法神妙，故群以"神枪李"呼之，初年乡里看他练把式，像中了癖入了迷似的，故乡人又都称他为"李把式"。

奉系军阀许兰洲延聘李书文到部队当师旅武术教练，军官通武艺者，多出其门下。

李书文以怪脾气著称。确实，他收徒规矩不同一般。根据他的目力，认为无大造就者不收，道德品质不正派的不收。他虽能看上眼，而在教授中，经不住他打的，常常是中途遭退。根据霍殿阁跟李师傅练功的体会：在练八极拳脚对打上，吃的苦头最多，师傅教徒弟，边教边打。用现在的话，就是边讲理论边实践，李书文外号"李狠子"，出手就重，就狠，三招过后，霍殿阁常是鼻青脸肿，李书文就是这样的怪脾气，不打不教人，挨他的打，只要搪得住，定会体验深。在他传授下，功夫练成，那就不得了！比如，八极拳里有一种招法（功夫）叫"猛虎硬爬山"，不管敌方施用何种招法，照样猛然进攻，也就是边受打击边进攻。李书文一生不败，常用的就是这种功夫。在习武中摔打结实了，基本功加强了，防攻能力也就随之而提高了。

李书文在天津任奉军武术教练时，燕京拳术技艺家闻其名，选艺最精者二人，赴津较技，书文逊谢，设酒款之，酒阑，来者终请一试，书文不得已，呼曰："请！"乃进步一掌，击其前立者，头入于项，而睛出眶。次者复欲试，书文又呼曰："请！"仍以掌扑其头，其人微偏身，掌落其肩，肩骨折节脱。书文掌法：于室中排击空气，去窗五尺，纸震动有声，故其拍击燕客，如摧枯然！纵然李书文在比武的现场上、擂台上，施用的招法不留情，手头既重又狠，但比武过后，在台下则"胜败不仇"，对失利或负伤的对手，总是逊谢慰问，不示傲慢颜色,这一点,也是一般拳术家所做不到的。

李书文的武功、武德,还可从他的高徒霍殿阁的言谈中提供一些。霍殿阁任清废帝溥仪武师后,因史册上所谓的"护军事件",气恼愤懑,卧病在床梦呓中不时地嚎呼怒骂:"……宣统糊涂虫!""……大枪刺死小日本……""亡国奴的饭不好吃!""要继承恩师(李书文)不畏强暴的硬骨头精神!"病重时,一提起恩师李书文,就立即眼睛睁大,炯炯有神。妻子掌握了这一点,常启发他讲述有关李师傅的往事,以作为他的精神治疗。

霍殿阁的儿子霍青峰回忆说:

"父亲在病榻上还曾讲过这样一个故事:神枪李师傅教徒弟诲人不倦,只要听他的话,处处留心,什么功夫也能学到。一天,天还黑咕隆咚的,师傅喊我起床,到村东坟茔树林里练拳。从一出门就练行步,打'折江',李师傅在前,我跟在后,树林里黑乎乎的,我又想到那些埋死人的坟墓,未免有点害怕。李师傅一句话也不说,他做什么,我就跟着做什么。树林里大约有一百多棵树,挨个地踢一脚、打一掌、靠一背,顶一肘……打着打着,李师傅一怔,'嗯'的一声,好像发现了什么奇异。'嗖'地一个箭步,窜到一座坟后,急速伏下身去,并示意我快快隐藏。我吓蒙了,惶惶地也趴到一座坟后面,大气不敢出,还冒出冷汗来。我瞅着师傅,看他怎么行动。过一会儿,他低声说:'有人!'我更紧张了,伏在地上仔细听,却听不到动静。我知道李师傅的功夫,在各方面都极深奥,出神入化,只好等他发令,看怎么做。一会儿,果然听到'嚓!嚓!嚓!',有人走路的声音传来,越走越近。李师傅趴入坟茔草内隐蔽,悄悄探头窥视。我也照做。只见一个人,肩上背着褡裢,前后都鼓囊囊的,肯定装有不少钱,像似赶早集的商人。一会儿,人便走过去了。我很纳闷,不禁又抬头向着走过人的黑影发怔。突然'啪！'我脚被击了一下,猛滚起身,见李师傅已站在我身后。我松了口气,问道:'我们这是为了做什么呢？'李师傅笑道:'为的叫你练练这种功夫,你明白这是一种什么功夫吗？'我回答说:'不知道。'李师傅又说:'这种功夫你在练拳中慢慢会体会到的。'以后,李师傅又变换方式,带我练过好几次。李师傅这种诲人不倦、望徒成才的精神,我是到死也忘不了的！'说着说着,爸爸的语音哽咽了,簌簌地掉下了辛酸的眼泪！"

照上述情节,霍殿阁究竟在练功中体会到什么？没有明讲出来,但根据现在的推断,我认为如作为一个功力造诣高超的武术家,除锻炼皮肉筋骨而外,对听力、视力、脑神经的敏感性、机警性、灵活性……都必须相应地发展,究竟其中还有其他什么奥妙、诀窍？那只有靠内行的武术界专家们来回答了。

李书文,虽短小瘠瘦,但精悍逼人。因从青年时期开始即专心锻炼武艺,以致阳缩如蚕,直至晚年,犹勤练不辍。据乡人谈,他晚年有时返里,在家暂住,每天都起得很早,到野外或空场踢练拳脚。下午,也常不时到野外射箭。群童围或观,帮其背箭筒,或为之拾箭镞。所射线路有二:一为平列,一为垂直。垂直则各支箭都落在一条直线上,一支比一支远,但各支间隔距离都相等,如同竖立的电线杆一样；如平列射,则各支箭亦都落在一条直线上,距离亦都相等。射时将箭搭弦上,飕飕的,一声声发出,横竖都像电线杆一样整齐,常引起观众的齐声喝彩。

由于李书文在武术界的声望,名震长城内外及京津各地,故凡喜好技击者,多来就学,经他培养出来的武林名手,颇不乏人。其得意高足原沧县小集镇的霍殿阁,公认他为八极门谱七世嫡传大师。

李书文一生淡财资，好施与。虽在军旅任武术教练时薪俸优厚，而家无积储。无子，过继侄萼堂为嗣。李萼堂的武术功力亦很厚实，特别对"鹰爪力"的锻炼，有独到功夫。八仙桌的木桌面，用手指一戳，就是五个窟窿。对拳击术，眼明、手猛，独具专长，故人称之为"鹰爪李"。萼堂子李志诚，亦能承袭家学真谛，服务于武术界，任湖南省邵阳地区体委武术馆教练，在湘潭、邵阳一带亦颇有声望。

（邓焕然撰文。见《盐山文史资料》第2辑，1988年。略有增删）

忆先父尚云祥

先父尚云祥,字霁亭,山东乐陵人。生于清同治三年(1864),逝于1937年。忆他艰苦勤奋的一生,能使武坛后学从他习武成功之美和所致之由中获些有益的借鉴。

我父聪慧过人,嗜武成性,一生探索研习形意拳。他身体弱小,缺乏精武的先天条件,为达目的,投师学艺,耗尽家产,又失去练功养艺维持生活的物质条件。但他以超人的毅力和惊人精神成了一位身怀绝技、名扬武坛的一代师表。他艺精德高,育人育心,令人敬仰。在此书之一二以表怀念之情。

尚云祥

投师学艺 苦练功成

我父为投名师,历经三年耗费、奔走,才见到威名武坛的李存义先生。可见面后先生又嫌他"像个小糖瓜，难以成材"。幸得周明泰先生说情才同意收下。因身矮力茫，体用皆弱，又有人常以"小糖瓜"相戏，激得他发誓说："糖瓜虽小，却要让它崩牙。"他不计寒暑，汗洗朝夕，终于功力大进，艺冠群英，倍得老师青睐。

　　成绩背后必是辛勤的汗水和失败、挫折。在他练大杆子时，遇到了困难，受到老师的批评。但他没有气馁，利用护院守夜，无数次苦练，功力大进。一次耿继善先生帮他找劲，无意中一伸杆，却被一劈杆拨落在地，耿先生惊喜非常："好小子，这劲蛮不错嘛。"说完又给予指点。特别是师爷郭云深给他的教益更深。拿练杆子来说，郭老先生的大杆子名震武坛，用杆子插入人腿间，振臂一挑，能使人在空中翻滚。我父得到各前辈的指点后杆子技艺尤深，当他年过古稀时，我曾目睹一擅枪术者口出狂言："枪不见枪力。"交手时，某枪刚一扎出，只见我父用杆一划，"啪"的一声，某君全撤，枪扔在地，瞠目变色。

　　一次，我父给我和文彬师兄说杆劲。李兄执杆周身用力，以杆头插地，我父用杆一挑，"嗨"的一声，李兄杆被挑起，身体骤然被带起离地。偌大年纪犹能如此，可见他艺精功纯。有马某，年轻力壮，自认为有一点功夫，在我父面前挽袖逞能，说："这胳臂跟铁也碰碰！"我父笑着说："我摸摸。"手一握其腕，马某"啊"的一声跪在地上。事后马某说："这手一握，疼得杀骨头。"后来我们才知道，这也是练杆子的一功多得。真的！有这手还用什么"拿法"！

　　我父得郭老先生厚爱，传给了他"三绝艺"。一是大杆子，二是号称打遍天下的"半步崩拳"，三是腹部的"丹田气打"。他以卓绝的苦功，弥补个人不足，终于获得成效。他的半步崩拳所向披靡，丹田气打功深坚实。民初，在北平武术传习所，马某擅双跺子脚，脚到墙塌，威力骇人，因而逞能。我父站好让他踹，一踹未动，又来二次，当他再跃步倾力而踹时，他丹田一省气，反把马某摔出丈外，倒地不能起。旁观者惊赞不已。

宽厚待人 注重武德

　　武坛中的"四大江湖"，除了"横杆"卖艺他遵师训没做过外，为了生活，"拉杆"保过镖，"明杆"护过院，"戳杆"教过场子。为了增阅历，验功艺，还曾到处访名家高手。中年后誉满武坛，尤多来访求教者，因之，他的一生与人较技比手的轶事极多。但他艺高手善，点到为止，除非万不得已绝不伤人。以武会友，争胜斗强，但总为对方保存名誉，留有生活之路。故他习武的一生，未结下任何冤仇。他的半步崩拳堪称功技精到，但与人较技却改拳为掌以免伤人，他常说："只能凭技术服人，而不能因逞能而伤人。"

　　在京西邻近大户有教师徐清，擅鹰爪力，75斤的平口坛子抓如鸿毛，恃勇登门较技，我父怕影响他的生计，婉言劝阻，徐不听。比手胜之，他少主人偷看到，因而辞退他。徐追悔莫及，还是我父赠给路费而得返乡。

　　闻密云铁掌冯洛正，授徒数百人，威名远扬。我父前往访之。冯夸耀逞能，我父见其众徒在，只与说理，不与动手。晚间众徒散去才与之较手胜之，使冯虽败而不损名声，冯非常感德敬艺，请结为友。这样的实例甚多。我父常说："我们以武会友，增长见识，可以走遍天下。如果是逞凶斗恶，到处结仇则寸步难行。"

　　这样艺高德勋的武德，是值得我们后人学习和借鉴的。

探赜索隐 老而弥坚

中国武术是民族的宝藏,一个爱好者像采药探宝似的去探索、追寻,以求得到他最心爱、最宝贵的武技。我父也是为此历尽艰辛,不仅勤学苦练,而且不断提炼升华。正像江西的婺源灵岩寺古洞,有奇境、名言,又有文字记载,因百年湮没,人们竟不知奇景内容和奥秘所在,怎能不探考?我父为了探索形意奥秘,虽年过花甲古稀,功就名成,犹在探赜掘微,而且追究愈切,老而弥坚。终于见地成熟,立论纠偏,在动作劲路上形成了独特风格。

如教五行拳,按中医内经治病健身,五行相生的道理,以劈、钻、崩、炮、横的顺序练,即明理义,又增效益。并纠正了以"鹰提"为"劈拳"的错误。

教练十二形中的鼍形,指明学的不是扬子鳄的鼍,而学的是"剪子股",俗名叫"香油""卖油郎"的昆虫。它身长不足寸,灰褐色,四足较长,雨后常见浮游水面,动作轻灵、迅速,作左右曲线前进。故练鼍形左右曲线进步,动作轻快有力。而鼍则是直线行走,又是泅在水张,说学它有"浮水之精"显然是不对的。

学鹄形的鹄,是兔虎,又叫秃尾巴鹰,而不是学劣马的骀,且十二形中已有形,又怎能再学劣马?学鹄,是因为它站在树上,常是头朝下,尾朝上,故说学它有"竖尾"之能,以增进独特的向上之劲。

特别在练劲上,不论拳术和器械,都要求打好刚(明)劲。他所说的打好刚劲,必须做到上下相随,内外合一,在周身完整一气的基础上身力能发,达到"硬打硬进无遮拦"的劲力,达到"起如风,落如箭,打倒还嫌慢"的速度,才算练到拳经要求的刚劲。否则出手沾身不起作用,发不出劲,就没有真正练好刚劲。也可以说没有得到刚劲。当然也就没有资格谈练什么柔劲和化劲。因为在运用中,疾用骤发为刚劲。缓动遂发为柔劲,不意而发为化劲。既都讲"发",就得有沾身即发的本钱,就得有练好刚劲的爆发劲,否则就是借力而发,没它,也发不理想,更不用说打重、打远和硬打硬进了。所以我父已古稀之年还说;"我若再有卅年阳寿,我就再打它卅年刚劲。"说明想能"发"得更理想,就必须多练刚劲,这也是他几十年实践的经验谈。根据运动生理等科学理论,也只有按这逻辑去理解和锻炼,才不是空谈。当然,我们应该明确:凭使拙力,跺地山响的练法,是练不出他所要求的刚劲的。

故我教人,好像比前人还细微,特别追求每项技术的突出点。因之风格、练法、劲路皆不同于山西、河南、河北。出手柔寓于刚,催且长;发劲快而猛,刚且实;进步快而远,恰如卷地之风;趟劲大且疾,又如犁杖翻地。动作舒展完整,内劲充盈,爆发力大,形成了一套显著特点。

甘守清贫 倾心育人

我父耿介刚正,厌烦旧社会的虚伪应酬,更不满官场上的尔虞我诈。故旧军阀和有的权贵曾请他护卫、教子弟,都被他拒之门外,即在张之江主持南京国术馆时,请他任教,也被婉言谢绝,甘守清贫,闭门授徒,以慰晚年。特别在弥勒院和辛寺授徒较多,人才辈出。

老人家教人不择贫富,却要求品行端正,勤学苦练。不计学费,不索报酬,任凭弟子量力而为,家贫无力者就不收费。李文彬师兄学艺后期就无力交费,我父反而教得更尽心。这样育人轻财的品德深深地感动着弟子们的心。

特别在技术上,让我们掌握到形意拳术平凡中的不平凡,使人们感受至深。譬如同是出手,要求做到先顾后打,束身蓄力,三催一气,沾身纵力等等,给人的体会就是"精"。譬如同是上步,要练出踩意、趟劲、脚打七分,周身一气等等,人们感到的意味就是"深"。何况在动作劲路上,还保存着被人们忽视或少为人知的技法,更耐人寻味和探索。这样艺高德劭、倾心育人的精神感染了他的学生。为了怀念先父,于1989年农历七月十五,有日本武伯言、河野纪雄等16人,北京许繁曾,天津张秉仁,济南韩伯言,上海裴西荣,东北李宏、董萍,沈阳刘震字等300多人,集资24000多元,为其立了碑,修了碑亭。1991年清明节,他在乐陵弟子30多人,怀着十分崇敬和怀念的心情,在碑前举行了祭奠活动。

愿他老人家精神不老,技艺永传。

(尚芝蓉口述,李文彬撰写。原题《忆先父形意拳大师尚云祥》,见《乐陵文史资料》第3辑,1991年)

闪电手张占魁

张占魁(1865—1938),字兆东,绰号"闪电手",河间县后洪雁村人。

张占魁是形意、八卦名士,震慑津门的拳家。清末曾任北洋捕盗营务处出班首领,后又任中华武士会武师、河间县国术馆名誉馆长和评判长、冯国璋代总统府卫队队长等职。

张占魁

张占魁幼年家境贫寒。弟兄三人,张占魁排行老三,小名玉利。父亲以务农为本。生活不富裕。张占魁刚念完了"人之初"就辍学了。哥仨成年累月跟父亲干农活。好年景,一家人凑合着闹个温饱。一遇灾年,只好吃糠咽菜。在半封建半殖民地的旧中国,父子吃尽了"富欺穷,强凌弱"的苦头。张占魁从小喜欢拳脚。父亲也为了防身之计,支持儿子张占魁拜师习武。十二三岁时,跟本村王师傅学习滑拳。张占魁生来聪明，师傅的一招一式，一学就会，一点就通。由于他刻苦用功，武功长进很快。他好打抱不平，每遇欺人太甚者，总是助弱抗强。他一上场，使受欺的便转败为胜，欺人者自然惧怕他。张占魁的幼年正是清朝末年，男人头上兴留辫子，张占魁头上留着短辫子，人们送了他个外号"短辫张"。每遇群殴打得不可开交的时候，一听说"短辫张"来了，就会悄然风散。张占魁18岁那年初春，河间县衙一个催钱粮的骑着小毛驴到后洪雁村敲诈勒索。村里的一位姓段的土棍和士绅点头哈腰，阿谀奉承，好吃、好喝、好招待。羊毛出在羊身上，花销当然出在黎民百姓身上。张占魁气不忿，当官差吃得酒足饭饱，骑着毛驴走到东方村道沟里，被张占魁一把将官差从驴背上揪下来，好一顿拳脚，把官差打得鼻青脸肿，把勒索去的大洋夺回来，归了原主。乡亲们所说张占魁打了官差，无不拍手称快，称赞他的胆量，佩服他的武艺。经过几年的苦学苦练，张占魁成为当时河间小有名气的武林人物。

　　光绪十三年（1887），张占魁21岁，河间闹灾荒，庄稼颗粒不收。张占魁为了养家糊口，独身来到天津，在"三不管"打把式卖艺。晚上就在一家小肉铺门前的凉棚下过夜。早晨起来没地方去，就坐在肉铺门旁看人家卖肉。看着看着，来了个蛮横的家伙，开口就说："唉！给割五斤肉。要不肥不瘦的！"卖肉的伙计赶忙割了五斤肉递过去，只见那人分文不给，嘴里哼着下流小曲走了。第二天早晨，那人又来割五斤肉，仍是分文不给，拿着肉就走。张占魁挺纳闷，这是个什么人呢？他憋不住就问卖肉的伙计。伙计打量着他说："你是乡下人，不要多嘴！"张占魁一听火了，说："我这个人就爱刨树找根、打破沙锅问（纹）到底。"伙计一看附近没人，凑近他的耳朵说："人家是混混儿，俺们掌柜的都不敢惹。你管得了？"张占魁本是侠义之士,听卖肉的这么一说,义气攻心,大声说:"他们天天白吃肉不给钱,这不是骑着脖子拉屎吗?"话音一落,屋门"吱扭"一声开了,掌柜的从屋里走出来。其实张占魁跟伙计的对话他在屋里听得一清二楚,很赞赏张占魁的胆量,就问:"先生尊姓大名?哪里人氏?"张占魁说。"免贵姓张,名占魁,河间府人。"接着把家乡闹灾的情况述说一遍,掌柜的听罢赶忙把张占魁让到屋里,亲手倒了一杯热茶说:"张先生,俺们在'三不管'做买卖可真不容易,混混儿们天天横行霸道,打点好了,肉铺还能开张,要是打点不好,就开不成!"张占魁气愤地说:"你管饭,我替你们出这口气!要是打死他们,经了官司,我偿命。他们要是把我打死,你叫几个伙计把俺抬出去一埋了事。"

次日清晨,混混儿像往常一样拎着篮子来要肉。刚把包好的肉放到篮子里要走,站在一旁的张占魁说了话:"你给我站住。给钱!"那家伙扭头一看,见张占魁是乡下人打扮,并不理睬,抬腿又走。张占魁一个箭步冲上前去,伸手从篮子里夺回那五斤肉,扔到肉案上。混混横行霸道惯了,哪里受过这个,动手就打。张占魁凭一身好武艺,闪身躲过一拳,来了个扫堂腿,把混混儿踢倒在地,半天爬不起来。张占魁教训他一顿,放他走了。时间不大,来了一大帮混混儿,领头的就是那个挨打的家伙,一见面指着张占魁说:"就是他!"然后蜂拥而上,朝张占魁打来。张占魁一套拳脚,把十多名混混儿打倒在地。从此,"三不管"的混混儿和张占魁结下仇,决心除掉他。他们假意跟他和好,请他赴宴。张占魁心想,去了必然遭暗算,可要是不去,就要被他们耻笑,在天津无法站脚。思来想去,最后拿定主意,去!

张占魁手无寸铁,按时赴约。混混儿们把张占魁刚让进客厅坐定,一个头目用刀尖从盘里挑起一方肉说:"敬先生一口。"便直刺他的喉咙,张占魁用牙一咬,"咔崩"一声咬断刀尖,"叭"地吐到八仙桌面上,混混儿们一计不成又施一计,"嗖"地向张占魁脑袋飞来一把尖刀,张占魁手疾眼快,躲开刀子,双手用力一劈八仙桌腿,"咔叭"一声劈断,就用它当武器和混混儿们打将起来,三下五除二,把几十名混混儿打得屁滚尿流,跪在地上求饶。

张占魁疾恶如仇,对于当时天津地方上的恶棍、地痞尤为痛恨,把作恶多端的混混儿头目赶出天津。消息很快传遍天津,北洋捕盗营务处聘他为出班首领。

这期间,经李存义介绍,张占魁拜刘奇兰为师学习形意拳。刘奇兰去世后,师兄李存义代师传艺。张占魁尽得其妙,但他仍不满足,后又去京拜八卦宗师董海川为师。董师弟子甚多,负有盛名者八人。张占魁乃八大弟子之一。董逝世后,张占魁与师兄程廷华互相钻研,精益求精,壮年扬威京津。

有一次,天津城头失火,火势将殃及城楼。因城楼内藏有御敌应变火药十余包。大火熊熊,万分紧急,随时都有爆炸的危险。救火之人,均束手无策。当时清朝法律,城楼被焚,其罪仅次于失陷,这可吓坏了守城之官。张占魁挺身而出,只身上城,闯入城楼,往返数次,先将炸药搬出,继而扑灭大火,转危为安。此次行动,深得官府器重,天津知府李鹏程待其如上宾。

清朝末期,中国被列强入侵,我中华民族被辱为东亚病夫。张占魁爱国志笃。他主张"练武皆练意"。这就是说,习武者必须具备强烈的民族观念,把武术作为防身、健身、强国之策。他曾打败到北平耀武扬威的俄国大力士。俄国大力士康泰尔周游十一国后,又来中国示威。1918年9月16日的北平《顺天时报》则肉麻地吹捧康在北平中央公园五色土比武的消息，激起他的无比义愤，非要去北平与康泰尔比个高低。按当时报纸上文章记载，"……中华武士会会长李存义同张占魁、程海亭、王亦韩等人由山东、天津等处来北平与康大力士比赛。"据真正的知情人之一，当时比赛联系人李星阶回忆说："康泰尔来平赛武，李存义提议天津武士会不能袖手旁观，原定由尚云祥、孙禄堂二位先生应战，可他们当时不知去向，所以李存义和张占魁带领韩慕侠、王俊臣等人来到北平，由我负责联系交涉。当时我们知道了康泰尔住在东交民巷六国饭店时，张占魁先生便瞒着大伙儿，一声不响地出去了。他回来后对大家说：康泰尔没有什么功夫，只是有些力气罢了。经追问方知，他考虑到中国拳术和武士会的名誉及徒弟们的安危，独自到六国饭店找到康泰尔一行，表示天津来了一位武艺高强者，咱们在此随便比试一下，你若能赢了我，才有实力与那人对练。比试结果，以康泰尔不敌告终。我们一起筹划了比赛的安排，由韩慕侠打头阵，韩立即表示义不容辞。当正式比赛时，康泰尔不战而逃，并将全部奖牌让与天津武士会。"张占魁的弟子现年85岁的裘玲（字稚和）回忆说："事后这十一块金牌曾在天津一座公园里展览过。"

张占魁在任总统府卫队队长期间，有个刺客想刺杀冯国璋，趁给总统鞠躬行礼时掏出手枪，就在这紧急关头，张占魁以迅雷不及掩耳之势把枪口给倒过去，"叭"的一声枪响，刺客打穿了自己的耳朵。张占魁在津办了很多除恶安民的好事。

那时天津港口也不平静，外国海盗闹得市民不得安宁，身为代理大总统的冯国璋令张占魁为民除害，他只身登上贼舰，以迅雷不及掩耳之势，施展出八卦掌中斩、截、跨、挑、顶等诸般精妙绝技，打得多名外国海盗腿折胳膊断，跪下求饶。为此，冯国璋手书匾额"闪电手张占魁"送他。

张占魁一生重视武德,他认为练拳如修道,必须诚。他收徒有四忌:一、练艺不坚者不收;二、贪利好色之徒不收;三、对父母不孝敬者不收;四、根底不正者不收。他内侄马登云原来跟他学武,出师后在本村办起了拳房,十多名乡内弟子拜马登云为师,冬闲春前练习拳脚,他经常大声训斥弟子和怂恿弟子们强出人头,以艺欺人,张占魁知道后认为,这可不是我们武林之德,决计以武训侄。在比试前,马登云根本不把姑夫放在眼里。在比试中,马登云刚一出手,张占魁一个托掌,把马登云托出数丈远,"叭叽"一声脊背贴在墙上,眼泪哗地掉下来,两腿颠抖,背靠墙山坐下来。马登云不知这一掌是怎么挨的。张占魁语重心长地教训了他一顿,拿出一包舒筋活血药给他吃。打这以后,马登云再也不敢妄自尊大了。到了晚年,张占魁在天津青年会教武术,每星期教一次。他对弟子非常爱护,弟子张雨亭在天津永利(大沽)碱厂教习武术,他经常到厂指导。

1912年,张占魁鼎助师兄李存义创办中华武术会,以武术作为健体强民之策,并普及到全市中小学,定为必修课。他的弟子遍及南北,负有盛名者有韩慕侠、姜容樵、刘晋卿、赵道新、魏美如、刘朝海、张雨亭、周玉蝉、马登云、裘玲等,不愧为我国一代著名的武林大师。

(左炳文撰文。见《河间文史资料》第4辑,1989年)

赛白猿唐维禄

唐维禄(1868—1944),宁河东丰台人,自幼务农。

宁河县丰台镇曾经是著名的冀东木版年画、纸制品生产销售的疏散地。每年冬闲时,唐维禄都趸些年画、祭祀品沿村叫卖,补贴家庭生活。他了解挣扎在水深火热之中的百姓生活,深谙世道之昏暗,唐维禄决心尽自己的有限力量,帮助百姓解遭受欺辱之苦。光绪二十九年(1903),形意拳师申万林来芦台教武术,唐维禄也来跟着习武学艺,决心为百姓掌握一门扶正铲邪的本事。文化不深但悟性好的唐维禄,经过几年的勤学苦练,武艺已经不凡,多次比武均在榜眼,已经颇有名气。

唐维禄

2007年12月25日,笔者在韩子衡的弟子李朋会保存的笔记本里发现一张卡片，上面写着"唐维禄，字云昆"，下一行写着"武士会弟子阎家祥、赵宏崎、张汝林、王俊林、王振东"字样。

唐维禄从天津中华武士会学艺毕业后，到汉沽给盐灶商户"桐裕成"看家护院，在汉沽渔村教武术多年，徒弟全是卖苦力的穷人。

与唐维禄有过接触的老人们回忆，唐先生平易近人，不讲究吃穿，在汉沽区沿海渔村教武术，能吃到棒子面窝头、虾酱蘸大葱就满足了。

唐维禄收徒弟不搞仪式，不办酒席，一句话，不让学艺的人破费。看你是块练武的材料，就让你跟着练，如果有培养前途，交给你一份李存义先生传下来的治病秘方，算是承认了你。

唐维禄拜师李存义

唐维禄除腿脚快外，脑子也灵通，见事不忘，一琢磨就透。见缝插针，点滴时间都用在练艺上。手脚还勤快，初拜师李存义时，已经42岁。李存义认为唐年岁已大，不收。唐维禄求张鸿庆做了"通融"，又自告奋勇地给李存义打工，李存义才答应让唐维禄留下，干些杂事。

唐维禄留心观察学员们的习武动作，夜深人静时刻苦习练。"无心插柳柳成荫"，八年后结业考核时，名正言顺的习武弟子过关还都挺费劲，唐维禄却一路顺利过关斩将。李存义彻底改变了对这位大龄"农民"的看法，认为唐维禄是一个有心计、有毅力，业有所成的人，离别时把自己手中握有的嫡传武林秘方五行丹给了唐维禄一份，认可了唐维禄是自己的弟子。

唐维禄考取天津中华武士会的毕业证书

唐凤华保存着爷爷唐维禄 1916 年在天津中华武士会考取的"毕业证书"。由天津中华武士会会长兼教务主任李存义先生颁发。至今已经历过近百年风雨,保存至今实属不易。兵荒马乱的年头,人无稳定的栖身之地,整日为饱腹奔波,生命不保;几次运动的冲击,给证书的保管带来了风险。特别是"文化大革命",让保管人左右为难,证书也几次易手,后来交由徒子、家居宁河县丰台村的烈属王振国保管。

看似对习武人武艺高低的一张考察凭证,更是一段历史的见证。它见证了中华儿女们在朝代更替、政府腐败、国家民众遭难的历史时期,不甘忍受洋夷、日本鬼子的侵略、欺辱,自发组织起来,以血肉之躯、拳掌之力前仆后继,同侵略者作不屈不挠的顽强斗争的历史。

唐维禄练形意拳

李存义言:"克敌制胜,唯形意拳独擅其长。"而"独擅其长"又是什么意思?答:"世之练艺者,必目有所见而能有所作为,故白昼遇敌尚能侥幸取胜,若黑夜猝遇仇敌,目不能视,将何以取之?唯形意拳,处黑夜间,随感而发,有触必应。形意拳的精要,不是练视力、听力,而是练感应。"

唐维禄的形意拳技艺娴熟,仍积极吸收师傅申万林及李存义的长处,认真汲取师兄弟尚云祥、薛颠、傅长荣对形意、八卦的练法、操法所长，努力把别人的本事学过来，变成自己的。

唐维禄对掌门弟子褚广发说："形意拳的功夫出在腿上，腿快的人打腿慢的人，犹如拳击里重量级打轻量级的。而且腿上出了功夫，拳头的冲撞力就大，技击就厉害。"他鼓励弟子汲他人之长，用脑练艺。

唐维禄快腿誉武坛

唐维禄的胳膊、腿比一般人长得都长，以腿脚利索、速度快著称。老人们说，唐维禄从丰台到芦台的百里路往返只需一个时辰。笔者听了以后，还对自己的耳朵有不信任的感觉。2006年采访百岁老人韩树仓。老人讲，唐维禄走路速度特别快，短距离内可以赶超火车。本人起初没敢引用，担心有误。芦台的许多老人都和我讲了唐维禄"取刀"的事情，众人之言，改变了我起初听说唐维禄走路速度快之半信半疑的态度。据说一年正月十四下午，有人找到唐维禄，说芦台街晚上出少林会，急需用一把大件的春秋刀。唐说自己是有一把，但放在东丰台的家中。借刀人抬头看，日头已偏西，离天黑也就还有俩多小时，而东丰台距芦台街往返还有百里路的距离，远水解不了近渴，感觉挺无奈。唐维禄说："你别着急，我现在就去拿，不影响晚上用。"唐维禄一路低身前行似飞燕，超速度地走形意地行术，双手配合，紧比划着助力。待取回春秋刀时，出少林会的人们还在化妆。

唐维禄家居宁河丰台镇，离天津200余里路的距离。在天津中华武士会期间去北京"铁脚佛"尚云祥的家，都是在自家睡到午夜，睡觉前解下绑在两腿上的沙袋，夜里子时起身，出发时从后脖颈插进一根备好的小木棍,下端插至腰带里,衣领处露出寸长,为了散发汗湿气。顶着漫天眨眼的繁星,蹚着夜行步前进,天明到达。问其是咋来的?唐维禄总是笑着回答说:"做疾步飞行。"

唐维禄在天津和李存义学艺时,和尚云祥切磋过技艺。尚云祥脚下的功夫非常厉害,每逢练武都踩碎地面的青砖一片。唐维禄发挥腿长、转动轻快手灵活之优,紧紧贴住尚云祥的身体,不让其发挥。无胜负的过招,尚云祥赞叹唐维禄的腿脚有神韵。

唐维禄传形意拳术

唐维禄熟悉多种拳种,尤提倡弟子们练形意拳,严守古拳法,"在保存自己、消灭敌人的大前提下,坚持练武与强身相结合的原则"。弟子们把唐维禄教的形意拳称作唐传形意拳,被武林界认可,成一体系。

唐维禄要求弟子练拳首先练习站桩:"站桩有无穷的益处。打拳是练功,站桩也是练功,练精化气、练气还神、练神还虚。"以前老拳师少识字,但气质高雅,有涵养,是练形意拳起了作用。练形意拳不但改造人体,还改造心态。

练擒拿功夫,在唐传形意中叫"大小缠丝";用胳膊去拿人,叫"野马分鬃";用身子去拿人,叫"懒驴卧道";用整个身体去拿人,是形意拳的特点,"十拿九稳"。形意拳的练法和打法迥然不同,练法讲以身推肩、以肩推肘、以肘推手,直至练到川流不息的程度。而打法则先要将手像鞭子一样地甩出去,再以肘追手、以肩追肘、以身追肩。

缺德行的人不能习武

唐维禄对弟子说:"习武练艺要遵守武德,不得逞强好胜。习武人的大忌是鱼肉百姓。练武是为百姓,为了除暴安良,为了至尊报国,每一个习武之人必须遵守。"

武艺高超的唐维禄认真恪守武林规矩,严格收徒标准。

民国初年,一个卖艺的来到东丰台撂场子。为了挣钱,他大话连篇,大讲自己的铁布衫、金钟罩如何厉害,随便埋汰练武人。唐维禄实在是听不下去了,主动站出来,要求与其交流、切磋。卖艺人脱口"开始"后,唐维禄发出快似箭飞的崩拳,卖艺人瞬间倒地,爬起来后十分尴尬。唐维禄找熟人借了两块大洋给他,说:"我今天砸了你的场子,打了你的饭碗,是想让你知道,身怀武艺的人,要把武艺用在除暴安良、杀敌护国方面。说话要讲德,谦虚留余地。会个三拳两脚不可忘乎所以,信口开河。"

三年后,卖艺人又来到丰台,要拜唐维禄为师,说话间突向唐发新练的羊撞石碑功,唐维禄抓其破绽,瞬间做了个"金鸡独立",用提腿提膝的姿势,把卖艺人顶了回去。卖艺人当时门面肿胀,脑袋也蒙了。待卖艺人清醒后,唐维禄告诉他:"在武门搞突然袭击的人不懂武德,没有道德。即便有功夫,缺德行也是丧心病狂之徒,会给武门抹黑的,不会有人收你为徒的。"

民国年间,宁河、丰润、玉田三县武林界人士在丰润县比武。唐维禄和一位当地赫赫有名的气功大师过招。唐维禄施展"巧打不如拙拿,拙拿不如巧打"之招数,打打拿拿,见机行事,困缚住了气功大师。众人哄喊之下,大师觉得丢了脸面,便违反武规乱来。唐本想狠狠教训他一顿,又不忍心伤害他,咬了对方一口,裁判提出质疑,唐说这在形意门叫猴吃桃,是武门息事宁人的规矩。裁判查谱后,抱拳向唐维禄致敬意,连声说:"钦佩!"

学艺传艺为了强国强身

日本侵华期间,唐维禄常和弟子们说:"武术是国民的宝贝,它能强身壮体,要为强壮国家服务。宁可人死,也不把武术传给日本人。"

日本侵略者的铁蹄践踏之处,一片血腥气。宁河县芦台镇也是兵荒马乱之地。唐维禄的长子唐福恩在辽宁北票谋生路,唐维禄也经常外出授拳术,儿媳、孙女在家也没有安全感。唐维禄送她们去找唐福恩。

日本人提防冀东游击队的袭扰,在冀东公路沿路途设卡,唐维禄爷儿三个被截在山海关。唐拿出天津中华武士会的证件,想蒙混日本人过关。

翻译是个中国人,当知道站在面前的唐维禄是个武林豪杰时,立刻觉得自己长高了三分,腰也挺直了,说话也有了精神,骗日本人说,这是中国的武术大师,关东军最高司令要见。唐维禄为了减少麻烦,证实自己是个习武之人,给日本人打了一套拳。

日本人让他返回来时到此当教官,唐为过关答应了日本人。

唐趁天黑返回,身轻如燕地过了岗哨,用鹞子翻身的技艺爬过了长城墙,施白猿攀援的技艺,轻巧、稳步地跃过了坑坎、崎岖的障碍路,以箭离弦般的速度通过了山海关城楼,悄无声息地轻身过了日本人设的路卡,连夜回到了芦台。

唐耗费心血，培养出许多高徒。他不求徒弟报恩，只愿徒弟多汲取各武术高师、门人所怀国术之精粹胜过自己。他深知一个人的武艺再高，也必定有限度。为提高弟子们的武技，唐维禄甘为人梯、铺路石，根据弟子们所学武艺之侧重，又为他们选新的师傅，厚实每个徒弟掌握的武艺。

夜幕枪口下救穷人

唐维禄侠肝义胆，同情穷人，憎恨明火执仗、欺凌百姓的黑恶势力，诸事多有口头传说。作者的爷辈老人18岁时，亲历过唐维禄办理的一件事：唐维禄为汉沽盐灶户"桐裕成"看家护院。秋季的一个晚上，天色漆黑一团。"桐裕成"商号老掌柜的过世，全家族举行祭奠，还从名山古刹请来了和尚念经、道士走方，热闹非凡。

突然，从三四十米外的蓟运河方向传来清脆的枪响，祭奠戛然止住。唐维禄赶到河边，只见有两个黑影在晃动，从帽檐上的白边和白绑腿看，是两个缉盐警察。这两个警察正举着枪，瞄准河水中一条影影绰绰的小船。

既然是盐警打枪，倒霉的肯定是草民百姓，唐维禄一看这情景，心中不平静。他贴近举枪人，还没等缉盐警有感觉，已经麻利地缴下第一条枪。

第二个缉盐警觉得几米外的声响不对劲，想掉转枪口上前支援，唐维禄紧跟一步出一崩拳，缉盐警还没反应过来，已经应声侧身倒地，还扣响了枪机，一道火光斜飞过夜空，唐维禄瞬间又夺下第二个缉盐警的枪支。

突如其来的举动，使两个缉盐警发蒙，待清醒过来，已经两手空空枪易人,赶紧下跪求饶。

河水中漂流的小船,是汉沽营城村民邵士品、邵玉通二人,他们借着漆黑的夜色把偷来的盐顺蓟运河往北部山区运,想给家中忍饥挨饿的老少换些粮食吃,被缉盐警发现,他们紧追不舍,边跑边开枪捉拿。

乱枪之下的二人均受伤,邵士品大腿被子弹打穿,邵玉通肩锁骨受擦伤。唐维禄教训两个缉盐警,说:"知道你们俩是为混口饭吃才干了这行当,可他们俩也是因为生活所迫,被逼无奈才这么做,以后再遇见这样的事,枪口必须抬高。"

两个缉盐警心里明白,身家性命已经落在了武术大师的手里,两膝跪地,磕头如捣蒜,连声说是。唐维禄考虑到缉盐警也是为了全家老少糊口,不得已而为之,把两只大杆枪还给他俩。走出老远了,俩人还回头说谢谢。

邵姓二人感激地说:"多亏了唐大侠,要是落在缉盐警手里,我俩就是不死也得被扒层皮。"

为民惩恶痞

天旱无雨的民国初年,地里的庄稼旱枯而死,没有收成,百姓在水深火热之中挣扎。宁河至丰台30多千米杂草丛生的蜿蜒路上又闹起了歹徒劫道,他们连抢带夺,打家劫舍,闹得人心惶惶。人们告到县衙,要求捉拿、惩办,可无人敢出面。原来这个歹徒曾是个兵痞,手中有枪,枪法又好。县警察局无奈,让唐维禄办理此事,唐愿为家乡父老除害。

劫道的歹徒强行霸用了一辆木制小轿子车,来回逛荡在芦台至东丰台的路上，找抢劫的机会。唐维禄找到赶车人问情况，得知歹徒在半路还要睡一觉，把枪压在身底下。唐维禄和赶车人交换了意见，转天，唐维禄迎出20多里路，埋伏在预定的地点。日上三竿高，车赶进预定地点。赶车人的鞭子在空中连甩三下，狗皮梢子连续发出清脆的"啪、啪、啪"声。

得到提示的唐维禄提身如燕，飞蹿上车，左手黄鹰掐嗦递过，右手顺出手枪。还带着困盹的歹徒明白自己遇上了"茬子"，急忙伸手摸身底下的枪，划拉不到了，心凉了半截。忙睁眼，见枪口正对准着自己的脑门子，顿时像泄了气的皮球。

唐把赶车的"教训"了一顿，让其把车快速赶到县警察局。

孤身化解讹财案救了一村人

从东北方向过来了一拨有四五十个"红胡子老抢"，路过芦台党庄子时，勒索该村宋绅士两天之内拿出千两银子，否则血洗全村。

危言传出，人心惶惶，全村大乱。宋家也是有苦难言，哪里去找千两银子？全家老少心急如火燎，不知咋办好。经官？闹不好弄个赔了夫人又折兵的结局，打不死狐狸还得惹身骚，以后日子还咋过？

无奈之下，宋家掌门人找到唐维禄，诉说了情况。

第二天，唐维禄一大清早就来到宋家门口。旭日高升，从客栈里哩哩啦啦地走出来歪脖淘气一大帮，连呼带喊地向宋家走来。来人灌了满满的一街筒。尽管是一帮歪脖淘气，毕竟人多助势。唐维禄心中也有些忐忑，但在气势上必须要威慑住对方。

唐维禄迎面上前，拦住他们的去路，说："认识一下，我叫唐维禄，是天津'单刀李'李存义的弟子。我出面代表党庄子父老说两句话。你们从我的家门过，吃顿过路饭还可以，若有非分之想，请换个地方。"

说话间，一个土匪小头目向前跃了一步，高举拳头向唐劈头盖脸打过来，没等其拳落下，唐维禄一闪，用猴洗脸的动作，化解对方招数，顺势用猴登枝的腿法，将其蹬出几米远。另一个小头目见狐朋狗友吃了亏，马上掏枪。

唐维禄先生用眼一扫小胡子们所做的笨拙动作，知道是一帮还在洗脸盆里扎猛子——不知深浅的小雏，尽情地施展起自己不凡的武艺，一个腾步跃上前，用鹞形拿法，拿住了对方的手腕部，对方疼得直叫。唐维禄取下其手中的枪，扔给大土匪"斜眼"。其实大土匪斜眼听唐维禄说是天津单刀李的弟子，心脏已经在不停地颤抖，连说："失礼、失礼，多有冒犯。"

小头目见大头目都折服，忙跪地连呼"大爷饶命"。

大胡子发出撤退令，小胡子们争先恐后逃出宋家院。

一场可能要发生的血腥案，短时间内被唐维禄化解。宋家人、党庄子老少爷们儿对唐维禄感恩不尽。此事在民间流传至今。

唐维禄结拜李家父子

唐维禄有个弟子叫董佩庭，家中开肉铺，吃喝不愁。他嗜好习武，受过薛颠的指点。

董佩庭是营城村习练螳螂拳武艺的李宝祯的小舅子。

清咸丰十年（1860），李宝祯的父亲李万恒到烟台、龙口做海驳,患病,在烟台诊治。中医先生习练螳螂拳技艺,李万恒跟着学练三年,艺有成,回到汉沽,在家族中传授。

明永乐二年(1405),邵益谦被朝廷委任为海防千户,驻扎营城,卒后葬于此。咸丰十年(1860)的大沽口海战后社会状态紊乱。任宁河县崇仁里第五保的甲长邵某,找到习练螳螂拳武艺的李万恒,让他为邵家看护坟茔,以无偿耕种坟茔四周的庄坨土地为回报。

乡保听说李万恒种了不交租的地,就来苛刻盘剥。李万恒一时没了应对的主意,找到了主心骨——见多识广、在汉沽教武术的唐维禄,说了乡保敲诈的事。

唐维禄也很生气,说"告他去"。把去县衙西关的路向,详细地告诉了李万恒。

李万恒求人写了状纸,起了个大早,骑驴去七十里外的宁河县衙所在地丰台西关,击鼓升堂,鸣冤喊屈,诉遭盘剥之苦。

县太爷受了乡保的贿赂,派名捕"燕子股""草上飞"两位差役骑马来营城缉拿李万恒。两名捕快来到李万恒家,一前一后站在门口。"燕子股"起步进堂屋,伸手要抓捕李万恒。已经八旬的李万恒气愤不已,豁出老命,发势"螳螂捋臂",把捕快引了一个前扑大趔趄,脑袋撞上墙。站在门外的"草上飞"见同伴吃了亏,伸手去抓,也被李万恒击倒。而后李万恒飞身出庭院,越壕钻入芦苇圈里。

李万恒痛打"燕子股""草上飞"两位差役,让围观的父老乡亲感到解气。唐维禄听说后更是高兴,来探视李万恒,并做了武艺交流。

偷盐,是生活在水深火热之中的老百姓的一种无奈。李万恒的儿子李宝祯年已六旬,凭着一身过硬的武艺,经常冒着危险,利用夜间日本人撤退回驻地的机会，多次到八卦滩盐场偷盐，而后换些粮食，维持全家生存。汉沽、寨上、营城村镇的穷苦百姓被逼无奈，也只得以偷盐求生，都请艺高胆大的"侠大爷"李宝祯做保驾。对持大扎枪尾追而来的盐警，李宝祯先与他们讲理，有时把不通情理的盐警抛入驳盐沟中。到后来，盐警看到有成群的人偷盐，知道有克星李宝祯助阵，装作视而不见。

唐维禄很敬佩跟自己年岁相仿的李宝祯，说其艺高胆大有侠气，与李宝祯结拜为兄弟。唐维禄比李宝祯大 6 岁，为兄。

哥俩仗义执言，遇见为富不仁的人和事，一定帮助化解。人们遇到受欺负的事，总是说，"非得遇到唐维禄、李宝祯，你（们）就老实了。"

（李瑞林撰文）

沽上名流杜之堂

杜之堂

河北广宗县人杰地灵，颇有建树的显赫人物，层出不穷，其中杜之堂就是一位很有名望的律师、教育家、书法家、武术家。杜之堂的主要社会活动和文化活动在天津展开，被称为近代天津"四大书法家"之一，同时，他还加入了中华武士会，整理李存义口述拳械谱，为近代河北形意拳理论的奠基人之一。

杜之堂，字显阁，广宗县杜家庄人，清同治八年（1869）出生在一个贫苦的农民家庭。杜之堂自幼聪慧，沉厚寡言，全家省吃俭用，供养他在本村读私塾。由于他学习刻苦，志向远大，所以深得先生杜老龄的喜爱。杜之堂的父亲杜梦书，早年拜师于七斗店赵宝玉门下习练大红拳，精于二十四式。闲暇时，杜之堂又向父亲学练拳术器械，青年时期的杜之堂就文武双全,闻名乡里了。

杜之堂结婚后依靠岳父的资助,继续得以深造,于光绪二十三年(1897)举拔贡。时有保定莲池书院主讲吴汝纶(安徽桐城县人),以文学驰名畿辅,杜之堂游学保定,受业其门。他学习成绩优异,尚写一手好字,故深得吴汝纶厚爱,称其为高才生。

光绪二十八年(1902),吴汝纶赴日本考察学制,杜之堂随之入日本早稻田大学习法政,光绪三十一年(1905)回国。回国后,他力主教育救国,在本村创办小学,并提倡男女平等,不许女子缠足,要与男子受同等教育等。他买来全套小学教育用品,如国文课本、算术教本、格致教本、音乐教材、多种标本和挂图以及风琴、石笔、石板等。凡此种种,在当时的广宗属前所未见,所以引来许多乡亲围观。他教的体操课有哑铃、皮球、球杆等,并训练他弟弟杜之诚为速成学校教员。初始,他以自家南院的南屋三间为教室,还购木料打制了黑板、课桌和板凳。于是,一个男女合校的小学校宣告成立了。这在当时乃是破天荒的义举,但却受到守旧人的攻击。有人骂他是"洋鬼子""二毛子""搞得男女混杂,有伤风化"。女孩固无入学者,即使男孩也不许入"洋学堂"。迫于无奈,杜之堂让自家的嫂嫂用自家的面蒸大量窝窝头,遍告乡邻,谁上学即可领两个窝窝头。此举果见大效,贫儿入学者甚众。经过艰苦努力和说服教育,学校越办越兴旺,乡亲们也由诽谤变成赞扬,各家争送其子女上学,以至教室容纳不下则群立窗外听讲,渐至拥挤满院。至此,全村倡议另建校舍。他和邻村杨家庄留日学生邢襄一起搞捐献,很快就建成两面有窗、高广,能容数十人的教室两座及其他配房。随之聘教员、招学生,一个广宗县最早、最完备的小学诞生了。先名"林场小学",后改"杜杨小学",由杜之堂书写了"建设小学校"碑文,刻石立于校门之内。

杜之堂竭力主张解放妇女，大力提倡男女平等，他常说："女子必须入学读书，要与男子知识学问同，做事能力同，才能言平等。"他最反对女子缠足，让女儿杜廉带头，并让杜廉首先入学读书，成为广宗县女子得解放第一人。为了铲除此陋习，他作《戒缠足歌》，遍告家庭妇女唱之行之。歌曰："五龄女子吞声哭，哭向床前问慈母。母亲爱儿自孩提，为何缚儿如缚鸡？儿足固折儿心碎，昼不能行夜不瘼。缠足女子何太愚，书不能读字不识。邻家有女已放足，走向学堂去读书。"

应该说，杜之堂是广宗县首先把西方文化传入本县的先驱之一。杜家庄村壕边有一庙，每当夏秋之夜，乡人便到此听评书。杜之堂抓住这个机会，对大家说："自今晚始，由我为大家说新评书可也？"大家默许后，杜之堂每天晚上便为乡人讲天文地理。他以西瓜比太阳，以桃果比地球，以山红果比月球，说明地球绕太阳为何周转、地球自转分出四季和昼夜，以及月球绕地球运转之整套天文知识，以此作启蒙教育，破除鬼神迷信，引起乡人极大兴趣。

清宣统元年（1909）最末一次开科举时，友人劝他应试。他素无为官之心，碍于群情难却，乃入京一试，作为游戏耳。谁知头场考试竟榜第一名，群友为之欢庆，他却闷闷不乐。二场复试，杜之堂却未入场，以为可以罢休了，没料到竟招来大祸！考官说他"玩世不恭，看不起大清皇帝之典章，当执拿问罪"。后以变相充军之罪，斥逐广东，予以执用知县之缺，前往候补。群友劝他以亲老不能远游为辞，花钱贿官，要求离家近一点。杜之堂说："吾双亲早已去世，不能为先人说谎，即有钱也不能做此流之事。"临行前回故乡告别时，诸亲友乃置酒相贺，杜之堂喟然叹曰："吾乃耕读之家，未曾有为官者，也无愧于阴德,世代清白。吾若为官,则家风必坏,吾之儿女变成少爷小姐,养成好吃懒做、养尊处优之恶习,终必堕落,流为败类。再者,上有大史,必按时送礼,礼不能满其欲,则遭贬斥;下有吏属差役,如不得贪贿,则呼遣不从,事事棘手。清官不易做,贪官不能做,而又不能不去做。吾乃无意中遭此不幸,诸亲友当为我道忧,何贺之有!"言后凄然。宣统二年(1910)秋,杜之堂只身远去广东。虽无实职,但知府甚重其才,让他掌管文案书牍。次年3月,其女儿杜廉随庶母往广东相聚。此时正遇辛亥革命,他未及挂牌赴任,广东已宣布独立,只好携全家返回故里,寓居天津"河北黄纬路仁田里七号"。

1912年,杜之堂任北洋女师范学校国文、历史、习字教员。暑假中,校长易人,由张相文执政。张相文为拉帮结派,欲辞全校教职员,另聘新教职员、招新生,故而驱散全校师生,并勒令即时离校,当晚即不开饭。学生多为南方人,以当时交通不便,留校度暑假者数十人,忽遭此变,惊惶失措,不得已逃往大经路一客店内,坐地上伏行装而痛哭。杜之堂前去安慰,并将群生安排在他家对过七间空房内,以稻草铺地,可展装睡卧,吃饭在杜之堂家。他怀着愤怒的心情写状,向法院起诉,告张相文不法行为。经过多次开庭审理,终获胜诉,撤免了张相文,聘请李子柏为校长,群生欣然返校。以杜之堂为首的护校正义斗争,终获全胜。民初,杜之堂还曾任北洋法政专门学校教员,加入由张恩绶担任会长的北洋法政学会,同时被选为临时省议会议员。

除教书外,杜之堂还兼营律师职业,门口挂着"律师杜之堂"的牌子。当时,常有含冤被告无钱请律师者,精通法律的杜之堂甘愿义务当律师,代为辩护,故而登门者络绎不绝。另外,他还挤时间研练毛笔字，以卖字为贴补生活之用。

杜之堂向以培养青年成才为己任。民国初年，广宗一带的青年就学于天津者不少，如军医学校的张柳桥、唐道全、曹寅、乔芳桂，法政专门学校的魏寅曾，西沽大学的黄金华等人。除法定时间教学以外，他每星期六下午便召集同乡青年如上述人等至寓所，将一周内所写的大字交来评阅，随后义务讲字。他讲解韩昌黎的文章精细深透，有声有色，往往汗透衣衫，犹欣然自若。讲完课即令群生同往厨室，同包水饺而食，大家欢聚一堂。

杜之堂性古朴，不与俗谐，坎坷终身，同情革命。在天津，他经常接触知名人士和革命者，与威县早期共产党人，留日学生刘啸东为莫逆之交。当时，刘啸东在天津活动，随时都有被捕杀头的危险，但是杜之堂不怕，他以名士的身份与刘啸东交往，给刘做党的工作创造有利条件。

杜之堂对中国历代书法颇有研究，造诣很深。他摹柳公权之书，以玄秘塔之字为楷模，数十年之功，深得其精髓，行草尤著。当时，天津有四大书法家之说。这四大书法家即：擅长颜字体的华世奎、柳字体的杜之堂、欧字体的甘眠羊、赵字体的赵幼梅。这四人名冠天津，闻名北疆。天津许多机关、学校、商号的牌匾字皆出于杜之堂之手，甚至北京的政界人物、大买卖家也派入专程到天津请他写字。他著有柳字体《书法讲义》四卷，出版后风行一时，影响深广。据民国《广宗县志》记载："之堂长于书法，作是书以教后学。其言：指法有指密管直，双钩浅执之说；掌法有掌心对面，掌心宜虚之说；腕法有悬腕、提腕、伸腕、抱腕、枕腕之说；肘法有悬肘之法，悬肘之效；身法有挺腰、突胸、正首之说；运笔则讲侧、勒、努、趯、策、掠、啄、磔八法；结构则有次序、生让、辨形诸法。"

杜之堂书法运笔流畅，结构严谨，其行草堪称一绝，在书法界独成一派，为河北省著名书法家之一。另外，他的老师吴汝纶曾师事曾国藩，系"曾门四弟子"之一，"桐城派"散文家。杜之堂受其影响，并得"桐城派"义法，所著《瀚华斋诗文稿》一卷，甚为时人推重，在天津文苑也占有一定地位。

杜之堂还是一位武学大家，据现存天津北洋法政专门学堂教职员花名册所载，1910年和1913年，他曾担任该校教员。北洋法政专门学堂是天津中华武士会的发源地，杜之堂也参与到中华武士会的创立和发展中，为系统编录河北形意拳武学资料贡献卓著。

杜之堂终生苦读，钻研书法，工作繁忙，劳累成疾，于1928年在天津寓所病逝，终年59岁。

（洪起、保华撰文。原题《清末书法家杜之堂》，见《广宗文史资料》第1辑，1990年。有增补）

戳脚名家李维祥

李维祥

李询(1871—1935),字维祥,以字行,武林贺号"杆子李"。河北文安县胜芳(今属霸州市)人,武术家。曾任天津国术馆顾问。自幼习武,而立之年拜翻子拳宗师齐占魁门下。擅母子拳、八翻子、地躺拳、地躺刀、五虎八拦枪、六合枪、大杆子等,尤以大杆子与腿功见长。1912年,天津成立中华武士会,同年在天津河北公园(今中山公园)举办"天下英雄会",李参加了武术表演,并加入中华武士会。1928年,南京国民政府成立中央国术馆,此后各地方国术馆随之而起。河北文安县1933、1934年连续举办两届国术比赛(表演观摩),时任县长韩新文奖励李维祥单刀一口(上刻韩新文之名)、软匾一块(上书"奇侠风云"四字)。晚年于家中授业,从艺者多达百余人,其中不乏出类拔萃者。受胜芳东公平武术会之邀,在会中指点授艺,为东公平武术会创始人之一。1935年正月十八日突发疝疾,骤然辞世,享年65岁。武术界同道、友人、弟子等俱来吊唁。停灵至四七(二十八天)出殡,是日送灵队伍绵延里余。

胜芳自古就是水旱码头,地处东淀,曾经东西南三面临水,商贾云集,是经济繁荣之地。李维祥自幼爱好武术,受业于河北蠡县卧牛庄齐占魁先师,为翻子拳正宗传人。李维祥以贩麻为业,常年在胜芳以及周边地区收购麻。当时胜芳的大批货物都是由胜芳运到天津,再运往全国各地的。经大清河水路运到天津三岔河口、大红桥、金钢桥等地交易销售。因此,结识了天津各界很多朋友。由于酷爱武术,尤其与天津武术界的朋友、武术名人交往深厚,所以在中华武士会举办"天下英雄会"武术表演的时候,他也参与其中。据说当时他演练的是地躺拳。李维祥弟子众多,其中有几名弟子还在天津北开、小王庄等地开设了几处国术馆。据回忆名字应该是"京津武术馆"。至今还保留有众弟子在1928年拍摄的老照片。

正因为李维祥在天津有这么多的朋友关系,所以到后来他的儿子李文光于1944年在天津西于庄创建源兴公司,任董事长兼总经理,直到1954年公私合营为止,成为天津市第二食品厂前身。直到现在,李家还有好多亲戚在天津定居。而李维祥与天津中华武士会的渊源也成了李氏后人津津乐道的故事。

胜芳有个特点,因为这里地处水乡盛产麻,李维祥经常去胜芳的周边地区收麻。有一次寒冬时节,李维祥雇了十几辆拖床(一种大型的冰上运输工具),带着许多收麻的钱,很是惹人注意。当这十几辆拖床走到前后没有村庄的地方,拖床把式(驾驶拖床的人)起了歹意,想抢了收麻钱据为己有。于是十几个人就在冰面上停了下来,拿起那些拖床嫔子(一种类似钩镰枪的带动拖床在冰面上前行的铁制工具)威胁李维祥把钱留下。李维祥哈哈一笑,把身上穿的一件皮袄脱了下来,让皮袄的毛挨着冰面,两只脚踩在皮袄上,和他们就动起手来,一瞬间就把这十几个人全部打倒,再看他的双脚,根本就没离开皮袄半步。这就是所谓的"拳打卧牛之地",一下子就把那些拖床把式震住了,都跪地求饶。李维祥对他们说:"只要你们好好的给我拉麻,一文钱我都不少给你们。"于是这些人乖乖地帮他把麻拉了回去。

在天津,特别是在码头工人(脚行)中,提起李维祥来都是佩服得很。有一次,李维祥把收来的麻运到天津三岔河口,当时从胜芳到天津人们采用最多的是水运,用当地一种大槽子船(能装很多的货)运送。当到天津三岔河口的时候,一些码头工人很是蛮横,有意欺负外地人,不让他们停船,还把船给捋了(就是砍断泊船的绳子)。于是,双方发生了争执,工人们用长篙挑衅,这下子可把李维祥惹火了。他一个箭步跳到一艘船头,顺手也拿起一个撑船用的长篙,没几下就把十多个工人打进河里。于是工人们跑回去搬兵。据回忆,脚行头一位叫八爷的,他来到船上并没有报复,而是一阵寒暄,给李维祥赔礼,请李到家中叙谈。李维祥并没有害怕,只身而去。原来八爷想请李给他看场子帮忙,李维祥不想与脚行头为伍,就没有应允。八爷见此事不成,也没敢强求。自此,在天津一带,提起胜芳的"李大眼"(外号),一般都给几分面子。

李维祥的弟子在天津北开设立国术馆,难免会有同道中人前来切磋技艺,就是所谓的踢馆。有一次有同道要来拜访,弟子们就把李维祥请来坐镇。据回忆,好像是一位姓张的师傅带队前来,很是客气，言语间要看看本门的功夫，开开眼。以武会友，就难免练几下，对方有一位师傅，先练了一套花枪，据说练得非常好，功夫了得，但是他故意用花枪把地面的方砖都挑起来，把院子弄得不像样子。练完之后，张师傅说，久闻李师傅地躺拳一绝，能否开开眼界。李维祥说，打地躺拳最废鞋了，从胜芳来，没有准备。张师傅说，不妨事，练完之后，我送给李师傅十双内联升的鞋。其实，他们是故意让李维祥在掀起砖的院子里练地躺拳，就是有意难为。李维祥说，我也不要你的鞋，那就练两下，请您指点一二。李维祥来到院子中央，站在挑起方砖的地方，就用了两招，正扫堂腿和反扫堂腿，扫完之后再一看，不但把刚才的方砖都扫飞了，还在下面的泥地上画出圆圈式的一趟深沟。在场的人都鼓掌喝彩。张师傅也笑着说，李师傅好功夫，明天请李师傅到我那里做客，一定要赏脸。李维祥慨然应允。第二天，李维祥带着弟子们去张师傅馆里做客。到了馆里，在进屋门的时候，张师傅故意用脚把李维祥的长衫踩在门槛上，想让李维祥出丑。李维祥头都没回，用戳脚的功夫，抬起一脚照门槛踢去，咔嚓一声就把门槛踢折了。张师傅也是一身好功夫，侧身躲了出去。这可把张师傅吓了一跳，心想如果要是踢在腿上，那就废了。不打不相识，从此两家成了朋友。张师傅还买了十双内联升的鞋，送给李维祥。

早晨，李维祥经常到胜芳中亭河大堤去练武。戳脚翻子注重下盘，他的腿上功夫就是从那里练习出来的。他每天都在河堤上练习飞身踢树，借着树的力量回身后跳，这个时候树叶上的露水一滴也不会落在自己身上。而树的周围却见星星点点的水滴的痕迹。他最擅长的还有大杆子，据说扎人的眼皮鼻尖，可以触而不伤。点苍蝇也是恰到好处。

除经常往来于天津中华武士会，李维祥还与津门的其他武术家有交往，如李茂春（人称"霸州李"），两人关系密切，李茂春也经常到胜芳与他切磋技艺。

（李光鹏撰文。见《天津记忆》第113期《中华武士会百年纪念集》，2012年）

冠绝侪辈的程海亭

程海亭（1872—1928），名有龙（亦名云龙），字海亭，祖籍河北深县程村，生于北京，八卦掌第二代宗师程廷华之长子。程廷华，人称"眼镜程"，为董海川之高徒。程海亭自幼家境殷实，文学写画甚佳，善围棋，武学上承家学，幼曾得董海川亲自调教，承八卦掌真经在身，八卦掌门拳械皆精，得刘德宽传授六路方天画戟，复精研太极、五行等拳术，时冠绝侪辈。

程海亭

光绪二十六年（1900），程廷华去世后，程海亭顶门立户，往来于京津之间，与刘德宽、张占魁、李存义等人常相往来。1912年，天津中华武士会成立，程海亭亦参与其中。孙禄堂1917年4月初版的《八卦拳学》，请程海亭为其校阅。

1918年夏,中华武士会演武大会,聘程海亭为审查委员,鉴别武学甚详,并演示家传武学,技惊四座。1918年9月,韩慕侠进京与俄国大力士康泰尔比武,程海亭与李存义等人一同前往观战助威。程海亭与众多武士会成员保持着亦师亦友的关系,如韩慕侠、周祥、李呈章、李星阶、李子阳、杨明漪、阎道生。

程海亭曾供职步兵统领,1920年后,供职天津镇守使署,后回京。

1925年,李景林、蒋馨山、程海亭、吴俊山、郭铸山、宋唯一等人发起成立了"天津净业国技研究社",程海亭为首任社长。20世纪30年代,被武术界誉为"华北三山"的蒋馨山、郭铸山、吴峻山皆曾受教于程海亭,其中蒋馨山、郭铸山为代父授艺。程海亭在净业庵期间,武林俊彦或来拜望,或小住于净业庵,如程有功、孙禄堂、尚云祥、杨澄甫、吴鉴泉、金毓慧等人。程海亭弟子孙锡堃于1934年出版《八卦拳真传》一书,较系统地介绍了八卦门拳械,影响颇广。

程海亭1928年11月逝世于净业庵,后移葬于北平东郊梓楼庄。传人有吴俊山、孙锡堃、马德山、王达三、石忠义、何广等人。

(于经元撰文)

镖业豪杰李呈章

李呈章，名彩亭，字呈章，生于同治十一年(1872)，卒于1930年，河北省定兴县张祖庄人。历任郑州永盛镖局镖师、谦益镖局镖师、谦益镖局苏州分号大镖头、郑州永盛镖局总镖头、中华武士会教习、天津李善人家武术教师、中华尚武学社教习、中华武士会第二分部总教习等职。他以扎实深厚的武功、勤勉慷慨的性格、敦厚慈善的为人书写了一代武术大师沉稳仁义、奉献家国的人生传奇。与二弟李星阶、三弟李子扬一起被誉为"定兴三李""李氏三杰"。

李呈章

同治十一年(1872)，仲夏麦收时节，李呈章诞生于张祖庄一个武术世家。其祖父李铁珊是当时武林界闻名遐迩的人物。

身为长子长孙,李呈章被父亲和祖父寄予了极大的希望。两代武术大师把毕生的神功绝技毫无保留地传授给了他。同时李呈章还不时受到李存义、周明泰等诸位前辈的指点。特别是杨家祯,对这个憨厚朴实而又心灵手巧的义侄倍加喜爱,经常把他带回自己家中,与自己同吃同住同练功,使小呈章功夫大增,受益匪浅。16岁时,李呈章已掌握了长拳拳械所有功法。尤其是地躺拳、地躺刀、米沙刀、米沙剑、翼德枪、流星锤等技艺,更是雄健舒畅、沉稳老练,颇有大家风范。并学会了步战、车战、马战、水战、夜战、抛飞蝗石、紧背花装弩、飞檐走壁、江湖春点等走镖坐镖本领,与成年镖师的功夫不相上下,受到镖师们的喜爱和赞赏。一般镖师,已远远不是他的对手。

光绪十三年(1887),春节期间,定兴县县官来张祖庄采风,被李呈章的功夫所倾倒,把他引荐给县城内某黄带子府第,负责看家护院并兼任武术教师。一年后,某黄带子府第被朝廷抄家,李呈章听见有人说自己为骗子看家护院的话后,羞愧难当、悔恨莫及。于是回到永盛镖局,大门不出二门不迈,埋头苦练武功。这期间,祖父李铁珊好友涞水人宋老梁投奔永盛镖局避难,传授了李呈章不少武功技艺和数种医术及接骨丹等药物的配制方法。

这一时期,李呈章以其悟性精准地掌握了华夏武学的主要知识、根本技能,同时以其淳朴的天资受到了以"忠孝仁义、慷慨悲歌"为灵魂的燕赵侠义文化的熏陶和教育,为其成长为燕赵武林中的一代大师奠定了坚实的武学基础和深厚的文化基础。

光绪十五年(1889),祖父李铁珊去世后,李呈章受谦祥益绸缎庄掌柜邀请、受谦益镖局总镖头李良栋指派,带领十几人抵达苏州,设立谦益镖局苏州分号,担任大镖头。在苏州保镖10年之中,走镖无数次,每遇险情,均能以自己高超武功、过人胆识、江湖经验克敌制胜、化险为夷,无一失手;坐镖时震慑、驱赶、捉拿盗贼、飞贼无数,成为贼寇的天敌,令之闻风丧胆,维护了谦祥益绸缎庄等商家的利益,受到了当地众多著名商号的赞誉。同时,李呈章并未与贼寇结下多少恩怨,因为每逢贼寇被他捕捉,造成跌伤摔伤时,都赠给他们自制的灵丹妙药接骨丹,有时还给予他们钱物,接济、感化和教育他们。期间,李呈章结识了锦源镖局蔡桂勤、昌隆镖局左秉信、续仁政等武师,交流技艺,结下友谊。

光绪二十六年(1900),秋末,李星阶去奉天。因时局动荡,包括谦祥益在内的各买卖店铺暂停营业,李良栋亦担忧李呈章和其他镖师的安全。于是,李呈章被李良栋召回,结束了在苏州的保镖生涯,进而担任郑州永盛镖局总镖头6年。光绪二十七年(1901)春,得知李存义从山西返乡的喜讯,李呈章终于在数次失之交臂之后拜师于李存义门下,得以系统习练形意拳,并获得突飞猛进的效果。这期间,李呈章率队保镖的足迹遍及直隶、山东、河南、山西、顺天府、奉天府诸多地域。

宣统三年(1911),李呈章赤胆忠心,追随师傅李存义,筹备成立中华武士会。

1912年,李呈章被聘为中华武士会教习,悉心传授学员形意拳械。

同年,李呈章参加中华武士会英雄大会,做了精彩的地躺刀表演,颇受好评。

1913年,李呈章受李存义之命,与尚云祥、刘殿琛等人组建并维持梁启超倡议成立的中华尚武学社。与四民国术社耿继善、邓云峰、北平体育研究社许禹生、北平国术体育社胡子高、会友镖局于鉴、李尧臣、著名拳师孙禄堂等人常相往来。

同年，李呈章遵恩师李存义之命受聘于天津李善人家，担任武术教师，尽心传授李善人家人武艺。使用最拿手的捉贼绝技，先后抓住盗贼数名，受到李家的褒奖。

1918年，随李存义、李星阶等人至北京中山公园参加万国赛武大会，李呈章做了精彩的拦门枪表演。赛武取得圆满成功。

同年12月，在李星阶的筹备、指导下，由李呈章负责的中华武士会第二分部成立，举行开幕式，武士会学员、北洋大学学生做了武术表演。李呈章、李子扬兄弟表演了十二洪捶、三合刀对练、五行枪等武技。表演中，手捷快、眼明锐、身灵活、步稳固、精充沛、气下沉、力顺达、功纯青，诸击妙法，以形喻势，深得行家赞誉。

1921年，旧历二月二十八日，恩师李存义于深州南小营家中辞世。李呈章与李星阶、阎子阳等精心安排在武士会设置灵堂，举行隆重的祭祀活动。

1926年，秋，李景林败走天津，天津陷入军阀混战的局面，中华武士会再次沦为驻军之区，进入有史以来最困难的时期。作为第二分部的总教习，李呈章克服困难，接受转移过来的学员，竭力为武士会分忧。

1928年11月18日，中华武术研究社举行第二次国术观摩会。李呈章应邀率领中华武士会第二分部全体学员到会演武助兴，并亲自演练拳术、剑术，各界来宾啧啧称赞，叹为绝技。

1928年，中华武士会解体后，李呈章接受了部分甘愿到任的教习，继续坚持着中华武士会第二分部的事业，依然一丝不苟地传授形意，呕心沥血地教导学员。

中央国术馆成立后,各省政府闻风而起。1928年12月23日,河北省国术馆在南开中学校礼堂召开成立大会。李呈章二弟李星阶被公推为河北省国术馆教育科主任(教务处长),主持河北省国术馆日常教育教学诸事务。李呈章率领中华武士会第二分部全体学员到会助兴。

1930年9月的一天,秋风萧瑟,暮雨潇潇。李呈章终因操劳过度,在一次秉烛研究讲义时,突然晕厥。三弟李子扬、长子李春海及弟子数人连夜送他回张祖庄老家,到家后未留一言,永辞人世,享年59岁。

(郭文永撰文)

形意拳名家马玉堂

马玉堂

马玉堂(1872—1959),字子重,河北省安平县子文镇人。光绪二十九年(1903),马玉堂来到河北省新城县,巧遇同乡孙万顺,两人商议在新城县北关开了一家饭馆,取名万聚馆。自这以后便定居新城县北关。马玉堂一边做生意,一边继续练武。他生性耿直,待人忠厚,在河北安平、定兴、新城一带名声很大,绰号"钻天猴"。此时偶遇李魁元的得意门生孙禄堂,两人结为金兰之好。孙将马介绍给李存义,并投帖于李存义,成为正式门生。后与李存义得意门生尚云祥结为金兰。从此马玉堂、尚云祥、孙禄堂结为三兄弟。在李存义及几位师兄弟的传授下,马玉堂很快掌握了形意拳的精华与要领。在这以后,师兄弟送他"钻天猴"绰号。1912年,李存义在天津开办武士会,并举行了全国国术表演赛,马玉堂在比赛中,其形意拳得到在场同人的一致好评,并荣获了这次比赛的"优胜奖"。在以后的年月里,马先生广收门徒,一心放在形意拳的普及推广上面,谆谆告诫弟子刻苦练习,千万不要练成"花架子",提倡艺德并重,培养出高振东、朱国福等高徒。

(辑自马元基文)

与定兴三李相伯仲的王子翔

王子翔

中华武术源远流长,承载着中华民族千年的智慧与勇气,特别是在乱世风云中,更加彰显出中华儿女的豪迈情怀。1912年中华武士会的成立,为中华习武人提供了一个施展身手的舞台,涌现出一大批杰出的武林人物,形意拳家王子翔就是其中的一员。

少年习武

王子翔(1873—1936),名凤龄,河北省文安县新镇镇北舍兴村人,形意大师李存义入室弟子。北舍兴村坐落在大清河畔,当时的大清河西接白洋淀,东连海河入天津,是保定、郑州等地通往天津的水路要道,商船往来,十分繁华。少年时的王子翙就生活在大清河边,以打鱼为生。

少年时期的王子翙天资聪慧,不爱读书却爱舞枪弄棒,对武术极具天分,后来村里组织少林会,从兴隆宫镇大龙华村请了一位姓李的少林拳师傅,王子翙就跟着一起练习少林拳,很快在新镇一带就小有名气,尤其是他的龙行双刀深受大家喜爱,经常到各村表演。

拜师李存义

光绪二十八年(1902),一次意外的纠纷改变了王子翙的一生,让当时已经30岁的王子翙机缘巧合拜入名震江湖的单刀李存义门下。当时形意大师李存义在保定、郑州一带开镖局,镖船经常往来于天津、保定。一次,镖船经过北舍兴村时,不小心碰坏了王子翙的渔网,双方发生争执。王子翙仗着年轻气盛,又有一身好武艺,与船上的镖师动起手来,却不是人家的对手,跑回家取双刀欲与镖师拼命,被押镖的师傅(今村中老人记得镖师名字叫白龙江,后经核实应为定兴李子扬)拦下。镖师爱其才,劝王子翙和自己一同去镖局谋生,王子翙在征得家人同意后,随镖船入镖局,拜在李存义门下成为入室弟子。

由于他本身有很深的少林功底,学起形意拳来得心应手,能深得形意精义,尤其擅长四门龙形双刀、虎头钩、盘龙枪、安身炮、龙形掌、八字功,很快在众多师兄弟里脱颖而出,"与李彬堂、定兴三李相伯仲"(杨明漪语)。王子翙对拳械的理悟异于常人,孙禄堂先生说他"殆具宿慧""耳入心通",杨明漪先生说"子翙之拳械,殆若天授,经其目,无不抱其精华,弃其糟粕,以为己有"。

执教武士会

入李存义门下后，王子翙除刻苦学艺外，也参加镖局的一些活动，曾到雄县张青口富人家护院。1912年天津中华武士会成立，王子翙随师入武士会，协助李存义襄理会务并教授学员。1917年李星阶接任武士会会长，王子翙继续协助管理会务，并与阎子阳、杨明漪、韩怡庵、黄健亭等人成为中华武士会的骨干。

在武士会期间，王子翙传授武艺于众人，在天津有很多人都跟他学过拳械。据文安县通臂拳师张宗华介绍，他的师爷原天津第49国术社教员王克昌就曾学艺于王子翙。王子翙在教授会员的同时，也接受外聘教拳。1916年，朱家宝（字经田）任直隶省长，聘请王子翙教授自己的两个儿子拳术，自己也从学于王子翙，同时学拳的还有军务厅长刘锡钧。北舍兴村曾保留一张王子翙教授朱家两公子的剑照，可惜在"文革"中烧毁。关于这件事，北舍兴村还有一句口头语"好活赶不上好行市"，这话出自形意拳大师尚云祥之口。当时朱家宝到武士会挑选教师，候选人中有王子翙和尚云祥，但尚云祥身材矮，形象不太好，所以朱家宝就选中了王子翙，当时尚云祥就开玩笑地说了这句话。

家乡授艺

中华武士会后期，王子翙返回家乡。先在文安苏桥下武各庄村授徒，传孙永田、李荣（宗）西等人。孙永田在天津又受孙禄堂前辈指点，后去大连教拳。一段时间后，王子翙回北舍兴村，在本村传拳授艺直至去世。传人有宁永利、宁保善、朱德甫、阎忠旗、宁德善、王宗德、王宗瑞、宁保真、宁保民、宁保忠、程文发、程长德，还有其子王宗琦、王华南等人。弟子宁保善后去鹤岗教拳。形意拳由此在北舍兴村传播开来。

北舍兴的形意拳

形意拳在北舍兴的传播，使得北舍兴村成了远近知名的拳窝子，几乎人人都会比划两下。1942年，王化南在本村组建华南中学，又邀请原中央国术馆武当门长高振东、李子扬之子李春芳、形意高手秦向臣来北舍兴教拳，使得北舍兴村的形意拳更加兴盛。北舍兴的形意拳，拳架舒展，动作古朴简练，保持了李存义传拳架的特点。王子翙从武士会回来时，曾带回很多武士会印刷的拳谱和珍贵的照片，这些宝贵的资料后来大多在"文革"浩劫中烧毁了，为我们研究那段历史留下了深深的遗憾。

王子翙弟子中最小的是阎忠旗（笔者师爷），他后来又得师兄高振东指点，拳法兼具两家之长，在本村和保定传人众多。20世纪50年代后，任保定武术协会委员、常委和辅导站站长，经常受聘到河北大学、河北师专等校授课，弟子有数千名之多，被国家评为武术优秀辅导员。

阎忠旗的传人有保定王玉生、周恩平、王光明、吕鸣捷和本村宁小乐、宁志义等人，形意拳就这样在文安北舍兴村扎了根，至今兴盛不衰。

（王向东、张海滨文撰文。原题《民国形意拳家王子翙》，见《天津记忆》第113期《中华武士会百年纪念集》，2012年）

乔锦堂及其武术生涯

乔锦堂

在近代中国武术史上,曾出现过一位流星般的人物,就是"云中雁"乔锦堂。据金恩忠《国术名人录》记载,乔锦堂早年习练各路拳械,很看不起内家的形意拳。后来在比武中,其各路拳械均为形意所败,从此才改弦更张练形意。乔锦堂师从形意拳第二代传人车毅斋学艺,清末民初闯荡江湖,因轻功甚好,故有"云中雁"之誉。在为武术史留下几段掌故后,因家事缠身和精神疾患,作为武术家的乔锦堂逐渐淡出江湖。乔锦堂中年以后住在天津,常去中华武士会交流,并多次同李星阶对练较艺。虽然从现有的文献上,我们并未找到乔在中华武士会任事或参加正式活动的记载,但两者之间交往密切,当是毫无疑义的。

笔者因为工作的关系,曾深入调查过天津市文物保护单位乔铁汉旧居,并与乔铁汉的儿子和侄女等人取得联系,结果发现所谓"乔铁汉旧居",其最初的主人应该是乔铁汉之父乔映霞,他也就是近代武术史上风云一时的乔锦堂。

乔锦堂的早年经历

乔锦堂(1875—1956)本名映霞,锦堂是他的字。他是山西祁县著名晋商乔致庸之孙。其父乔景仪是的致庸的次子。乔锦堂早年过继给景仪长兄景岱,因此算是长门长孙。

乔致庸在世时,十分注重接班人的培养。他对儿子逐个进行了分析,感到都不十分理想。最后选来选去,把眼光落到长孙锦堂身上。光绪三十一年(1905)乔致庸去世,乔锦堂成为乔氏家族的掌家者。乔锦堂幼年起接受私塾教育。少年时,正值戊戌维新运动风起云涌,因此对康有为、梁启超十分崇拜。他对西洋文明也非常倾慕,是祁县第一个穿西装的人。民国前后,他拥护孙中山领导的资产阶级民主革命,加入了同盟会。乔锦堂积极倡导兴办教育,改革陋习,在祁县乔家堡创办私塾一所、小学堂一所,并亲自带人毁掉村里的神像,将庙宇改作学堂。乔锦堂还带头破除迷信,剪掉辫子,提倡放足。

乔锦堂接掌家族事务后,像其祖父一样,治家严肃,力戒游情。锦堂兄弟辈共十一人,结婚后均各立门户,锦堂为其分别起了斋名:不泥古斋、不拘今斋、昨非今是斋、自强不息斋、退思补过斋、一日三省斋、不得不勉斋、知不足斋、日新斋、时化斋、习勤斋等。从这些名称中,我们不难看出乔锦堂对弟弟们的勉励和期望。

乔锦堂自幼习武,因此身上带有几分豪侠之气,行事有时难免带有激进色彩。1913年农历五月十三日,祁县城内赶庙会,他拉着狼狗,见人就剪辫子。祁县九汲村的段步洋、赵富贵、范有元进城赶会,不巧碰上乔锦堂,吓得躲在商号栏柜底下,但最后还是被拉出来将辫子剪掉。乔锦堂迁居天津,虽然很大程度上是生意因素,但直接导致他在津常住的,则是一桩命案。

1913年,参加同盟会的乔锦堂被选为祁县第三区区长,并任禁烟委员会主任委员。他不遗余力地禁种鸦片,遭到种植者的极力反对。1914年春,乔锦堂率人在永安村地区铲除烟苗,不少靠此为生的村民聚集起来,持锹执锄进行反抗。乔锦堂掏出毛瑟枪对空鸣放,本来是想威吓一下村民,不想枪支走火误致一人死亡(一说受伤)。案子涉讼后,乔家送祁县知事冯延铸三千两银子,又给了丧主一大笔钱,还有一名义仆愿出头代主受刑,事情本来到此已和解,不想突然生了变故。同年,袁世凯的亲信金永调任山西省内务司长,不久升为巡按使。他大力打击进步势力,强迫停办新式学校,提倡男子留辫子、女子缠足等。祁县、太谷、平遥、介休一带练武术的青年,被他以所谓"鸡血党"名义杀死不少。家有钱财、倾向进步且有命案的乔锦堂,自然不会被金永放过。他饬令冯延铸,迅速解乔锦堂到太原就审,拟借此敲诈乔家。冯延铸恐累及自身,使其贪墨劣迹败露,遂向乔家私索重金,暗中将乔锦堂放跑。乔锦堂遂躲到天津避祸。1916年袁世凯病死，金永离开山西，乔锦堂才敢返回祁县。约1917年前后，乔锦堂正式移居天津法租界。

乔锦堂家族与天津

乔家与天津发生联系，最初是生意扩张的原因，后来乔锦堂为避人命官司，干脆长住天津，再后，不少乔氏子弟来天津求学，乔氏族人渐有迁居天津者。抗日战争全面爆发后，乔家绝大部分人1939年前后迁居平津。

光绪十年(1884)，乔家的大德通票号在天津设立分号；光绪十三年(1887)，乔家的另一票号大德恒也在天津设立分号。据1927年甘眠羊编《新天津指南》等记载，大德通票庄最初设在老城北门里，后来迁往法租界二十五号路(今辽宁路)忠厚里，最后又移到法租界三十二号路(今赤峰道)——即所谓乔铁汉旧居处。在洋楼出生的乔氏后人回忆说，20世纪40年代，二楼居住着乔锦堂及其两个儿子，一楼就是大德通票号。另据记载，20世纪30年代，大德恒也在法租界三十二号路办公，门牌是61号。

乔铁汉旧居位于今赤峰道70号。该房建于1917年，由乔锦堂请法国工程师设计，其设计图如今完好地保存了下来。乔锦堂在这里生活了三十多年，1948年底迁往上海。1949年上海解放后不久，乔锦堂和及其次子乔铁民又迁回天津。1950年底，乔家最后卖掉房产搬到北京。

除了乔家洋楼，乔氏家族还在天津树德里、忠厚里、连璧里生活过，不过具体时间和详情都难于考证了。

树德里在今哈尔滨道（新华路与山东路之间），1919年由秦尔昌建房成巷，1982年更今名尊德里，为砖木结构两层楼房。乔家所住为四楼四底，即今尊德里1号。天津著名的相声世家常氏，后来也曾在这里居住。

忠厚里在法租界二十五号路，今辽宁路东段南侧，现名尊贤里。1912年由日本正金银行华人经理魏进臣、魏信臣兄弟和大生银行合资建房成巷，1982年更今名。1937年《天津电话号簿》记载，大德通曾在此办理业务。在临街门楼上，被铲除的"忠厚里"三字仍模糊可辨。

连璧里在今承德道和山东路交口。1923年由张连璧建房成巷，并以其名命名。这里现名连璧里，已失去命名本意。该房为砖木结构两层楼房，带地下室，已列入天津市历史风貌建筑予以保护。乔铁民工商附中毕业时，在同学录最后附的学生住址栏里曾填写"法租界三十四号路连璧里5号"。法租界三十四号路原名佩丹路，即今承德道的花园路至河北路一段。据张连璧的孙子张勇介绍，乔家居住的5号就是今日的连璧里2号。另据乔映霞堂弟乔映辉之子乔佖回忆，他小时曾随父亲住在当时的连璧里4号。

除了大量购置房产，乔家还把天津当成了子弟接受新式教育的重要基地。主持家务的乔映霞迁居天津后，将在中堂"人字辈"的人大量接到天津，送到名校接受中高等教育，其中就包括天津著名的南开中学和南开大学。乔映霞的两个儿子铁汉、铁民，都就读于南开中学。

乔锦堂之坎坷婚姻

乔锦堂掌家的最初几年间，乔家的事业有了进一步发展，商号、银号的分号数量续有增加。但随着清末和民国战乱频仍，社会动荡不安，乔家的生意也度过了极盛时期，开始走向下坡。迁居天津后，作为乔氏家族的掌家人，乔锦堂有了充分的时间来打理家族的事业。以乔锦堂的雄才大略，本来是可以在生意场上纵横捭阖，在祖父基础上更上层楼，将家业进一步做大做强的。可惜的是，连年的军阀混战，却使得他显得生不逢时，多数时间只能在动荡的社会现实中左遮右挡，苦苦支撑。但即使是这"支撑"，没有雄厚的财力和过人的才智，也是无法完成的。满腹才学却难于施展，现实注定了乔锦堂一生的悲剧色彩。然而不尽如人意的是，乔锦堂的婚姻生活也颇为坎坷。

乔锦堂严格恪守不纳妾祖训。他20岁前后，迎娶祁县东观镇程氏。可惜红颜薄命，程氏因难产母子俱亡。约光绪二十四年（1898），续娶太谷县杨氏，是太谷名士杨次山胞妹。她知书答礼，颇得乔家人欢心。夫妻两个也琴瑟和谐。光绪二十九年（1903），杨氏得一子，取名乔健，字铁汉。杨氏因产后生病，不久去世，大约还不到三十岁。乔锦堂失去爱妻，痛不欲生，发誓不再续娶。乔锦堂在思念中度过了十多年单身生活。然而一次偶然邂逅，却改变了他的后半生。

1917年，乔锦堂正在天津寓居，偶患小恙住进医院。病房有个实习护士，名叫刘菊秀，与乔锦堂一见钟情，两人陷入情网。刘是天津人，早年就读天津中西女中，后肄业于北京协和医专，当时刚二十岁出头。乔刘的婚恋，遭到刘父坚决反对，乔锦堂也曾以年龄悬殊固辞。但刘菊秀最终说服父母,1918年初与乔锦堂结婚。婚后两人回到山西,当年10月生下一子,取名亿,字铁民。两人的婚姻维持了大约不到三年时间,就宣告解体。据说主要是个性不合,时常发生口角,夫妻间裂痕愈来愈深,最后只好分手。离婚事件对乔锦堂刺激很大,于1921年精神失常,并一度跳楼自杀,致使髁骨断裂。乔锦堂因自小习武,身体强健,跳楼后恢复得不错,虽然脚部微跛,但外人不细心很难看出来。

身体的创伤虽然愈合较好,但精神的打击却一直困扰着乔锦堂后半生。他常年在天津、北京、祁县三处往返休养,直到1956年9月28日在北京病逝。曾有乔锦堂死于天津的说法,这已被乔氏后人证实是错误的。

作为武术家的乔锦堂

乔锦堂是形意拳第三代传人,师傅是车毅斋。车永宏,字毅斋,排行第二,故人称"车二师傅"。他世居山西太谷,因家境贫寒,受雇于太谷巨富武家,赶轿车。时李老能在武家当护院武师,教武家少爷练武术,车二师傅遂抽空偷学起来。此事后被李老能发现,见他是个好料,就正式收他为徒。车永宏得到师傅精心指点,武艺不断精进,名声也越来越响,被太谷王家四隆堂、曹家三多堂及祁县乔家在中堂等巨富,重金聘为武术教师兼护院,轮流住在各家。

乔家是山西巨富之首,与北京政界人物交往很多。据车毅斋的墓碑志等资料记载,醇亲王载沣(末代皇帝溥仪之父),与乔致庸交情甚厚。他听说车永宏武艺高超,便通过乔致庸约车来京。车永宏到北京醇亲王府时，载沣已请来八旗武术教头，要与车比武。那武术教头一点也不客气，连连攻击车的要穴，车连连后退巧妙化解。退来退去，后面遇到一尺高的门槛，教头猛攻一拳，想把车永宏隔门打出，只见车闪身出招，迅如雷电，将教头打出一丈开外。载沣喜爱车永宏武功高强，非但没有责怪，还上奏光绪皇帝恩准，赐车永宏花翎五品军功。

车永宏多年受雇于乔家，主要负责传授子弟武艺，乔锦堂由此成为车的弟子。在武林界，曾有云中雁乔锦堂用形意拳"驼形"绝技击毙多次到乔家堡寻衅的癞头鼋（一作癞头龟）马梦蛟，然后逃到天津避祸的说法。《国术名人录》及姜容樵《武侠奇人传》(1930年)，对此均有演绎。但从时间上推测，这桩"命案"很可能是从铲除烟苗一事演化而来的。

1914年春，也就是乔锦堂逃居天津的那一年，已八十多岁的车永宏到天津游历，其下榻之处就是乔家在天津的商号。当时有个日本剑术国手正好在津，闻听车永宏大名，就通过乔锦堂介绍，说要切磋剑术。日本剑术高手岁在壮年，一见面就侃侃而谈；年已八十余岁的车永宏，少言寡语唯唯点头，表示赞同对方"高论"。日人以为车永宏畏惧，轻蔑地说："听说你是中国武术名家，我愿与你较量剑术。"车说："行。"比武开始后，车永宏常人一样把剑而立，日人则持剑向车猛刺，可没过三招儿，日人的剑就被击中，脱手飞出数丈。日本剑术国手自愧不如，表示愿拜车为师，并欲重金聘车赴日本传艺，被婉言谢绝。乔锦堂等在场的京津绅士问车为何拒绝，车说："中国绝技，岂可传之外夷！"

武学大家孙禄堂在其《拳意述真》中，对乔锦堂武功有过评价："（车永宏）自得道后，视富贵如浮云，隐居田间，教授门徒甚多，能发明其道者,山西祁县乔锦堂先生为最。"认为车永宏的徒子徒孙中,乔锦堂最能"发明其道",可知其武功确实不低。

据乔锦堂孙女乔燕和回忆,其祖父晚年虽然精神上不太好,但因自少年起即坚持习武,体格一直很棒,直到80多岁时还坚持压腿锻炼。

(王振良撰文。见《天津记忆》第113期《中华武士会百年纪念集》,2012年)

张鸿庆其人其事

张鸿庆(1875—1960)，曾用名张庚辰，天津宁河县潘庄镇人。年轻时曾到天津郊区的刘快庄向刘云济学习洪拳。形意拳师李存义来到刘快庄教拳，一些学习少林拳的青年人都向李存义学习形意拳。张鸿庆也改投在李存义门下。李存义到天津城里组织成立了中华武士会，张鸿庆也追随李存义来到天津城继续学习形意拳。期间李存义经常带张鸿庆走访当时京津一带的武术界名师高人。在李存义的调教下，张鸿庆功夫长进很快，在津城也是小有名气。当时李存义的师弟张占魁也器重张鸿庆，就对张鸿庆说："你给我递个帖子，我也收你为徒吧。"就这样张鸿庆也成了张占魁门下弟子。

1921年，张鸿庆应邀到天津河北区陈家沟子的天津第23国术馆任教。几年后该馆因故撤销，张鸿庆就借用了武友张树元大车店的三间房子自己出面办了一个国术馆，自任教官和馆长。刚开始学员不是很多，后来有一津门富户子弟张恩贵伙同几名弟兄来到武馆，指名要与张先生比武较技，扬言张鸿庆如被打败，要立马关门走人。结果张恩贵只是两三下就被张鸿庆放倒。张恩贵不服,又战又败,最后服了,提出要拜师学艺,张鸿庆当时没有答应。后来张恩贵多次托人说情,这才允其入门。后来张恩贵在张鸿庆调教下,功夫长进很快,人也规矩多了。1933年,张恩贵曾经代表天津参加了浙江省政府在杭州举办的"国术游艺大会",取得了优异成绩,并被大会奖励一把刻有"蒋中正"字样的龙泉宝剑。张恩贵一生追随张鸿庆,直到晚年还常常感怀先生当年的教诲之恩。张恩贵于2005年5月7日去世,终年97岁。

张鸿庆虽然也给张占魁递过帖,但据张鸿庆的传人讲,他练的形意拳基本是李存义的东西。张鸿庆继承了李存义晚年所传形意拳练法,并在练法上有一些独特的东西。据说张鸿庆的丹田功已练得炉火纯青。一次天津武术界组织表演,各门人表演了各种拳脚功夫,而张鸿庆上台练了一趟他所说的"笨功夫",就是脱去上衣,露出肚皮,让随他上台的一个徒弟用三节棍抡起来照着自己的肚子狠劲抽打。打完后又请台下的观众上台任意用拳脚和三节棍踢打腹部,当时引起台下观众热烈鼓掌、赞扬。张鸿庆在天津出了名,后来到他的武馆练拳的人越来越多了,一直到20世纪50年代初他才返回老家宁河潘庄镇。得到张鸿庆丹田功传授者,以他后来的弟子宁河县丰台镇的褚广发为佳。

从20世纪20年代到中华人民共和国成立,张鸿庆主要生活在天津城里,以办武馆授徒为业。期间也经常回宁河老家料理家务。张鸿庆一生乐善好施,愿意帮助人,口碑极好。他的功夫真的很神奇,据张鸿庆的传人张国才讲,他父亲张树春年轻时得了肺痨病(肺结核),家里为了给他治病弄得倾家荡产,病也没有治好,最后只有躺在家里等死了。这时从天津回家来的张鸿庆来到张家说:

"病得这样,看来请大夫是治不好了,我看就跟我练练拳吧。"家里人说:"这孩子自己现在连吃饭的气力都没有了,练拳能练好他的病吗?"张鸿庆说:"练练看吧,反正不能就这样躺着等死。练练拳,也许能把他的病练好呢!"

说也奇怪,张树春跟张鸿庆练了一个星期拳,就可以吃饭了。又练了一个月拳,家里人发现他的精神头比从前好多了。张鸿庆当时让张树春练的是形意拳的劈拳,张鸿庆对张树春讲:"你的病生在肺上,我教你练这个劈拳,对调理你的呼吸和手太阴肺经有一定好处。只要认真坚持练,时间长了,你的病一定会有好转的。"张树春听张鸿庆的话,早晚按照先生教的劈拳要领坚持练功。一年以后,他的病竟然就这样练好了,饭能吃了,劲力也足了,也能和别的小伙子一样干农活了。再后来娶妻生子,才有了张国才这一支张家后人,这是后话了。

张树春得了要死的病,跟张鸿庆练了一年拳病就好了,这话在镇子上传开了,乡里不少人就开始跟张鸿庆练拳了。张鸿庆的教法是根据每个人的具体情况,给来练拳的人选定一套拳让他练,据说当年乡里先后有100多人跟张鸿庆练过拳。但由于这些人大都是家里穷,有了病无钱请医抓药,听说张先生的拳能治病,就跟先生练拳了。等病有了好转,为了生计他们就又出门打工干活去了,所以大多数人并没有长期坚持练下来。据张国才回忆,他父亲张树春病好以后,张鸿庆曾经问他:"你是就练这一套拳(指劈拳),还是继续深入往下练呀?"张树春说:"我不想多练,我觉得这个拳就挺好。"张鸿庆说:"那好吧,我就教你练这个拳吧,往后你就多下工夫,把形意拳的五行拳练好。"这样张鸿庆开始教张树春练五行拳,张鸿庆说形意拳的东西都在五行拳里,把五行拳练好了,其他的东西就好办了。他还说，练五行拳要靠二十四法，五行拳的每一个式子都要靠二十四法来反复校正，不弄懂二十四法，就练不好五行拳。后来张树春严格按照张先生的要求，用二十四法校正自己的拳路，功夫慢慢有了长进，并得到了张鸿庆的认可。张先生曾经对他的弟子们说过这样的话："张树春的拳练得好，功夫纯正，他练的五行拳二十四法一法不少。"当年张鸿庆在天津城里开武馆是收费的，但是先生在乡里教拳却是从来不收半分钱。村里乡亲只要来求他教拳，先生一般都是乐意传授。但是有一条，他反对学了拳用于打架斗殴。据老人们回忆，当年村里有一个叫二嘎子的小青年平时好打架，他见别人都跟张鸿庆学拳，他也来求先生教拳，因为先生知道他的坏毛病，所以就没答应他。后来这个二嘎子藏在先生教拳的院子柴垛里偷看先生教拳，被先生发现了，当场就把他轰走了。先生说我教你们练拳是让你们练好身体，好干活养家，不是让你们练拳长本事去打架惹事的。张国才说，由于先生教拳有方，当年他们几个小青年跟先生练了拳后，都感觉身体气力大增，那时虽然仅有十八九岁，可是每个人干起活来都能担起四五百斤重的担子，感觉力气非常足。

由于张鸿庆的无私传授，当年乡里很多人跟张鸿庆学拳受了益，所以乡里人都非常尊重先生，逢年过节很多人都到先生家里看望问候。虽然他们并没有什么礼物送给先生，可他们的一片乡情，先生很是领受。平时先生很爱吃家乡的小鱼小虾，一些小青年就常捉一些小鱼小虾孝敬先生。张鸿庆晚年失去老伴和唯一的儿子，加上女儿又远嫁他乡，精神上一度很受打击，先生晚年的生活全靠乡里乡亲和他的一些弟子们照料。张树春因为跟先生练拳练好了病，心里始终对先生怀着感恩之情。据张国才回忆，在他5岁时父亲就让他跟张鸿庆住在一起,为张鸿庆烧热炕、烧开水,夜间做伴儿,爷俩朝夕相处,培养了特殊的感情,也为他日后跟先生练拳打下了良好的基础。张国才说,他父亲对他们兄弟练拳非常重视,在他4岁时,父亲就强制性地要他练拳。后来在张鸿庆手把手的传授下,张国才开始走上练武之路。由于他跟张鸿庆的特殊关系,张国才说,在以后跟张鸿庆习武的14年中,他在同伴中是属于学得最认真,学得最深入的一个。

张国才说,张鸿庆在家乡传授的拳主要是形意拳。从拳架结构上看,张鸿庆传的形意拳与形意门北派别的分支没什么大的区别。只是张鸿庆强调拳要慢打慢练,练拳时他不主张快练用力。主张一个动作一个动作,要细心揣摩,按照拳经二十四法自己调整拳式。慢慢练到内三合外三合,内外合一,练出形意拳的整体劲。这个阶段最重要的是要做到身体内外要放松,不要用拙力,要做到去僵化滞,做到手脚腰身灵活稳重,呼吸自然顺畅。以上是张鸿庆传形意拳的一个特点。另外据张国才讲,张鸿庆在家乡传的形意拳中,有两个系列是别的形意拳流派中比较少见的。一个是形意连环系列,一个是形意龙形系列。形意连环系列以形意连环拳为基础框架,有了这个拳套基础,然后下边可以再练连环剑、连环刀、连环双钩、连环双戟、连环棍、连环大刀等器械套路。另一个系列是龙形系列。形意龙形系列也是先练一套拳作为基础。这套拳,张鸿庆传时称其为"龙形掌",有了这个龙形掌的基础,以后开始传授龙形剑、龙形刀、龙形双戟、龙形双钩、龙形枪等器械套路。这两个系列是形意门中很少有传授的。特别是那套龙形拳械系列套路,至今在社会上极少看见有人传授演练。据说这套龙形系列拳械是李存义老先生晚年在天津形意门传下的非常珍贵的东西,很值得我们后人学习、研究、传承。

由于时局变化，张鸿庆于20世纪50年代初关闭了在天津的国术馆，回到了宁河潘庄老家过上了隐居生活。后来天津城里也曾有人多次到乡里请他老人家回城里教拳，都被老人家谢绝了。晚年的张鸿庆足不出户，只在村里以教乡邻孩子习武为乐，安度晚年。1960年张鸿庆在老家潘庄过世，享年85岁。张鸿庆的后事是由他的徒弟张树春和先生的女儿共同操办的。

张鸿庆一生授徒很多，由于笔者所知有限，在这里仅可向读者提供如下传人：张树春、陈炳魁、褚广发、张恩贵、廉若增、张国才（张鸿庆之徒孙，但所学拳械是张鸿庆亲授）等。

(邵义会撰文。见《武魂》2012年第1期)

李存义的衣钵传人李星阶

李星阶

李星阶，名文亭，字星阶，生于光绪三年（1877）初冬，卒于 1945 年晚冬，河北省定兴县张祖庄村人。历任郑州永盛镖局镖师、郑州永盛镖局镖头、郑州永盛镖局总镖头、奉天常胜镖局大掌柜兼总镖头、天津中华武士会教习、顺宁府警备大队长、天津中华武士会教务主任兼总教习、天津中华武士会会长、河北省国术馆教育科主任（后改称教务处长）、浙江国术游艺大会监察委员、上海国术大会评判委员、第二届国术国考评判委员、定兴县抗日联庄自卫队队长等职。袁世凯复辟前夕，李星阶成功保护蔡锷潜回云南，并躬与其役，大显身手，为护国战争做出了重要贡献。李星阶以其高尚的人品、高超的武功书写了波澜壮阔、慷慨传奇的一生。李星阶与长兄李呈章、三弟李子扬被誉为"定兴三李""李氏三杰",而载誉武林,名扬神州。

　　光绪三年(1877)初冬的一天,朔风瑟瑟,瑞雪飘飘。李星阶诞生于河北省定兴县张祖庄一个武术世家。其祖父李铁珊凭盖世武功,在群雄逐鹿的郑州城击败了号称天下第一的武林豪强李恭而威震四海。其父李良栋身怀武林绝技,仁义慷慨,设永盛镖局于郑州,同时还担任著名商号谦祥益之谦益镖局的总镖头,与包括北京八大镖局在内的直隶、山东、山西、河南、奉天等各地镖局均有来往。与李存义、周明泰、杨家祯等人为刎颈交,授徒数百人,武朋商友遍及大江南北。

　　出身武林名门世家,李星阶从会走路那一刻起,就受到了系统、严格的武术训练和文化熏陶,加之他天资聪慧、筋骨健壮,12岁时他就练成扎实的基本功,掌握了长拳拳械所有功法几乎全部套路。他还学会了步战、车战、马战、水战、夜战、抛飞蝗石、紧背花装弩、飞檐走壁、江湖春点、训镖鸽镖犬等本领,与成年镖师的功夫不相上下,受到镖师们的喜爱和赞赏。于是,李良栋经常把李星阶带在身边走镖坐镖、闯荡江湖。经过6年精益求精的历练,李星阶以长拳为主的外家拳械功夫更加精进,均臻上乘。而他的射击技术,无论长枪、短枪,更是百发百中、奔逸绝尘。尤其作为镖师世家的传人,他更是掌握了走镖坐镖、经营镖局的各种本领,成为镖师中的翘楚。

　　光绪二十年(1894)年初,李星阶刚满18岁,便受"八大祥"之一谦祥益推荐,受饶阳绸缎庄李家引荐,到饶阳县衙为县太爷汪宝树保镖一年。19岁时,遵父命,李星阶回到永盛镖局担当总镖头,进一步积累了管理镖局的经验。期间,与尚云祥、郝海鹏、李子扬、李良忠、铁牛、黄柏年等人一起正式拜帖于义友镖局李存义门下,开始学内家形意拳。李存义早知李星阶是个练武奇才,见其钟情于形意拳,倍感欣慰,遂倾心传授其形意拳三体式、五行、十二形、形意器械等全部功夫。李星阶更是不负恩师厚望,在执掌永盛镖局之余,不分风雨寒暑,夙夜匪懈,精熟地掌握了形意拳械全部技艺,内外家功夫臻于炉火纯青之境。

光绪二十二年(1896),李星阶第一次率队走镖至奉天。之后数年内,又多次走镖到达奉天、营口、大连、八角台、长春、哈尔滨、卜奎城等地,萌生了在奉天创立镖局的想法,经父亲李良栋点头同意后,开始了认真规划和积极准备。

光绪二十六年(1900)6月,李星阶等弟子在李存义的带领下,参加了天津老龙头战役,挫败了侵略者的威风。是年秋,在腐败政府和八国联军的绞杀下,义和团运动失败。恩师李存义逃往山西避难。李星阶考虑到大家的安危和生存,把永盛镖局交由三弟李子扬暂时管理,率领郝海鹏、铁牛、李子恕、叶玺振、徐树桐等数十人至奉天府四平街创设了常胜镖局。李星阶深知经营镖局,特别是要在奉天这个地方完善此事业,不仅自身要有硬功夫,绿林还要有硬朋友,官场更要有硬关系,商界才能有大信誉,镖局才能长期立足生根,才能发展壮大。

在经营常胜镖局的11年间,李星阶秉承"以武安身、以信立足、以义结友、以智谋事、以礼行事、以仁济世、以孝持家、以忠报国"的人生理念和处事之道,广交各界朋友、办理诸商业务、延揽可用人才,镖局人数最多时曾经达到700余人。常胜镖局旗下分号、外柜、大车店几乎遍布东三省、直隶等多处商业发达之地。期间李星阶与同行业,如奉天大川久镖局胡奉三、奉天勇胜镖局邵长治、奉天天兴镖局佟存父子、大连永兴镖局卢连举、卜奎城双胜镖局祁树兴等人长期往来,互磋武艺,互相扶植,共同发展;与绿林界张作霖、杜立三、冯麟阁、张景惠、汤玉麟、金寿山等人明来暗去、常相过从;与商业界田子超、张紫云等人谈商务论安全,交情笃厚,并通过他们结识了政界上上下下不少官员。还结识了北镇武当剑大师宋唯一、赴奉传艺之蠡县徐兆熊、沧州之郭金镛、定兴之"燕赵大侠"尚汇川父子、饶阳之段落绪段落永兄弟等武林名家。

在李星阶执掌常胜镖局的 11 年内,有过无数次惊心动魄的经历,有史料记载和心口相传的,分别为"徒手击毙辽西小阎王""走镖山东飞身镇匪""日俄战争痛杀日寇""大闹白俄赌局"等。

宣统三年(1911)10 月末,李星阶遵恩师李存义之命,关停常胜镖局,返回关里,至天津,协助李存义、张兆东、李瑞东等人筹办中华武士会,以其高超的交际能力多次与张继、王法勤、顾德宝、叶云表、张恩绶等武士会的倡导者沟通,以其精湛的武功多次与莅津的国宪章、蒋杏园、李书文、梁文曾、司士铭、卢杰之等人交流,以其卓越的才干为中华武士会的创立做出了积极的贡献,成为中华武士会的骨干。1912 至 1914 年间,李星阶根据学员的特点,因材施教,悉心传授学员武艺,培养了胡子高、刘楚轩等一大批学员。

1912 年 9 月 8 日,中华武士会在天津中山公园成立。

同年 10 月 28 日,中华武士会在天津造币厂大院举行了全国秋季大会,时称"中华武林英雄会"。

1913 年,李星阶应"中华尚武学社"之邀,到北京传授武艺。途经东单体育场,见大批国人围观日本武士练剑,还有国人奴颜婢膝,发出赞叹之声。李星阶发出嘲笑声,日本武士递剑要求比武,李星阶一招一个,击败两名日本武士后,逍遥而逸。此事经北京老百姓相传,被当时遭袁世凯软禁于京的蔡锷将军听到了。他对李星阶的高超武功和大义凛然的爱国情怀欣赏有加,派自己的心腹寻找到了李星阶,并与之保持秘密联络。通过数次接触,两人英雄相惜,成为莫逆之交。期间,李星阶在蔡锷将军府结识了寓居北京的教育家唐尔铭(北洋政府教育司司长唐尔镛之弟)。

1914年,李星阶应唐尔铭之邀,经武士会同意,一路保护唐尔铭到顺宁府(云南凤庆县)走马上任县知事。李星阶被唐尔铭等人保荐为顺宁(凤庆)警备大队长。该地山路崎岖,汉苗杂处,盗贼充斥,人民生产生活时受骚扰破坏。李星阶到任后,凭借从事镖行多年积累的征服土匪盗贼的经验,摸清底码,设计方略,巧妙布置,调兵遣将,招降掩捕,仅用半年多的时间,就基本肃清了凤庆境内的盗贼和土匪。

1915年初秋,李星阶返回天津中华武士会继续执教,应邀与蔡锷、梁启超有过数次秘密接触。同年11月,在恩师李存义的授意下,深知其中艰险的李星阶艺高人胆大,先天下之忧而忧,接受了保护蔡锷潜回云南的光荣使命。李星阶和蔡锷乔装打扮,于恶网密布、杀机四伏的环境中,两人从天津出发,经日本、转上海、渡香港、跨河内、过蒙自、闯阿迷,一路惊心动魄,过关斩将,化险为夷,最后终于不负梁启超先生、蔡锷将军和李存义恩师的重托,于12月19日胜利到达昆明。随后,蔡锷、唐继尧、任可澄等人举起反袁大旗,发动了举世瞩目的护国战争。在护国战争几次战役中,军士们被李星阶奋不顾身、斩将夺旗的精神所感染,一时间士气大振,兵强将勇,势如破竹,屡战屡胜。于是,李星阶的大名在敌我双方的阵营中传播开来,成为双方心目中的战神。李星阶也因战功卓著,军职屡屡提升,被滇西警备司令部授予营长职务。

1917年9月,因教务主任兼总教习李彬堂病重,无法承担教务工作;加之李存义先生年纪高迈,中华武士会的发展面临困境。李存义经过深思熟虑,采光剖璞,决定召回弟子李星阶,接替李彬堂,担当武士会的教务。李星阶收到恩师亲笔书信,立即辞掉云南军中事务,马不停蹄赶回阔别两年的武士会。得知彬堂病重,更知恩师苦心,深知受命危难,义不容辞,于是李星阶接受恩师任命,答应接替李彬堂,承诺担任教务主任和总教习。李存义的决定、李星阶的任职,得到武士会成员和社会各界大多数人士的拥护。起初,也有不少不服气者,特别是一些高手明里暗里数次挑战,均败在李星阶手下。天津老站拳社一名叫王凤麟的拳师功夫上乘,少有败绩,自命不凡,被人挑唆后,投递名帖向李星阶约战。李星阶沉着应战,干净利索,把王凤麟三次打进同一个窟窿。经过数番较量,王凤麟等高手对新任总教习的态度变得心服口服,肃然起敬。李星阶的高超武功、高尚人格终于征服了武士会内外、京津各处、大江南北的各路不服者、挑战者、挑衅者、观望者,成为恩师李存义的左膀右臂,成长为武士会的领军人物。

1918年夏,天津博物院召开成立展览大会。应大会之邀,李星阶协助李存义,成功主办了这次盛会。

同年9月14日,北京召开万国赛武大会,俄国大力士康泰尔设擂比武,主办方函请北方武术家到京。李存义率武士会60余人参加,作为恩师助手、武士会总教习,李星阶是这次比武的组织者和筹备者。经过演武,武士会会员们的深厚武功慑服了康泰尔,使其主动将11块金牌主动献给中华武士会。会后,李存义对李星阶的能力极为信任,将武士会会长的担子正式交给了李星阶。李星阶成为中华武士会第二任会长。

同年9月,李星阶安排中华武士会第一分部续招学员。

同年11月,天津各中学普遍增添武术课,习练形意拳、剑术。李星阶受聘于直隶一中,兼任武术教师。

同年12月,在李星阶的谋划、筹备、指导下,由李呈章负责的中华武士会第二分部成立,举行开幕式,武士会学员、北洋大学学生做武术表演。

1920年,直隶实业厅、商品陈列所和天津博物院联合举办展览会,附设武术馆、游艺馆演习技艺。武术表演大会以中华武士会为主体,参加大会的还有北方数省数百位武术家。大会取得了极大成功。为此,三单位联合为中华武士会和李星阶等个人颁赠奖章。

这几次重要活动的圆满成功,都倾注了李星阶的非凡智慧和辛勤汗水;这几次重要活动,其影响均迅速波及全国。此后,李星阶的名望在武林界、教育界、商业界、军政界备受瞩目,成为享誉大江南北的一代名士。

同年,孙禄堂在执教、做客中华武士会期间,见李星阶之子,14岁的李敦素拳功扎实、天资极佳,并且深得其恩师国学家阎子阳的书画真传,喜爱之至,主动收之为入室弟子。自此,李敦素更加勤学苦练,融孙李两家拳技于一身,不数年便在武士会众多学员中脱颖而出,成为最年轻的武术教师。他先后在天津法政大学、北京中法大学任教,受到过教育家李石曾等人的提掖。抗日战争爆发后,李敦素不甘做亡国奴,抛却富贵利禄,与父亲李星阶回乡组织抗日队伍,坚持抗战,直至民族解放,具有高尚的民族气节。

1921年旧历二月二十八日,恩师李存义于故土深州南小营家中辞世。李星阶精心安排在武士会设置灵堂,举行隆重的祭祀活动。然后亲自星夜赶到深州,与李彬堂一起,披麻戴孝,送自己无限仰慕的恩师最后一程。

同年秋,李星阶的父亲、一代武林豪杰李良栋去世。

1922年10月,上海精武旅行游艺团陈公哲、罗啸傲、翁耀恒、连艳川等人莅津,在北方宣传中国武士道,提倡体操及国粹武术,中华武士会会长李星阶执教的直隶一中举行欢迎会。会上李星阶组织大家表演了功力拳、大雄拳、连环剑、少林拳、步捶,李星阶表演了龙形剑、三合剑,鼓掌之声,连续不断。精武会在演说中,首先提到"幽燕多壮士,声名天下闻,自古讲求武士道者多在北方",愿与北方同仁一起振衰起敝,恢复国光。李星阶随后作了极其精彩的演讲。中华武士会与上海精武团成员结下深厚友谊。

1925年,奉军将领李景林任直隶督办兼省长,武士会的会所被奉军军队占为营房。李星阶前往督办署与李景林进行交涉。因两人早有神交,一见倾心,比拳论剑,结为知己。后经常一起交流心得、分享技艺。李景林对李星阶的杰出才干十分赞赏,特聘为军中少校,每月发给李星阶120元大洋薪饷。而李星阶以武士会为家,分文未动,共计1000多元的饷银完全献给了武士会。

同年,李星阶参加了李景林牵头创办、由程海亭担任第一任会长的天津净业国技研究社成立仪式。

1926年秋,李景林败走天津,天津陷入军阀混战的局面,中华武士会再次沦为驻军之区,进入有史以来最困难的时期。李星阶殚精竭虑,奔走斡旋,尽最大努力减少兵痞们对武士会的破坏,尽量保证学员们能够如期学习。在李星阶的带领下,教习们矢志不渝,力行不辍。借助天津三条石天成铸造厂东家郭庆年、商家郭汉之、张天普等人捐助的银两,加之画家阎子阳捐款捐画,补充武士会的会务费用。作为一个生存在军阀混战大环境之中的民间团体,中华武士会的艰难处境、困苦局面,可想而知。作为当家人,李星阶每天承受了各种压力。然而,在重重困难面前,他曾经多次对广大教员、学员说过这样的话:"谁都可以哭,谁都可以逃,谁都可以倒下,唯独中华武士会不能哭、不能逃、不能倒。因为中国武术不能倒,中国人的精气神儿不能倒!"李星阶正是凭着顽强的意志、非凡的能力,以一种乐观超脱的处世精神,以一种担当民族大义的爱国精神,以一种不屈不挠、战无不胜的武士精神,带领大家,继续从事武术传道授艺工作,继续支撑着中华武士会的事业。

1928年,国民党内政部《提倡国术十要义》发布全国,中央国术馆成立。李星阶审时度势、识时通变,采取了开明态度,与中华武士会的骨干成员积极参加到中央国术馆的早期活动中。

1928年11月18日,中华武术研究社举行第二次国术观摩会。李星阶应邀到会并演练拳术、剑术,各界来宾啧啧称赞、叹为绝技。

1928年,中华武士会停办,河北省国术馆成立,李星阶被公推为河北省国术馆教育科科长(教务处长),主持河北省国术馆日常教育教学诸事务。

至此,李星阶终于没有辜负恩师李存义和各界同仁的期望,圆满完成了近10年的中华武士会会长之艰巨使命,继续在河北省国术馆发挥他的能量;至此,中华武士会虽然在形式上走完了她整整16年短暂的历史路程,但她"强国必先强种,强种必先强身""不武者不足以为国民"、"强国之道、体育为先"的国术救国、体育救国思想和发扬"中国固有之国术"的文化思想已经深入人心,成为广大中国军民强身健体、抵御外侮、振兴民族的不竭动力。

1929年1月15日,河北省国术馆在天津河北中山公园举行开馆仪式。在李星阶等人的充分准备下,开馆仪式举办得隆重而热烈。

是年,浙江省举办国术游艺大会,大会恭请李星阶南下担任监察委员。浙江省主席张静江尊其德、敬其才,赠李星阶龙泉宝剑一把。

是年夏秋之交,李星阶与河北省国术馆顾问、董事们为抵制马良,率众将河北省国术馆迁址到北平。

是年末,李星阶积极筹备、组织河北省国术馆成立一周年纪念大会。大会于12月23日胜利召开。期间,李星阶在百忙之中还参加了1929年12月19日至1930年1月5日张群、虞洽卿、杜月笙、张啸林等人发起的上海国术大赛,被聘为评判委员。

1931年,李星阶协助并主持成立保定市国术馆。馆长为郭云深弟子、形意拳名师刘纬祥。

1932年8月,河北省国术馆又迁回天津,落居中山公园,并设立演武场。原奉军将领许兰洲任馆长。河北省国术馆和李星阶的回归,受到了天津各界的热烈欢迎。教育厅长陈宝泉在15日的开幕大会上作演讲。大经路成为北方国术研修的重要基地。大刀训练一度成为国术馆的主项。

1933年,李星阶被聘为第二届国术国考评判委员会委员。

1934年,李星阶协助并主持成立定兴县国术馆。定兴县王村戳脚番子名师刘德福担任教务主任。

1937年初,李星阶收关宝洵、关宝纯两兄弟为(关门)弟子。

是年,日军发动七七事变,抗日战争全面爆发,河北省国术馆被迫停办。国难当头,匹夫有责。面对日寇的炮火,面对民族的灾难,年逾六旬的李星阶果断拒绝了京津各个方面的盛情邀请和优厚待遇，毅然决然地返回故里，与乡众谋自卫之术，率先成立了定兴县抗日联庄自卫队，并担任队长。这是一支自立自发的保家卫国队伍。在八年抗战中，李星阶率领自卫队，与其他抗日队伍密切配合，转战于家乡的山山水水、田野村庄，与敌人进行周旋，打响打胜了数十次战斗，消灭、牵制了大量敌人，给了日寇以有效的打击，为家乡的安宁、为中华民族的解放事业贡献了力量。

1945年6月，在制造了"北七惨案"后，日本部队完全撤出了定兴县。8月，日本投降。抗战胜利后，李星阶解散了自己率领的自卫队，重新奔走于京津保之间，继续传播形意拳术，直到他生命的最后一息。

是年12月1日，大雪漫天，玉树银花。叱咤风云半个多世纪的一代武林大师李星阶扶杖西去，无疾而终，享年69岁。

（郭文永撰文）

韩慕侠的武术人生

韩慕侠(1877—1947),原名韩金镛,出生在天津静海县大泊村一个贫苦农民家庭。是一位和霍元甲齐名的武术家。

转益多师 承前启后

韩慕侠自幼长得身高力大,五六岁便跟随他的外祖父学习迷踪拳,因此打下了良好的武术功底。十二三岁时,跟随父亲到天津东北角柴市去卖苇子,一个叫赵秃子的地痞想低价强买。韩慕侠怒不可遏,出手打了赵秃子。这件事被天津八大家之一——海张五(张锦文)家的管家兼镖师周斌义看在眼里、

韩慕侠

爱在心里，而最终让韩慕侠父子在海张五家做起了长工，并跟随周镖师练习八卦掌。

韩慕侠进海张五家不久，海张五因10亩盐田与邻县人称"浪里蛟"的一个李姓大盐商发生了矛盾。"浪里蛟"设下鸿门宴企图逼海张五就范。此时，韩慕侠迅速转到"浪里蛟"身后将其制服，并使其将两人亲自送了出来。此事使海张五对韩慕侠感谢不尽，将僧格林沁亲王赠与他的"僧王刀"转赠与他。

几年后，周镖师又把韩慕侠介绍给他的好友张占魁习武。张占魁是八卦掌宗师董海川的得意弟子，名震京津，有"闪电手"之称。跟随这样的名师学习，韩慕侠的技艺提高很快，不久就有了"玉面虎"的绰号。

韩慕侠在跟随张占魁学习八卦掌的同时，还跟随刘奇兰和郭云深弟子、素有"单刀李"之称的李存义学习形意拳。两位恩师去世后，为进一步提高自己的武术造诣，韩慕侠开始游历全国、遍访名师，并最终得到了形意拳家车毅斋、宋约斋、李广亭、武术名家戴拜陵后人及八卦掌家应文天的指点。

应天文，人称应侠。据说，他和董海川是师兄弟，是八卦掌的另一个代表人物。武术界有"北有董海，南有应天文"的说法。应天文不但将八卦绝技悉数传于韩金镛，且为其改名为韩慕侠，自此，韩慕侠之名逐渐为人所知。

就这样，韩慕侠经过其外祖父、周镖师、张占魁、李存义、车毅斋、宋约斋、李广亭、戴拜陵后人、应文天九位老师的指导，武术技艺已炉火纯青。其"八卦掌、八卦刀、八卦剑、八卦枪，皆甚精熟，为北方八卦门后起之一绝。"(《国术名人录》)

矢志武术救国 义务教授学生

在民国体育救国思潮的影响下，韩慕侠希望建立一所武备学堂，用形意拳来培养一支具有技击格斗技术的军队，以此来达到保家救国的目的。为实现此理想，他拒绝高官厚禄，甚至有意摔伤自己也不肯为封建帝制服务。

1911年，湖南巡抚杨文鼎招募武术专家，韩慕侠恰好遇到，报名参加并入选。杨文鼎欲聘其为侦探队长，然而韩慕侠"志不在此，尤不愿为虎作伥……决意辞却，北返津沽"。

袁世凯的长子袁克定曾跟随韩慕侠学习武术，袁世凯利用这一关系，一日在北平的办公室召见韩慕侠，希望他能到自己的御林军或讲武堂当讲习。韩慕侠深知这御林军和讲武堂是袁世凯恢复帝制的御用工具而没有答应。

20世纪30年代，天津沦陷后，韩慕侠一贫如洗。一天，一个亲日的军阀来到家中，以每月200大洋聘其为保镖。韩慕侠不从，这个军阀不甘心，又以天津警团教练所的名义请韩慕侠出山。韩慕侠无法躲避他们三番五次的劝说，而故意将自己的左手腕骨折断，并故意把断骨接歪。天津警团教练所最后只得把韩慕侠十五六岁的儿子韩少侠带走代父传艺了事。

与上述三件事相反，对于教授学生习武、训练军队反抗外敌入侵，韩慕侠表现得相当积极主动。韩慕侠特别强调形意拳的技击性，他认为，"武术一道尽于中国形意拳矣，始悟洗病夫之耻者斯术也，救中国于危亡者在乎此也，故侠敢云此拳用之于战争，能操最后五分钟之胜利"。在这种认识前提下，为实现国术救国、用形意拳训练军队的梦想，韩慕侠想建立一所武备学堂。该想法得到了其师张占魁、李存义的支持。他们共同上书当时的直隶总督陈夔龙,因成立武备学堂的条件并不成熟,最后仅成立了中华武士会。不久,由于意见分歧,韩慕侠转而成立武术馆(1919年改名武术专馆,黎元洪为之题写馆名)。

1915年,南开学校校董严范孙和校长张伯苓聘请韩慕侠为武术教员,教授南开学子学习武术。借此机会,韩慕侠广收门徒。南开学校的周恩来、于文志、梁镜尧、何树新、岳润东,北洋女师的刘清扬,直隶女师的乔咏菊、乔咏荷姐妹等人均跟随韩慕侠习武。

1919年,韩慕侠上《万言书》给当时的大总统冯国璋,恳请冯协助他开办武备学堂。然当时军阀纷争,冯国璋不久被徐世昌赶下台,韩慕侠的梦想未能实现。

1925年夏天,张学良来天津看望父亲的姨太太许氏而结识韩慕侠。韩慕侠尚武救国的志向得到了张学良的赞许。1927年,张学良成立了由1000名士兵组成的武术团,韩慕侠为团长。团部就设在南门外于家坟洪元里一号韩慕侠的家中,武术团的训练地点则在杨柳青。韩慕侠用形意枪法训练武术团,后来为更好地对抗日军的拼刺术而改练大刀,武术团也相应地改为了大刀队。可惜的是,由于军饷的供应无法满足,最后大刀队的训练不得不停止。

1947年10月,在清贫的生活中,一场痢疾夺去了韩慕侠的生命。其子女韩幼侠、韩小侠、韩少侠承继其武技,把韩慕侠的八卦掌、形意拳功夫传承了下来。

韩慕侠打败康泰尔考辨

依据目前的材料,关于谁打败俄国大力士康泰尔有三种不同的说法：

其一，1916年春，刘百川在上海静安寺打败康泰尔；

其二，1918年秋，王子平在北京中山公园打败康泰尔；

其三，1918年9月，韩慕侠在北京六国饭店打败康泰尔。

上述三种说法孰是孰非，至今并没有统一的意见。

关于打败康泰尔的材料，目前所见较早的有两则：一为1933年金恩忠在《国术名人录》里的记载；一为1936年《体育月刊》里的记载。两个材料均离康泰尔来华时间不远，结合后人的相关描述，本研究对打败康泰尔的情况推测如下。

（一）刘百川打败康泰尔存在可能

刘百川（1870—1964），安徽六安人。少年跟随家乡附近山上的老僧学习少林拳术，后跟随杨澄云学习罗汉拳和罗汉神打功，光绪十三年（1887）中武举，后开始走镖，有"江南一条腿"之称。曾任黄埔军校武术教官，北伐时任蒋介石保镖。1929年，万籁声从其学武。20世纪50年代定居杭州，1956年被选为浙江省武术协会副主席。

据刘百川的徒弟王志华、肖忠义、周云中等人回忆，1911年，刘百川进入上海精武体操会任武术教师。1916年春天，英籍俄国大力士康泰尔来到上海，在静安寺（英租界）设擂向中国人挑战。擂台上横写"天下无敌"，两旁写着"打着一拳赏大洋50元""足踢一脚赏大洋100元"。康泰尔的嚣张气焰引起国人的不满，上海武术界便推荐身在上海的刘百川前去迎战。刘百川沉着迎战，发挥腿法的优势最终打败了康泰尔。

康泰尔仅是一个大力士，有可能懂点拳击。这与讲究远踢、近打、贴身摔，综合运用多种进攻技术的中国武术没有可比性，更何况刘百川是中国武术的精英人物，他们打败康泰尔没有什么问题。

另外，中国"东亚病夫"的国际形象被许多不明真相的外国人所认可，康泰尔只是听说了神奇的中国功夫，并没有真正见识，所以他也有可能接受刘百川的挑战而一败涂地。

（二）韩慕侠在六国饭店肯定与康泰尔进行了"交流"

1918年9月，康泰尔在上海失败后，雄心不死，又经过天津来到北京继续设擂。1918年9月10日，康泰尔递送给天津中华武士会邀请函，曰：

世界第一大力士，俄国拳师康泰尔到中国一游。因中国武术沸腾世界，特定于本月十四、十五、十六三日，在北京中央公园五色土召开万国赛武大会，并备十一枚金牌，以奖优胜者。望中华武士会届时一较雌雄，以增美誉。

第二次万国赛武大会。俄国康泰尔

一九一八年九月十日

中华武士会接到邀请函后，为"与大康力士比武，为我国武术大放光明""此次赛武所得之款愿助捐得属兵灾，故勉尽义务以助诸君雅兴""与京师人士提倡国粹，振兴中华"三个目的，积极准备。据马杰回忆，其师傅韩慕侠告诉他到京城助阵的中华武士由李存义、张占魁带队，王俊臣、程海亭、李子扬、刘殿臣、秦月如、王亦韩、李星阶、张世广、阎道生及散居北京、山东的武士会武士、武林高手60余人到场助阵。

1918年9月11日，北京的《顺天时报》对该大会进行了报道：

中央公园万国赛武大会

(阳历九月十四日星期六、十五日星期日、十六日星期一)

环球大力士,第二次赛武大会

与赛者共有二十余人

本会预备小金牌十座大金牌一座

请看鹿死谁手

今康君由俄来华,历游沪、汉、津各埠,无不欢迎。前数日在第一舞台献技四天,所献各技均属空前绝后,警人视听。当康君在该舞台演技时,各国及中国武士之欲与较量者实繁有徒,康君以该舞台地方狭促,恐有性命危险之处,况未得各该国领事准许,未敢应允。

今康君鉴于欲与较量者之多,当即拍电约集各国大力士假座中央公园开万国赛武第二次大会,凡各国及中华人士之有力者,均定于此数日内到会与赛,诚世界武术之光明也。千载一时,幸勿交臂失之,当知二十世纪享世界无敌大力士之盛名者固属谁氏。

外请双石少林五虎各会加放广东烟火、新奇电影,并放大气球、文明新戏。

(每日下午一点开会,十二点散会,门票概售一元,日夜只许买一张票)

为防止意外的发生,要求赛武的双方要签订生死文书,内容无非是"双方死伤概不负责""打死勿论"之类。中华武术群英"约数百人",齐聚北京,康泰尔得知这么多人要跟他比试,两年前与刘百川比试失败的尴尬局面出现在眼前,他"自觉不敌",为避免"现丑遗羞","乃请步军统领李长泰,警察总监吴炳湘,出为帮助,撤销打死勿论字据",不敢赛武、比武,而改为演武——只准表演献技,而不得比武较技。当时警察总监吴炳湘的解释是:"中华武士到京与赛,热诚爱国志甚可嘉,但比赛武力势必不能相让,恐有生命之虞,故许改为演武。"

1918年9月13日晚,遭到比武拒绝的中华武士会成员韩慕侠、张占魁、李存义、王贵臣等人直奔康泰尔居住的东交民巷六国饭店,要求与康泰尔比试。康泰尔根本不是对手,而不得不将11枚金牌送给韩慕侠,并立下了如下字据:

兹有俄国大力士康泰尔,周游世界46国,献技比武,未遇敌手,执礼而归。路过中国,拟于北京中央公园五色土设擂较技,今与中国武士名师、特慧生慕侠交手,甘拜下风,谨将十一块金牌赠给韩先生慕侠惠存。口说无凭,特立字为证。

康泰尔(俄文签名)
韩慕侠(中文签名)
一九一八年九月十三日晚

1920年10月,天津名士郭登瀚用黄绫绸撰写文字,记录了韩慕侠打擂的过程,制作了精美的纪念插屏。其文字大致如下:

康泰尔者,俄国大力士也,力能屈钢断铁链。据报云:力胜一万四千磅,遍历欧美比武、角力无出其右者。戊午年夏来我国,售技于津沪间,每一献技,观者惊艳。是年秋,开万国赛武大会于北京中央公园,函约各国武士,并备小金牌十,大金牌一,以奖最后之胜利者。天津武士会武师之汇归也,得信后正复迟于时抵达,韩先生慕侠独毅然前往,八月初九晋京赴会,当被警厅劝阻,恐伤人命致起外交,先生托然叹曰:"生死何足惜,倘不一角,康泰尔携奖而归,直视我国无物矣。"乃经谒康于六国饭店,遇到后,略谈我国武术之精妙,康君栩栩然,有轻色,是备交臂作势。还未支撑格挡,而康君已扑矣。康君达人故而未再角,奖章全数让与先生。先生爱而献于天津武士会,作为永久纪念。可见先生之争,非为一己荣耀之争,实为天津武士会名誉之争,惠及我中华民国国粹之争也。戊午年冬十月,天津武士会以大奖章归先生旌有功也。

庚申冬十月天津郭登瀚拜记

1918年,韩慕侠尽管已经离开了中华武士会,但面对康泰尔的挑战毅然与中华武士会的成员一起参与了这一重大的武术事件,并最终在六国饭店打败康泰尔,为中国争得了荣誉。

(三)王子平打败康泰尔的证据不足

王子平(1881—1973),回族,河北沧州人。出生于武术世家,精查拳,有"神力千斤王"之称。曾任中央国术馆少林门门长。1960年,随周恩来总理访问缅甸,任武术团总教练。

民国时期,"北京政界虽腐败,而警政则殊不恶。警士对于人民,尚无外处恶习"。康泰尔在北京设擂时,王子平正在陆军部供职。他听说赛武改演武后十分气愤。为了教训不可一世的康泰尔,为中华民族争光。王子平制订了周密的迎战计划。1918年9月14日,王子平带领自己的学兵,早早来到北京中央公园,便服在演舞台前寻找机会。"康泰尔出,王君一跃登台,甫交手,康已掊(扑)地,时会场中呼噪哗声大作,康就地爬起,不知藏匿何许也?"因为,王子平触犯了比武亦为演武的有关规定,所以打败康泰尔后并没有留下姓名,而是离开北京,远遁他乡。

王子平打败康泰尔的这一记述与事隔不久、1918年9月18号《益世报》的记述不一致:该期的《益世报》记载,1918年9月14日,王俊臣、李剑秋及张远斋、韩慕侠"四人武技最精,被公推为角赛领袖。无奈,警厅以事关国际,极力调停,众武士仅登台献艺而散","散后,台上参观军人将该力士之号称万斤之大铁球随手举起,又将重称千斤之大铁链拆为数段。该力士见风头不顺,乃从后台私行逃去。……从此该大力上不敢再登台"。从这一较近的记述来看,1918年9月日的比赛现场,警厅极力维护会场的纪律,王俊臣、李剑秋、张远斋、韩慕侠等人根本没有办法上台与康泰尔比试。这样看来,王子平能上台比试的可能性亦不是很大。

另外,1918年9月14日,赛武已经改为演武.只能各自演练,而不能直接交手比试。况且有警察出面,王子平又大名鼎鼎,他们不会不认识他。为此,王子平"便服在演武台前寻找机会"的可能性也不会太大。

正是基于上述两个原因,本研究认为王子平在北京中央公园打败康泰尔的证据不足,只能存疑,留待后世新材料的发掘。

(四)康泰尔仅是一个江湖骗子

1918年9月14日,康泰尔在北京中山公园的表演器械全是假的。1918年9月18号,天津的《益世报》以《大力士之伎俩如此》为题进行了如下报道,其文为:

俄国大力士康尔泰(康泰尔)自恃其力,蔑中国武术。上星期六(14日)在中央公园开一万国武士角力大会,即有中国武士会会长张占魁、李存义率领武士数十人到场求赛。中有保定高等师范武术教员王俊臣、京西清华学校教员李剑秋及张远斋、韩慕侠四人武技最精,被公推为角赛领袖。无奈,警厅以事关国际,极力调停,众武士仅登台献艺而散。散后,台上参观军人将该力士之号称万斤之大铁球随手举起,又将重称千斤之大铁链拆为数段。该力士见风头不顺,乃从后台私行逃去。事后有人检查康大力士武器,始知大铁球不过百余斤轻量,并非所谓一万两千磅,其汽车铁轨乃系锡胎铁皮。所有铁链大约为离间铁质织微之化学药水所煮炼者。故两手略挚即断。沙袋内多系木屑,重量不过二十余斤。彼时观者如堵,莫不大笑。从此该大力士不敢再登台矣。

中华民国七年九月十八号

无独有偶,康泰尔表演造假,来到现场的吴鉴泉一开始就有怀疑。为验证自己的猜想,吴鉴泉让自己的学生、正在台上的北海黎总统卫队旅的一个学兵"试举之,不料一举即起,狂呼假的;而康泰尔闻之,即赤背遁去。旋查各器械,如哑铃则中空;沙袋则内实以木屑末;而铁轨则以木制,外包以铁色皮面。时观众大哗,群呼退票,兵士在台上者则掷弄其各运动器械,由上而下,势若弄丸"。

《益世报》的记述和吴鉴泉所见尽管在发现康泰尔的表演器材作假的时间上有所不同,但在康泰尔表演器材作假上是一致的。

前有刘百川的教训,加之自己心虚,康泰尔根本就不敢与中国武士比试。据一位目击者回忆:当时的警察厅宣布如果有人想与之比试,可先到警察厅办事处挂号,以便依次比赛。但当武式太极拳创始人吴鉴泉要求挂号时,他们以"并无此举,彼系外国人,吾等宜尽地主之谊,待之以礼,不可与较,请……在此参观捧场可也"为由拒绝了挂号。当时被拒绝的还有来自天津中华武士会的会员。

康泰尔是民国版典型的"康跑跑",每当他的骗术被揭穿、被打败时,他总是以跑了之。如王子平打败他后,康泰尔"就地爬起,不知藏匿何许(处)";康泰尔的骗术被当众揭穿时,他"见风头不顺,乃从后台私行逃去","即赤背遁去";而当韩慕侠在六国饭店打败康泰尔,第二天再登台时,康泰尔"见韩至,惊甚,假题而遁"(《国术名人录》)。如此康泰尔,竟然不知天高地厚地来到中国耀武扬威,可见当时中国在国际上的地位。

究竟是多人还是一人打败了康泰尔,其失败的原因是什么,早在1936年时就已"言人人殊"(《体育月刊》1936年10月30日)。本文认为,康泰尔是一个练习力量的"大力士"、江湖骗子,也许会点拳击,而刘百川、王子平、韩慕侠是当时中国武术的代表性传承人,康泰尔与之相较没有可比性。三人打败康泰尔都是有可能的,目前在没有充分证据的前提下,只能存疑而不能轻易否定。

(杨祥全撰文。见《津门武术》,山西科学技术出版社,2013年)

神枪翟树珍

翟树珍(1877—1949),河北霸县辛章人,是旧中国天津地区赫赫有名的武术家,人称"神枪"翟树珍,但由于种种原因,翟树珍的真实面目至今鲜有人知。笔者作为翟派武术传人,邀请了翟树珍亲传弟子刘振河的亲孙子刘冠雄先生、翟树珍亲曾外孙杨福生先生、翟树珍亲儿子翟允文的徒弟刘士壁先生,先后到霸州辛章村、天津第三运输厂、天津建国搬运社,查阅了翟允文、韩金山等人的档案资料,访问了健在的翟允文的徒弟刘泽锐、张德隆、王学铭、刘忠秀,以及辛章村健在小车会、藤牌会等会首领的后人、熟知老会情况的一些老人,以及翟树珍在旧社会辛章村教的诸多武术弟子的后人、亲属,虽然所获材料不多,但大体能概括出翟树珍大师的生平,以告慰翟树珍在天之灵,进一步发扬翟门武术。

艺成少林功 掌门小车会

辛章村位于霸州东洼边缘,紧邻静海县、文安县、胜芳镇。东洼俗称东淀，是由流经辛章村北的中亭河以及西淀南部的大清河围成的冀中平原的低洼地区。中华人民共和国成立前，每到夏季，来自上游西淀的暴涨河水和雨水交织一起发生洪涝灾害，再加上帝国主义列强的侵略，人民生活十分痛苦，哀嚎遍野，只能依靠大洼的芦苇编席和捕鱼捉虾维持生计。

翟树珍从小就跟着父辈使船、打鱼、种地，练就了一副好身体。少年时他就喜欢武术，跟本村的王九师傅学习少林功夫（王九师傅的师傅是流落到本村的少林和尚）。由于练功刻苦，青年时就与王巨坤、王巨祥等人成为当地赫赫有名的武师。王巨坤、王巨祥为藤牌会掌门人，翟树珍为小车会掌门人。

在旧社会，辛章村每年都要举行庙会，祈求平安。最热闹的当是农历正月初二至初九的祭拜火神真君的庙会。初二早晨庙会开始到结束共分三个步骤举行。第一步，收香火。首先打开庙门，把庙门内外打扫干净，摆上供品，善男信女们请香祷告，祈求平安。第二步，火神出架。火神出架时，由八个人按传说中的神人模样画好脸谱，打扮成神仙样子进庙将火神放到架上抬出庙宇。第三步，闯架活动。八个"神人"抬着火神真君不时地一会儿往左跑，一会儿往右跑，一边左冲右突一边跑，善男信女及乡亲们簇拥火神往娘娘庙狂奔，如此往复地跑上几百米，再跑回来。据老人讲，当时闯架时满街都是跑掉的鞋，场面十分壮观。如此三闯结束后才转到最后面为其他会表演活动助兴。翟树珍带领小车会的弟子们演练单刀进枪、三节棍进枪、空手夺枪、空手对三节棍、空手夺匕首、小虎燕、魁武枪、翼德枪、罗汉拳、六路踢腿等武术套路。

翟树珍以其卓越的武功任小车会掌门人，多次参加有关地区举办的擂台赛，据说翟树珍在清末到北京参加擂台赛还获得光绪皇帝奖赏的七星宝剑。翟树珍虽然以武功高强闻名于世，但在霸州、静海、胜芳三地擂台赛上只获得第八名。所以，后来，他在天津创办"天津武术研究会"，亦称"第八国术馆"，以警示自己刻苦练功，不忘第八的耻辱。

授艺李少春 梨园传佳话

李少春于 1919 年 11 月 4 日出生，4 岁在上海随父亲李桂春学戏，1937 年李少春到天津演出时，翟树珍在天津已是赫赫有名的武术家。笔者在练武时曾听说李少春向翟树珍学艺的事，我们在调查时顺便作了一些考证。

李少春与翟树珍的关系有两种说法：一是姨表亲，一是姑表亲。我们询问了健在李姓族人及翟树珍的亲孙女翟汝琴及其他老人，均证实是李家姑娘嫁给翟家，是姑表亲。因此，李少春到天津时向翟树珍学艺是可信的。李少春演林冲时说："是林冲改变李少春，不是李少春改变林冲。"演林冲八十万禁军教头形象就是通过动作形象来表现，翟树珍将小花拳的跨虎动作，以侧高蹬腿后原地俯身变燕式平衡再翻身 180 度接蜻蜓点水，一连串的平衡、翻转动作充分表现了封建下级武官林冲的复杂心理活动。同时，还将"苏秦背剑"式改为将剑抛向空中，身体一转，左手持剑套背于身后，剑身下落时准确插入剑鞘中。如此高难度动作是翟树珍亲自传授的，可惜这一精彩表演看不到了。除此之外，李少春还向太祖拳、独流通背拳一代宗师任向荣弟子孙少山、韩金山学过急步法。正因为这些武林大师的精心指导和李少春的广学博收和创新的艺术思想成就了一代京剧武生大师，翟树珍授艺李少春的事在梨园界传为佳话。

武术创新意 独步旧武坛

翟树珍创立小车会，到天津南市慎益街和南门外大街交口旁的大舞台戏院边创办天津武术研究会（既天津第八国术馆）后，并不满足自己的武功，拜津门闪电手张占魁学习形意拳、八卦掌、太极拳。同时还与津门摔跤"四大张"之张鸿玉、张连生、张魁元等人切磋摔跤术，精研西方拳击，独创手脚并用，踢打摔拿为一体，戴拳套的武术对打技法，形成自己独特的翟门武术，与姜容樵、薛颠、赵道新成为张兆东门下的四大武术高手。由于翟树珍名声显赫，他先后参加了国内一些重要表演活动，现记录如下：

1.1928年，在天津东马路青年会举办的欢迎李景林表演大会，表演者有：尚云祥、邱树林、白学海、翟树珍、魏成海、马其昌、王之和、马兴义、资恩荣、沙国政等人。此次活动，旧天津《庸报》有报道。《沙国政传奇》也有详细记载。

2.1930年11月10日，参加在天津河北区五马路市立体育场创立的"天津特别市国术研究会"。

3.1941年，参与成立"中华国术会天津分会"，并在上述组织中担任重要职务。

天津第八国术馆名声虽然很大，但在旧中国仍然很难维持生活，因此翟树珍带弟子到洋行以及官僚、商人家中教他们的公子、小姐。当时传授的主要内容是形意拳、八卦掌、太极拳、罗汉拳、小虎燕、魁武枪、翼德枪、罗成枪、梨花枪、对扎枪、龙行剑、八仙剑、朴刀进枪、三节棍进枪、空手夺枪、空手夺匕首、空手夺刀以及打扑子等。

当时翟树珍比较有名的弟子是马兴义、刘梦清、资恩荣、张华亭、李杰田、金宝华、邵小亭、丛树生、王之和及从辛章来帮翟爷料理武馆的胡三爷等人。

关于翟树珍,有两则武林轶事。

一是三胜李怀古。据沙国政史料记载,蒋介石的保镖李怀古久仰闪电手张占魁的威名,一日来到天津要跟张兆东过过招。这时,翟树珍说:"跟张先生过手前必须先过我这一关。"说罢,翟爷来到场中,沙国政在场外看到李怀古站好戳脚门的步法,一个快速搓步起侧踢腿踢向翟爷,只见翟爷一侧身用胳膊一挂李怀古的侧踢腿,使二郎担山式将李摔出;李爬起来变一招青龙探海式直奔翟爷双目,翟爷一招鼍形,跟着用黄鹰掐嗉式,往前一探身用腿一挂李腿,将李摔出一丈多远;李不服,又爬起来,变虎扑式向翟爷猛扑,想以自己之力做最后一搏,翟爷不慌不忙,略一侧身用八卦掌的黄牛卧道和黑熊反背将李怀古击倒。李爬起后,双手抱拳说:"谢谢翟大爷这三招,不愧人称神枪翟大爷。"

二是战长沙翟爷显神威。1937年全国武术擂台赛在湖南召开,武术大师修剑痴主持擂台赛。擂台两侧悬挂一副对联。上联:集三湘七泽各路英雄,各显身手。下联:无武当少林门户之见,方为豪杰。赛前,修剑痴培训湘军相当级别的军官,并在长沙讲武堂授拳。翟树珍受到比赛的邀请后,即带马兴义、张华亭等弟子前往长沙。双方见面后一阵寒暄,修老设宴款待。席间,修老命弟子演练拳击。演罢,修老说:"天津第八国术馆影响很大,请翟爷指教。"翟爷一抱拳说:"岂敢,再下武学一般,对西洋拳了解甚微,不敢妄言。只是旅途劳累,偶感风寒,望修老先生宽限几日,不知阁下意下如何?"修老答道:"自当奉命。"命下人安排住下。翟爷命马兴义等人购置拳套,闭门谢客,昼夜演练武术对拳击训练,连续七天练至精熟。第八天翟爷带弟子来到演武厅,双方弟子表演了拳术和兵器,修老看了很高兴,说:"听下人说,天津第八国术馆培养的弟子个个了得,今天可否一观?"翟爷答道,那就献丑了。翟爷戴上拳套,说:"请。"修老弟子以迅雷不及掩耳之势,连续快拳向翟爷击来,翟爷用单马式一挑对方直拳往下连头带臂斜扣对方,对方刚一晃动,翟爷一个挑肘将对方击倒。修爷弟子刚一倒地一个鲤鱼打挺站起来,用通背拳狸猫扑鼠式双击翟爷,翟爷顺势用太祖拳的顺手牵羊将对手摔出,不能动弹。接着翟大爷用拳击加形意、八卦、太祖拳法连胜数人。修老先生见此情况,摆摆手说:"翟爷武功果然名不虚传,改日再向翟爷请教。"翟大爷说:"修爷请。"随后,翟爷带着马兴义等快速离开长沙。

一身扬正气 满怀爱国情

鉴于翟树珍在津门的威名,日本特务机关通过天津青帮拉拢、收买翟树珍。翟大爷坚决予以驳斥,声明坚决不入任何组织,不参加任何帮派,不教日本人武功。为此,受到日本人的恐吓、骚扰。日本浪人多次到武馆挑衅被翟树珍击败。日本人非常恼怒,一味制造麻烦。翟树珍先后由南市的第八国术馆搬到清和街与福安大街交口的东兴市场前广场,后又迁到河东区沈庄子居住。沈庄子与毗邻的何庄子、郑庄子、郭庄子是旧天津黑旗队活动的主要地点,成员多是干脚行的,专偷日本物资,也偷军火,后来受到日本军队的残酷镇压。翟大爷搬到这里后如鱼得水,一方面教武术,一方面做点买卖维持生活。同时,他还介绍一些人进入伪警察局，为劳苦大众获得一点保护。直至中华人民共和国成立前，翟树珍于天津逝世。

（赵振忠撰文）

名扬东瀛的郝恩光

任丘郝恩光(1878—1923),字海鹏,李存义弟子。身高四尺余,精悍健拳械。清宣统间,充正定某武术社主任教员。有请与海鹏角者,海鹏谦谦不之许,强请之,仍未许也。某辄贸然猛击之,海鹏以劈拳御,某由窗中出,仆地,无指掌之伤。某畅言于众曰:郝老师不知用何手法,使予由云雾中飞出,三十年功,化归乌有矣。以是郝名满正定间。天津中华武士会发起,他拳术家畏形意并慑于李存义也,短形意于文学派,请屏之。李存义率郝与李耀亭中夜谒主者,陈形意门之适用,为国粹,令郝李练拳以证,地砖为碎者数方。主者咋且喜。次日开会,形意首选,李为总教员,郝为教员焉。值今国会议员叶云表剑星,留学东瀛,慕日本武士道,知不若吾国武术之邃也,由留学界延海鹏东渡教留学者。日人羡且妒,开会赛武,意将抑中国人以自扬。海鹏登台,无敢樱之,留学诸君,附手相与言:吾国事事落人后者有年,海鹏今日为国学吐气焉。归国历游东三省,意气益壮扩。1918年,由孙念祖团长介绍,充奉军某团团副(即念祖团),

选兵士一营教之拳，风行东三省，凡剿匪清乡安民之役，海鹏皆与焉。本年（1923年）春，在吉林农安剿匪，入山陬，窘匪屋院内，海鹏忿曰：匪类何故不出，使乃翁不耐久待矣。督队缘墙上，鹏甫于墙上昂头，贼弹横来，伤鼻准，血殷殷流，犹织匪五人以归。军士爱鹏甚，又不信任西医，创毒发而卒。卒之前两时，与同侪曰：惜吾武术未臻精绝耳，何弹之不能避？言罢大笑，无痛楚状也。卒后，军民追悼，倍极哀荣。农安人民思其德，涕泗不止，为建全忠祠，不日成之。年仅四十余，子一，现年十六岁，头角峥嵘，不问而知为海鹏儿。

　　明漪曰：予晤海鹏在1918年夏，请受飞仆之击。海鹏使予立床前，出手，予出崩拳，海鹏用劈拳式，左手横予拳，右掌抚予胸，予果跃起，仆床上，不自觉知，又无丝粟苦痛，信而异之。海鹏曰：是不难，在功力耳。敌或木偶若死者，不能起，既活人也，犹按皮球，无不迅跃矣。又以食中二指钳予腕，痛甚。见其三才剑、滚手刀，手法紧妙无匹。夏历四月间，灵柩过津，同仁祭之，抚棺泫然曰：老辈人久等晨星，海鹏壮岁又没于贼，天岂厄吾拳门欤？非斯人之痛而国学前途之痛也。

　　（录自杨明漪《近今北方健者传》，1923年。题目、生卒年为编者加）

武术名家姚馥春

姚馥春

日本著名中国武术研究家松田隆智所著《中国武术史略》,把中国内家拳名家姚馥春与姜容樵合著的《太极拳讲义》一书,称为"研究中国各派太极拳术的重要参考文献之一",并称,姚馥春与姜容樵、王俊臣、韩慕侠、钱松龄等人,同属中国著名内家拳名家张占魁最有影响的弟子。

姚馥春所著的《太极拳讲义》一书,先后在全国武术挖掘整理成果1984年(承德)、1986年(北京故宫)的展览会上展出,受到了各方面人士的高度重视和好评。

对于像姚馥春这样在中国武坛上享有盛名的武术家,按照古人的"穷文富武"之说,即使不是生在豪门富户,也得出身武术世家。然而,恰恰相反,姚却出身于一个穷苦的农民家庭,当过鞋铺徒工。

从小立志学武

姚馥春(1879—1941),又名姚兰,原籍河北省遵化县姚家峪村人,从父辈起迁到本县县城南门外的瓮城居住。由于家境贫寒,一家人全靠父亲当雇工维持生活。姚从小未进过学堂,12岁起便到一家鞋铺当学徒,整天干着和大人一样的重活。

姚馥春自幼羡慕岳飞、梁山好汉那样的民族英雄和武林豪杰,因此,他从刚刚懂事起,就立志拜师习武,做一个顶天立地的中国人。

13岁起,姚馥春背着家人和鞋铺掌柜,首拜本县武术名家、人称"大枪徐四"的徐明德为师,习连环绵掌(属少林门)等拳术。在初练站桩、压腿等基本功时,徐老先生见他体弱瘦小,担心他坚持不住。谁知姚馥春汗水湿透棉衣也不叫一声苦,走路抬腿困难也不说一个难,不仅很快学会了武术基本功,而且在拳械方面也日见长进,深得徐师喜爱。当大家得知姚馥春习武的消息,时间已过去了数年,他已成为众多师兄弟中的佼佼者。

艺成再拜高师

由于姚馥春坚持勤学苦练,终于成为徐师最得意的门生。徐师考虑到姚馥春如此爱武如命,为了弟子的深造和前途,在1910年左右,亲自将姚馥春推荐给内家拳名家汤士林门下习武。

汤士林系保定人,是河北省定县著名内家拳家许占鳌(许的形意拳得自河北省深县郭云深大师，太极拳经河北广平县陈耕耘之子友谊传授)之高足弟子，形意拳、太极拳皆有独到之处，当时正在遵化县衙任职。姚馥春本来少林功底扎实，又得汤士林精心传授太极、形意等内家拳术，真是如虎添翼，武功大进。汤士林念姚馥春正直、诚恳，于是主动提出结为金兰之好。

年余，汤士林因事离去。为了进一步研究内家拳术，姚馥春遂前往天津，先后拜著名内家拳名家张占魁、李存义为师。从此，姚馥春不仅得到了张、李两先辈的真传，并受到了师兄韩慕侠、刘锦清等人的指导和帮助。后来，曾长期与大成拳创始人王芗斋交往密切。

姚馥春的太极拳还受到倪成玉(许占鳌之高足弟子)和郝为真(武氏太极拳传人)等名家的指点。

在津十余年，姚馥春深得内家拳精华，从此成为一位集少林、太极、形意、八卦拳术之大成的武术家。

姚馥春返回故里后，即设场授徒。从此，内家拳开始在遵化兴起、发展。

勇于除暴安良

姚馥春行侠仗义、除暴安良的美德深受当地群众的称赞。

1925年左右的一个春天，一股游匪横行遵化县百里的山乡，专干图财害命、抢男霸女的罪恶勾当，当地群众恨之入骨，叫苦连天。但由于这伙亡命之徒不仅心狠手辣，而且匪首贾某某还武功出众，闹得县衙也无可奈何。当时在县里任捕快的大哥姚芝只好求助于他。姚馥春领兄命，只带了8名马快，一枪未放就掏了设在洒河桥附近的匪巢。当从被俘的匪徒口中得知匪首贾某某正在村内看皮影时,姚馥春即带人前往,一面暗示百姓离去,一面将影台团团围住,当匪首持匕首反抗时,姚馥春迅起一脚将匕首踢飞,并顺势将匪首抓住举起,重重摔在地上当场生擒。类似这样为民除害的事,姚馥春还做了许多许多。

传艺呕心沥血

为了学习、研究武术,姚馥春年过30才成家,但仍然每天练拳如初,真正做到了闻鸡起舞,夜练三更。据一些老人回忆,当年多次看见姚一个桩子站一两个小时,一个劈拳打数米远。由此可见,姚馥春练武的功夫下到了何种程度,实在是习武者的楷模。

姚馥春教拳十分注意从基础抓起。他特别强调站桩的重要,他认为桩功不仅是拳术的入门,也是拳术的精华。他要求弟子从静桩到动桩,至少站一至两年,然后才能学套路和技法。姚馥春将爱子姚士虞带往上海后,还曾让其补站各种桩法一年,为使其迅速成长为武林高手打下了坚实的基础。

姚馥春教拳十分注意实用,他认为技击和养生并重,同样是中华武术的主要特点。他精心制作了捋桩、打桩和颤簧板,供弟子们演练,并亲手给弟子喂手。因此他的弟子们不仅功底好,而且善技击。他的大弟子汪广生练拳数年,就可与之对练拳、械,武功出色,后来成为家乡的主要传承人。

姚馥春教拳还十分注意武德。他重传艺而不重钱财,对于那些品行不端的人,哪怕是持重金厚礼,也一律拒之门外。而对良家农户子弟他却一求即允,尽管家中经济拮据。他经常留弟子在家中吃饭。他每天教拳前后,总是要求弟子们要苦练武功,继承国技,学习各派长处；要主持正义，但万不可随意伤人。多年来，他的弟子从未出现过伤害无辜的事情。

1932年4至7月和1940年前后，姚馥春还几次担任本县省立五中和汇文中学等处的武术教师。尤其是姚馥春晚年患病后，还命弟子汪广生、刘玉明等人用车推他到学校，由自己讲解，弟子示范，教学生练拳，使师生们非常感动。

姚馥春在家乡的主要弟子有：姚士虞(子)、汪广生、汪广德、刘玉明、孙云圃、孙桐刚、温俊山、陈宝贵、徐凤林、李久如、周玉华、孟昭芳等人。其中以姚士虞和汪氏兄弟为最。姚士虞曾随父多年在南方从事武术活动。汪广生多次接待来访者较技，而稳操胜券，其40年代初，曾一掌击败天津第十三国术馆馆长白凤奇（日本汉奸）的事曾轰动县城。中华人民共和国成立后，几次参加省武术表演大会并受到奖励。

目前，姚在家乡的传人有数百名，多为汪广生、汪广德兄弟二人所传。

怀绝技赴南方

应中央国术馆副馆长李景林的邀请，姚馥春于1928年前往上海，作为发起人之一参与倡导成立了中华国技学会，并被推举为该会教务部副主任，主任是其师张占魁，名誉主任是孙禄堂。该会名誉会长为许世英、张之江，会长为李景林，副会长为李显漠，成员多为全国著名武术家，其中有王子平、尚云祥等人。

上海是武林高手云集的地方。姚馥春初到时，与全国著名武术家、神力千斤王王子平由比武到相识的趣谈曾长期被武林传为佳话。

1929年，姚馥春担任过杭州国术游艺大会监察委员。

同年，姚馥春与姜容樵合著《太极拳讲义》一书，张之江、李景林、于右任、薛笃弼、李济深、李希贤、张占魁、黄柏年等人曾为该书题词作序。

1931年，姚馥春被中央国术馆派往江西省任国术教师，长期在南昌、九江等地从事武术教学和裁判工作，直到1940年左右，因患病返回家乡。

由于历史和区域的局限，姚馥春在天津、上海、南京、南昌、九江等地从事武术活动的情况还鲜为人知，但姚馥春对于武术事业五十年如一日的追求、研究和倡导，特别是对家乡遵化县内家拳的兴起与发展，所作的贡献是巨大的，是永远为后人，尤其是习武者所铭记的。

（孟庆勋、王国安撰文。见《遵化人》，政协遵化市委员会编，2008年6月出版）

高振东回忆录

高振东(1879—1960),字旭初,河北雄县昝岗镇高辛庄村,著名形意拳家,曾任中央国术馆武当门门长、浙江国术馆一等教习。1983年,高振东先生的长子高清根据父亲生前谈话撰写出有关回忆资料。本文即笔者根据高清先生的遗稿,重新整理而成。

高振东

我兄弟五人,家境贫寒,上不起学,15岁时就给小芦昝村王家地主扛小活。我自幼胆大,不迷信鬼神。春冬两闲之时,我每天鸡叫起拾粪,天快亮的时候就到村南昝岗大庙里练功夫。那时没有认师,也就是向本地会武术的请教几下,就这么瞎练。我常忘了吃饭,家人见我不听话,经常不给留饭,并说:"叫他练去吧!喂了狗也别给他留。"其实父母很疼我,只是不理解我为什么这么迷武术。

义和团运动开始后,我也加入了当地的坛口,用长枪大刀、长棍,操练排演,用武术和洋人打仗。洋人占天津时,姓张的大师兄带了我们一队人去天津支援,和洋人打了两仗,两边互有伤亡。洋人用的是洋枪大炮,我们只可近战,结果退出了天津,一路边打边退。最后退到板家窝村。板家窝村大,环村深沟土围防守,大部分人集中到村里,洋人在板家窝村南坟地用炮轰村里,防守了两天,当时村西头有一门大土炮很重,我带人用了一夜的时间把土炮运到南土城上,天亮整理好,因为没放过炮不知炮的吃药量,装好药和铁渣安好药信,我叫人们躲到一边去,我点着药信躲到药库房里,忽然天崩地裂一声巨响,好像震掉心,震得浑身是土,两个耳朵震聋了,什么都听不见。趴了很长时间起来一看,大土炮全都炸飞,顶着的石轴磨扇全炸碎。大师兄缺欠军事策略,也很迷信,看到把人震成这样子,就灰心丧气,下令解散,我领着一部分人从林西南角突围走了。就是这次打炮,我的耳朵聋了一个。

到了22岁,家叔介绍我到新城县恒义厚刘春山杂货铺。从前两个长工的活儿,我一个人担起来,东家给我俩人的工钱。不久东家雇了一名拳师叫程子和,教他两个儿子习武。东家看我忠实勤俭有力气,也叫我学些武术,从此得到练功的机会。但是程先生不久去世,又拜马玉堂先生为师。习武时把人家的活干完了才练功。练功也不知少睡了多少觉,出车时坐在车上,不知不觉地困了,跌下车被轧过两次,但是身体没伤着。这时人们都称我"高疯子",是说我练功着了魔。这时我还有一个外号,叫"赛李存孝的高振东"。因为我的力气大,捣盐别人只能扛一条,我扛两条,二尺四石磨我能自己装卸。

28岁时回家务农,早起拾粪走路也练功,用粪叉端着几块砖练劲。庄稼快成熟的季节,有一次走夜路,过坟地,就在这里练起功来,我自言自语地说:"人们都说有神鬼,为什么不出来教教我呢?"我感觉自己学的器械少,就到离家十多里地黄庄村程立云先生家去学。每次晚饭自己拿块凉馍在路上吃,练功回来大家全都睡熟了,我悄悄跳墙过来,明天还是早起干活。

秋后我和大哥夹宅篱,天阴下起小雨来,大哥戴着草帽,墙边放着小磨扇,约一百斤,我把磨扇顶在头上,当草帽用,别人见了好笑,父亲看见了批评了我一顿。

29岁的时候,我和本村的王德山去了东三省,想以武术谋生,但是到了海伦府一带,见武术不兴,又给一家财主家扛活。冬天在榨油坊榨油干活,夜间受了贼风,两手裂口流血,久医无效,就和王德山回了家。

31岁在家务农打短工,又出门到天津河坝扛脚。脚行的人个个欺生,但我有力气脚行的人不能敌,小头领就想法挑我的毛病,刁难我。最后我一气之下,揍了头领一顿回家了。

32岁我又去离家十多里地的良家场大地主家扛长工,后来护院。一天,家中托人捎来信,说有急事要我回家一趟。我吃了午饭回家,因为晚上还要赶回来,就抄近路穿过望驾各北街。刚进西街口,几位老人招呼我站住,连喊几声,我问有什么事,老人说:"你不要走北街,北街大圆旋门财主家养着一群大狗,十分了得,凡是在他家门口走经过的人都被狗咬坏了。"我的耳朵不好使,听得不十分清楚,就说有狗怕什么,直奔了北街。老人们一看就跟在后面,老远的望着我。我刚走在财主家大门前,果然门洞里有一只头号大狗,连叫两声扑了过来,直咬我的胸部,我急闪身,一手抓住头部,一手抓住臀部,举起来向下一摔,狗叫了两声死了。院里另外几条狗听到咬声也窜出来,见到被我摔在地上的狗蹬腿,知道不妙,叫了几声跑回去了。背后的几位老人们拍手叫好,说:"小伙子快走吧,你给大伙儿出了气!"

34岁去离家20里的刘家铺教拳,以形意为主。

大约在37岁,是直奉混战、吴佩孚和张作霖打仗的那一年。怕父母不允,我以外出为名当了兵,投到吴佩孚的部队。从军四五个月的一天,吴大帅传下命令,要求所属各军营官兵会武术的报上名来,订期比赛较量,选拔一批武术教官,训练军队。同时军队要习武练艺,成立大刀队,以备近战。我是报名的其中一个。比武大会的宗旨是看出输赢为止,不好伤了弟兄。三天比赛结束,最后宣布我为武术总教官。我开始安排训练大刀队队员。这时,张作霖和吴佩孚起了战争,我军的武术训练停止,只顾打仗。在打仗期间,一连几个月发不发饷,当时我家困难,父亲每月向我要钱,信也有收得到有见不到的。一天,跟吴佩孚到各军营查看回来,各回住所,时间不长,副处长叫我说大帅叫你。我到客厅,吴佩孚叫我坐下说:"振东,你跟随我打仗数月以来很辛苦,但是饷总发不全,你的父亲每月来信说你家中贫寒,生活困难,向你要钱维持生活,我现在只顾忙着打仗,发不下饷去,看来现在军队练武当时用不着了,战争不知道打到什么时候结束,我又不忍你跟着我,家中久挨饿,我想叫你去南方。南方武术兴旺,上海南京那里有我的朋友和同事,我给你寄封信投奔他们,现在他们在军界掌管军权,见了我的信一定有你的高做。等战争结束安定了,我再把你调回来。"就这样我就离开了军队,回了家。

在家住了不多日子，本地方有在南方做事的家人来，我去问，果真南方武术盛兴，我就由天津坐轮船到上海投奔张齐皇和黄金荣，给介绍到闸北中学。因上海武术兴盛，事越办越好，又把刘家铺的刘金格叫去一起教学。时间一长，人熟地灵，有张黄二位的帮助，爱好者越来越多，把中学的事办妥给刘金格，我教盐业银行、人寿保险公司、自来水公司的经理和先生们，还有四处公馆的学生。初始，在唐生财公馆吃饭，住在刘家酱园庄，后来自己租的楼房，几年下来识人更多，事越办越大，上海市的帮派首领黄金荣、杜月笙他们都非常支持，更是顺利。

到了1928年六七月间，承蒙师伯孙禄堂先生的推荐，我到了中央国术馆，准备接任武当门门长的职务。第一科王自平是外家门长，第二科门长孙禄堂是内家门长，两个门长一样，工资也一样。在中央国术馆，每月发工资洋钱300元。来馆后，通过切磋武艺……我和王子平义结金兰。子平亲书兰谱，我们两个愿意在一起互教互学，取长补短。

从此，我为中央国术馆武当门长。但是内家在中央国术馆并无多少人，门长的职务是提供教材，教授员生，全国各地能武者，凡来馆比武的门长接待和门长比，随便来馆比武较量，但条例上是死伤无论，凡来馆比武的我是手下让人心服而去，从来未伤过一个人。各门拳种来馆的我们都非常欢迎，尤其韩、左先生来馆比武，高兴而走，还有一位英国拳击手来比武，却愕然而去，说从来没见过这样的打法。

在国术馆期间，王乡斋、尚云祥都在这落脚住过，和我的交情很好，互相切磋武艺。孙禄堂先生也曾多次来馆讲学，并亲授我八卦掌法，使我受益匪浅。

由此改编了组织,各门派的教学人员混合在一起,不再有什么派别之分,按各取所长教学,门派的隔绝大墙从组织中拆除,从人们的意识中消失,教务上有科别之分,再没有武当少林之分称,就是中国武术是一家,共同发扬祖国的遗产,为国贡献出自己的力量。

接着中央国术馆颁行新的章程,广布全国各地。各省、市、县,依据新章,先后成立了国术馆,馆长由本地主职担任,有的村也成立了拳社。中央国术馆为了提高国术水平,在同年的秋季刊登报纸晓于全国,定于10月份全国武术大考打擂在南京,办法是逐级选拔,县、市、省,再到南京。先预赛评上资格的再参加擂台赛,决赛是由抽签配对法,落评者仍愿参加比武也允许,虽然取上名,看着打得激烈很恶,自觉技艺不能敌,随时罢名不打。及格录取者有职务,或按插在馆教务工作。清朝国务大臣郑孝胥参观了打擂,赞佩这一选拔赛,亲书佳作派人赠送给我,条幅是"始向蓬莱看舞鹤,试横云汉剪长鲸",还有其他名人的赠词。

到1929年约7月份,我去杭州游览西湖,拜见了浙江省政府主席张人杰。张馆长邀我来浙江,委任我为浙江省国术馆一等教习,又发给了委任状。从此我离开了南京。任教后又筹备浙江省考。浙江打擂因为来自全国各地的人都有,国家认为也算国考。浙江打擂我没参赛,张人杰、李景林聘请我为大会检查委员。浙江考试大体和南京一样。打擂结束,宣布选拔录取人已定,颁发奖品。张人杰特制一口龙泉剑赠给我,剑上造字是"浙江省省政府主席、浙江省国术馆馆长、浙江省国术游艺大会会长张人杰,赠给浙江省国术游艺大会检查委员高振东先生惠存"。发奖闭会后,录取的人们随意休息一星期再任职工作,有几位录取者在二楼喝水谈欢,一位在谈话中藐视内家形意八卦,并说有几位在擂台上被他们打下,声扬"形意厉害,看来也不过有名无实,平常罢了"。另一个说"闻景别见景,见景更稀松,光吹捧把人吓死"等等的话。我在一楼床铺上听到心中火起,上了二楼一提,此人不服,我和此人比起武来,众人纷纷来看,两场被我击中两拳认输。不打不成交,由此弟兄们非常敬爱,从此结拜,互教互学。时大会刚结束,很多人都游览西湖,浙江省、江苏省主席国术馆馆长知道此事,合制一尊银盾补发赠给我,同时还有其他奖物以示纪念奖誉。银盾上书字是"冠军:夺得锦标"。浙江省主席特挥毫书赠条幅"湍流喧石濑,浓翠暗林霏"给我作纪念。事后有中央国术馆参加考试的人回南京说明客厅比武一事,张之江欣闻此事,亲书条幅和一封信,派人送到浙江国术馆面交我作纪念,条幅是"礼法并重,德术兼修"。

到馆后不久,大家都熟悉了,就有人开玩笑说:"高老师,都说你力气大,能见识见识吗?"有人就把国术馆旁一家脚力行的十多个棒小伙叫来,我站着,十几个人一起抱住我的胳膊,我使劲一抖全躺地上了。国术馆有一个八十多斤的铁枪,教员学员都使不了,只有我能用。

在浙江国术馆期间,我和高守武结交最深,彼此互换武艺,高守武的太乙腿法一直是我武学体系中重要的内容。这时我的弟子主要有李秋陵、奚成甫、奚新法和一位僧人。

我在浙江杭州任教7年,到1935年辞职还家。

回家后,我主要在文安新镇和新镇华南中学教武术。1939年,八路军的专员公署和雄县县大队人员住在雄县高辛庄,经常到我家来请教。当时雄县一带土匪活动猖狂,严重地影响了我党的抗日活动，我们的抗日干部经常遭到土匪绑票。我接受了雄县县大队擒匪的任务，在身染重病的情况下，带领县大队孙队长等人，深入虎穴，空手夺枪，擒住匪首，为抗日立了一功。

（高振东口述，高清撰稿，高玉国、阎伯群整理。见《武魂》2009年第11期）

同盟会燕支部成员马阜

马阜(1880—1935),字啸山,后改觉非,直隶天津宜兴埠人。家道殷实,自幼学习各种典籍和书法理论,刻苦临帖。在清末就系统学习西方政治思想名著和自然科学知识。辛亥革命后,既是同盟会燕支部党员也是宜兴埠议事会成员,积极参与社会政治改革,为减轻民营企业的税负和地方自治,长期奔走和呐喊。20年代前后,在津宣传马克思主义学说,是早期无政府主义的信仰者,与吴稚辉、吴玉章过从甚密。其书法沉厚苍劲,有大家气度。尤擅颠草,性豪放,喜交友,不分你我,人称"神草马"。1912年加入中华武士会。1913至1914年任天津县民立第五小学(现天津市北辰区宜兴埠第一小学)校长。1918年任天津扶轮中学国文教员。1927年在上海从事美术活动。后因情志不遂、多方失意,沾毒成瘾,潦倒而终。

(尹树鹏撰文)

践行尚武精神的黄柏年

黄柏年

自1840年第一次鸦片战争以来,八国联军侵略中国,中国人成为了列强宰割的鱼肉餐肴。大江南北,长城内外,怨声载道。洋夷在天津设立租界,京城也落入了魔爪的掌控之中。中国人失去了自由,承受着奴役和凌辱。

中国人骨子里天生就有一种自强不息的顽强,时以李存义为首的中华武士们义愤填膺,以血肉之躯,拳刀之力,血刃洋夷,表现了中国人民自强不屈的精神。

黄柏年就是在这个时期跟随师傅李存义习武,参加抗击洋夷攻打老龙头火车站的战斗,协编中华武士会教材,替师代教武士会新学员，倾尽了自己的责任和心力。

国难仗侠 躯身何辞

黄柏年（1880—1954年），字介梓，号古莫，河北任丘县鄚州镇三铺村人。幼年体弱多病，为强身健体，从鄚州拳师高士平学习少林拳法。清光绪二十一年（1895），16岁的黄柏年渐开武悟，得知李存义武功高超，遂倾慕之至。经王维忠介绍，求拜于在任丘瑞生祥布庄看家护院的李存义门下，攻学形意拳、八卦掌技艺，成为李存义早期在鄚州的开门弟子。

黄柏年为人忠诚淳朴，入门后对师笃诚，又练功刻苦，很受师傅喜爱。同时他还好读书，善思勤笔，一直追随师傅二十几年，功夫日进。师傅李存义是胸怀大志之人，具有民族气节之士，师徒经常谈论国家之命运，觅报效之时。

天津武术史专家李瑞林经多方苦心寻找，发现了两件黄柏年早期的手书真迹："铸金为钢绕指柔，铸身为钢精气遒，君子守之思国仇""国术是民族之魂"，简短之语表现了他胸装国耻血恨，从师学艺强练身功的坚强信念。

清光绪二十六年（1900），八国联军以沙皇俄国部队为首的侵略者，在洋枪炮的倚仗下从大沽口登陆。"塘沽被烧成平地，把有千户人家的新河烧得只剩下不足三百户，万户人家居住的北海，死伤百姓和鲜血染红河水"（节录《大沽炮台》章节）。八国联军占领天津后，强奸妇女、杀人放火、大肆抢掠，仅从天津长芦盐运公署一处就抢走几百万银两，公署粮库里的几百万吨粮食也全被抢光，为大举进犯北京做准备。天津老龙头车站是由天津到大沽、到北京的必由之路,"扶清灭洋的"义和团要保卫住天津,截住侵略军去北京。1700多名沙俄军队在此发起猛烈的炮火,突然袭击攻占了车站。义和团首领曹福田、张德成各自指挥团民手持兵刃,与手持火器洋枪的沙俄强盗展开激烈的争夺战。

中华岂能受辱,同胞热血怎能染河!李存义听到消息后万分焦急,主动请缨!带上徒弟黄柏年,配合义和团,担当正面攻击的任务。夜幕降临,李存义率领一百多名勇士腰附钢刀,在老龙头车站附近潜伏下来。黄柏年紧贴师傅身边随时听从调遣。大家密切注视着沙俄军的动静。时间一分一妙地过去,下半夜正是人困马乏、精力难以支撑的时候。时辰已至3时,李存义对伏在身边的黄柏年点头示意了一下,黄柏年心领神会,知道这是师傅下达开始行动的暗号,他猫腰轻身底步疾驰,迅速地蹿上一座房的房顶,拿出事先准备好的大型烟花点燃。一声巨响,烟花四溅。守站的俄军从懵懂中醒来,不知所措。在他们还没回过神来之时,李存义率众勇士就已冲入他们之中,挥舞钢刀左右砍杀。李存义勇猛捷健的身功鼓舞了大家,大家愈战愈勇,敌人纷纷倒地。"北侠单刀李"的美誉由此而来。20岁的黄柏年紧跟师傅,投入了激烈的搏斗。终于迎来了杀敌的机会,如猛虎下山一般劈砍冲杀,血溅周身浑然不觉,把自己的生命安危早已置之度外。

黄柏年用大无畏的牺牲精神谱写了壮丽的爱国篇章。

协编教材　尚武精拳

李存义带领徒弟黄柏年等人,在庚子之年抗击外寇浴血奋战,鏖战沙场,冲锋陷阵,在刀光火影中加深了师徒情。

反抗与打击夷寇,强壮民众身体,是组建中华武士会的原始思想动机,也是中华武士会的宗旨。

黄柏年得师傅李存义的精心栽培,加之聪慧悟高,很早就得形意八卦拳理之精要。他除平日的练功之外还读书习字,协助师傅打理中华武士会的事务。

武士会成立后的当务之急,就是赶时间编写出武术通用训练教材。夜已深,万籁俱寂。昏暗的灯下这位32岁的青年,静思疾书,全神贯注地工作着。在师傅李存义的精心点拨下,他编撰出一本代表着形意拳精髓的《形意真诠》。该书注重理论联系实际,文图配合,十分实用。在武士会几年的教学中,使他积累了丰富的教学经验,也使自己的功力层次不断地提升。

1928年,黄柏年任上海"尚武进德会"教务股主任。1929年11月,受聘为杭州国术游艺大会评判委员。1931年,应南京中央国术馆之聘,教授形意拳、八卦掌、刺枪之术。1937年,于重庆军校任国术教员。黄柏年因技高艺纯,不负众望,被武林誉为"武门秀才"。

文馨武浃 德育后人

步入中年后,黄柏年在李存义所授"四门龙形掌"的基础上,集自身所学,融会贯通,创"龙形八卦掌",并于1928年将此术编著出版,为八卦掌在江南、津沽等地的传播做出贡献。其龙形八卦,抽身换影,变化迅速。其掌掌穿插,变化可谓莫测。读此书,可略见一斑。

吴图南先生在他的《国术概论》中写道:"柏年对于形意拳,颇多心得,南北遨游,高足甚多,为形意门中不可多得者也。"他在形意拳的教学中,更是严谨,理论联系实际,让学生可以直接感受到真实的应用场景。使学生茅塞顿开,神慕心服。他的形意功夫风声虎威,臻达疾、狠、快、利、勇、猛、专、毒之境,拳之到处所向披靡!

1943年,黄老前辈在师生照上题言:"同气连枝忍便安,莫因毫末起争端。修身克己成道业,留予后学做样看。"寥寥数语表现出他对后辈的希望和重托。

(王玉生撰文。见《天津记忆》第113期《中华武士会百年纪念集》,2012年)

侠农傅剑秋

傅剑秋(1880—1954),名长荣,字剑秋,天津市宁河县曹庄人。自幼喜爱拳技,光绪二十五年(1899)拜少林拳名家尚汇川学少林拳。光绪二十九年(1903),又拜"御国术馆"教习郭云深弟子申万林学形意拳,又经申先生介绍向董海川弟子刘凤春学八卦掌。光绪三十四年(1908),经申万林推荐拜师在李存义门下,深造形意拳术。1934年在杭州结识杨澄浦门人牛春明,互换拳技,学练杨氏太极拳,并结为金兰。傅剑秋融少林、形意、八卦、太极于一身。

傅剑秋

1912年6月16日,中华武士会成立,会址在天津市河北区三条石,是民间组织。该会以团结武林人士,先后邀请各派武术名家,传授拳技,强国强民,振奋民族精神,尤对形意拳术进行了系统整理,从拳理到拳法,从练功到用法,编写形意拳精髓拳谱,继承发展了形意拳术,为弘扬武术文化,做出了贡献,也培养出一大批除暴安良、护国安邦的形意拳名家,傅剑秋就是其佼佼者之一。

自傅剑秋拜师李存义后,其功架风格与前练法有所不同。由郭云深把形意拳三体式改练成单重后,云:"单重者,非一足着地,一足悬起。不过,前足可虚可突,着重后足耳……双重三体式,形式沉重,力气极大,唯是阴阳不分,虚实不明,进退不灵活,有被血气所拘,拙劲所捆,失去中和之劲气。若得单重三体式中和之道理,以后行之,无论单重双重,各形之式无可无不可也。"对此练法,李存义、张占魁二位先生云:"拳经郭云深先生一变,不用双重腿,唯今之传者,皆用双重腿,取其易者习耳。"因傅剑秋带艺投师,又聪敏慧悟,练功刻苦,功夫精进。在技法上体悟到:"劲无抖绝,龟尾不明,三节不随,全身没有撑拉之劲,重心不中,腰腿不知换劲,无裹、践、攒之形。手快打手慢,靠身近打,粘实展放等技法,也是枉然。"

傅剑秋在李存义精心传授下,踢、打、摔、拿四大技法精熟,武功已到炉火纯青之境。其练拳风格酷似李存义,深受李存义器重,被赐号"侠农"。因傅剑秋具备了云游天下传播和弘扬武术的条件,李存义还特别赐给他"春典",这是闯荡江湖必知的武道行话。

傅剑秋回乡后,牢记老师赐"侠农"的深意,开始设场教拳,并在 1921 年成立宁河国术馆,同时兼任河北一中(现芦台一中)武术老师。除传授武功外,他还教育学生"强身健体,学好身手,备报国之用"。宁河国术馆成立长达 12 年之久,培养了一大批武术人才,直到 1933 年傅剑秋赴无锡时停办。

傅剑秋经常出游教拳。20 世纪 20 年代初,他到锦州、沟帮子教拳，还到奉天铁路局当武术教练。1926年，经李景林举荐为张作霖护卫长，兼东北军讲武堂武术教官。1929年，访武当山，与徐本善道长切磋，互换拳技，结为道友，傅剑秋也把形意拳术传到武当山。同年，与心意六合拳名家佟忠义赴上海授拳。1933年，傅剑秋经褚桂亭介绍，携子傅少侠赴无锡，在浙军项致庄保安部队任武术教官。

20世纪30年代中期，日本军国主义者非常肆虐，不断觊觎我大好河山。傅剑秋出于职业的责任，系统传授部队形意拳、刺枪术、劈刀术等，可在两军近战相搏时消灭敌人，保护自己。1934年，他请来原国民政府侍卫总教官的褚桂亭，两人一拍即合，共同编写出《形意拳刺枪术劈刀术》教材，浙江省保安司令项致庄把此书题名为《国术教范》。书中关于枪刺劈刀的具体练法都有文字说明，动作简捷，招招见红，给后人留下了宝贵的实践教材。

1937年8月9日，日军中尉大山勇夫与一等兵斋藤挑衅，杀死浙江省保卫队员，保安部队奋起反抗，射杀了两个日军，从而引发了"八一三"淞沪保卫战。项致庄部队作战顽强，尤其在近战与日寇肉搏时，用精湛的技法英勇杀敌，坚持数日，形意刺枪术、劈刀术起到了重要作用。

1988年3月15日，山东省成武县张继魁来到芦台，给傅剑秋师傅扫墓。笔者先父杨义清接待了这位师兄。张先生虽已80岁高龄，但身体矫健。他1934年正在浙军项致庄部下任连长，讲述了在部队随师学艺的事。当时傅剑秋在部队教连、排长和一些骨干，学习毕业的骨干再派到各连队教练，因此张先生有幸亲身随师学练。张先生说："我们毕业后，每人发给《国术教范》教材，随时对看，后又练了其他形意拳路，春秋大刀等器械。"接着他又说了淞沪保卫战的一些情况。

1944年,傅剑秋经无锡武林界人士邀请授拳。1946年成立"国术研究会",任主教练,培养了大批武术名家。1952年回家乡宁河芦台,继续授拳。1954年病逝。

　　傅剑秋走遍大江南北,致力传授武术事业。他每到一地,教拳不辍,一生耕耘,不愧"侠农"之号。

　　(杨洪友撰文。见《天津记忆》第113期《中华武士会百年纪念集》,2012年)

开创中国武术教育先河的张恩绶

张恩绶，字泽儒，也作泽余、哲如。清光绪七年（1881）出生于清直隶深州城内西街关。其家为西街关望族。其父张廷栋，字荫千。张廷栋18岁时得重病，药石罔效，后练内功，其病自愈，因此自号"默悟子"，并著《默悟寻源解论参同契养病法》四卷，清桐城派古文名家深州知州吴汝纶为之作序，并盛赞其书曰"秀才不能"。此书于1920年梓版印行，书中收录八段锦、七星桩诸功法，都是古代武术家内练之法，清代深州民间广有流传。

张恩绶

关于张恩绶生平，1916年，左藤三郎《民国之精华》（中日文）一书载："君于光绪三十年，由保定大学堂选送日本留学，初入经纬学堂普通科。卒业后，入早稻田大学经济政治科。宣统二年六月，卒业回国,应学部游学生考试,考取法政科举人。三年,朝考一等,授七品小京官,签分发邮传部供职。辛亥革命事起,与同志组织保安会于津门,津埠秩序多赖以维扶。民国成立,历充顺直临时省议会议员,众议院议员,北洋法政专门学校教员、教务主任、校长,北洋法政学会会长,民国法政讲习所教务主任,中华武士会会长,共和党干事,进步党地方科主任,京兆地方自治研究所教员等职。此次国会复活,遂复为众议院议员。"

由于受日本近代思想和文化影响,张恩绶十分关注明治维新和有关维新问题的日本著作,1907年,由保定官书局出版张恩绶、胡汇源合译的《明治维新四十年政党史》(太阳杂志社编)。回国后,张恩绶投身北洋军,任北洋法政学堂监督,热心武术传播。宣统三年(1911),北洋法政学堂"议添技击一门,以振作精神",于是张恩绶力荐同乡形意拳名家刘殿琛、李存义到该校任教。是时,"全校生徒,翕然从之,课余练习,未或稍懈,吾国拳术之施于学校,殆以此为嚆失焉"。北洋法政学堂为中国近代最早开设武术课程的学校,这是中国拳术进入学校的发端。

1912年,北洋法政学会成立,这是由北洋法政学堂的师生组织成立的一个探讨政法问题的学术团体,会长由该学堂监督张恩绶等三人兼任。同年,北洋法政学堂易名为北洋法政专门学校,改监督为校长,由第七任监督张恩绶担任。

1912年,辛亥革命以后,张恩绶任中华民国国会议员,巡按两广。此时,中国进入新的历史发展时期,孙中山提倡尚武精神,以强国强种,振兴国本。张恩绶便与李存义、刘文华、张占魁、叶云表等人首创中华武士会于津门,并担任首任会长。张恩绶还聘请莲池书院吴汝纶的学生杜之堂(时任北洋法政专门学校教员),为中华武士会整理拳谱、拳论,开始了河北形意拳理论体系的构建。

其实,中华武士会的历史可上溯至1909年,它是由直隶教育家张恩绶与同乡好友、晚清武进士、著名实业家杜晓峰一起联络深县籍退役军人在天津创立了一个同乡会组织,取名军人会,并不断开展武术交流活动,以后演变为中华武士会。

为筹建中华武士会,同盟会燕支部的张继、王法勤等人,都给予了鼎力支持和帮助。时任政府民政厅长的冯国璋也鼎力相助,对中华武士会的呈请,批准立案,拨给会所一处(位于河北公园内直隶学务公所),并以政府民政部门的名义给予拨款。冯国璋还为中华武士会题写了牌匾,并亲任名誉会长。

中华武士会主张文武并重、经世致用,注重身体力行,燕赵沉雄之气一脉相承。因此,在体育教育理念上,较早认识到,武术不独可以强健体魄,也可以增进德性,具有教育之价值,即体育,以养其体力,启其智慧,尊其德性。所以,中华武士会敢于率先打破沿袭了几千年的私相传授、匿于岩穴的传承方式,一改为著述教材,公开传播,开办传习所,在社会各界广泛招生,同时,迈出更重要的一步,进入课堂,开创了中国武术教育的先河。

1914年,张恩绶又推荐刘文华至清华学校任体育教授,清华学校武德会改组为拳术部。从此,这所以培养高等理工人才闻名的院校与体育结下了不解之缘,更成为水木清华的传统和荣誉。张恩绶还支持刘文华等人在北京成立了"尚武学社",这可以说是中华武士会的分会,部分教员来往于京津间,致力于在北京传播形意八卦拳术。不久,中华武士会的分会组织在省内外接踵而起,北洋各省习武之风盛行。在张恩绶影响下,北洋法政专门学校的学生纷纷参加中华武士会学习,直隶籍学生则更多。张恩绶是一位立宪派人士,在教育界和北洋政府供职多年,他利用自己的身份使深州形意拳跻身名校课堂,也影响了一代拳术家由江湖到校园,矢志武术教育。

中国武术最早进入学校教育,始于北洋法政专门学堂,而张恩绶在教育界的推动作用更是厥功至伟,可谓开创近代中国武术教育先河。

(辑自深州市人民政府网。有增补)

靳云亭先生在上海

靳云亭(1881—？)，名振起，字云亭。河北吴桥人。幼年体弱，不耐久劳，闻形意拳可以祛疾，于是遍访名师，后从尚云样、孙禄堂先生游，不但疾病得愈，且身体由此变得强壮。近得中华武士会李存义教授，技益进，声誉鹊起。1912年，步军统领江朝宗延其教授京营；袁世凯闻其名，延聘之督教其诸子。嗣入工艺学堂、育德学校为武术教师。

靳云亭

1919年秋，因武进盛玉麟之邀请，靳云亭来沪授拳，计十余载，盛氏亲戚故旧从其学，海上好拳勇者，踵门求学，门塞为患。

靳云亭生性淡泊，不求闻达，其貌英伟，衷怀和易，非赳赳武夫可比，故为时人所重。1928年，中央国术馆于南京成立，孙禄堂曾招靳云亭前去任事，然靳终以"拳为小道，名忌太高"而婉辞之。

1928年，在中央国术馆提倡国术强身救国的号召下，上海市国术馆成立，聘请靳云亭为形意拳、八卦掌教员。靳云亭在馆之履历为：河北吴桥人，天津中华武士会毕业，历任北京陆军第十五师武术教官、上海中华国技学会、上海交通大学等国术教员。

靳云亭虽读书不多，却著述颇丰。在友人的帮助下，先后于1923年出版了《形意拳五纲七言论》以及1929年《形意五行拳图说》，皆由大东书局出版。此外，靳云亭任职上海国术馆期间，曾发表《形意拳演习之要义》于馆办刊物《国术声》。适逢郭云深的弟子钱砚堂以"一指禅推拿法"行医上海，钱氏对靳云亭之艺术颇为推重，并为《形意五行拳图说》作序。

南洋公学（上海交通大学的前身）的校长唐文治是一位有识之士，他鉴于日俄之战中日人以短兵技击（武术）战败强俄，又感到不能只知国之病在贫，而不知国之贫在弱，认为发奋有为之精神必须寄于发奋有为之体魄，因而提倡体育，重视我国固有之技术（武术）。他曾写道："提倡技击者，则正欲以吾国固有之体育良法，以使吾民族有发扬蹈厉之精神，勇敢振奋之气概，以求达其国内之安全，俾世界日臻和平者也。"在此思想指导下，南洋公学于1912年春正式成立技击部，技击部初始几易教练，一度兴盛，后又衰落，约1930年左右，靳云亭入主南洋公学技击部，技击部因此气象一新。在靳云亭的指导下，有部员60余人，同学习六合刀、剑、枪、戟、太极、形意、八卦者，颇不乏人，气象蓬勃。

1935年，第6届全国运动大会于上海召开，其中国术比赛分为拳术、器械、摔跤、射箭、弹丸、踢毽、测力数项，靳云亭与胡朴安、吴峻山、姜容樵、吴鉴泉、孙存周、陈微明、唐豪等14人同被邀为拳术组裁判。

1937年,日军入侵,淞沪事变,上海沦为孤岛。当时,党团小组益友社,针对日伪当局妄图多方破坏的阴谋企图,广泛团结当时国术界人士,联合各武术团体,邀请在沪的国术界知名人士,成立了"上海市国术协进会",团结同人,提倡国术,切磋技术,以及时常举行国术表演,以扩大坚持抗战的思想影响。靳云亭基于爱国抗日的热忱,积极参与。

靳云亭来上海后,无论是在盛家还是在南洋公学,所授主要以健身自卫为主,于技击很少涉及,故有人认为他教的形意拳"不涉技击",而实际上靳云亭深谙技击之道。1930年3月,上海交大学生会数理研究会在文治堂召开成立大会,应邀与会的有一美籍教授谈佛生。谈氏精通西洋拳术,且身体魁伟,闻交大设有技击部,特往南院参观学员练习。因初见中国拳术缓迟,不禁哑然失笑,于是要求与教练靳云亭较量。因谈为客人,靳采取守势,任其进攻,谈氏用尽西洋手法,丝毫不能近靳之身,因而对中国拳术大加赞佩(见上海交通大学纪事)。

靳云亭一生遨游南北,授拳为业,其艺以形意、八卦为主,兼习太极,器械则以剑术为最精。顾留馨曾向其学习形意拳,近代徽商代表人物方梦樵初至上海国术馆时,也曾从靳云亭学习形意拳,并留有合影一帧,然此二人终专注于太极拳之研究,终未闻靳先生在拳艺方面有什么有影响的传人,深感可惜。

(文海撰文)

武林虎将傅振嵩

傅振嵩

傅振嵩(1881—1953),号乾坤,河南省沁阳县马坡村人。他自幼爱好武术,勤学苦练成材,是傅式太极拳的创始人,也是我国近代一位颇有名望的武术家。民国年间,曾任南京中央国术馆总教师、两广国术馆总教师、广东国术馆副馆长、广州市武术学会教务长等职,并兼任过广州国民体育学会、中山大学等十几个团体、学校的武术教师。中华人民共和国成立后,被选为广州市第一届体育运动会表演委员。傅振嵩毕生热爱中华武术,为我国武术事业的发展做出了贡献。

立志学武 健身强体

傅振嵩幼年身体虚弱,加之家境贫寒,为了生活,14岁上就走街串巷担挑卖油,常被当地土豪劣绅、地痞无赖欺凌,因而早有学武图强之心。16岁那年,本村集资聘八卦掌祖师董海川的弟子贾岐山创办武学社,傅振嵩想学武而又无钱交学费,只得每天晚上跑到村东头大庙练武场偷学练武。后被发现,曾几次被撵走,但他仍每晚必到,他这种顽强好学的精神感动了老师,破格允许他免费进场学习。从师9年,傅振嵩尊师爱友,勤学苦练,武艺长进很快,深受老师的赞赏。在学武期间,他练就一手太极球绝技,双手能将20斤重的太极石球向上抛起两米多高,然后以胸接住并弹回再用手接住。走八卦步时,他能用两手将两个石球同时旋转,如走盘之珠。傅振嵩学成武艺之后,经常打抱不平、除恶扬善,村民都夸他是"有真功夫的勇士"。

切磋技艺 精益求精

1920年,傅振嵩弃农从军,在东北军张作霖部下当兵。此间,他在一次大型武术表演中,先后表演了虎拳、豹拳、连环掌、八卦旋风刀和八卦四面大枪,整个表演矫健威武,如龙似虎,深得旅长李景林的赏识,随后让其担任了武术连连长。1926年,张作霖把这个武术连调往北京大帅府担任卫队,并让傅振嵩担任卫队长。翌年,傅振嵩请长假离开军队,与在北京的孙禄堂、杨澄甫、李文书、霍殿阁等有名的武术家共同切磋技艺,精研中华武术。

1928年,南京中央国术馆成立,傅振嵩被聘为八卦掌总教师。

翌年，中央国术馆在南京举办全国国术考试。预赛时，有一选手以勇猛异常的冲锋拳一口气连胜 20 多名选手。这时，傅振嵩上台应战，先以八卦掌攻守法对付对方，不分胜负，后以"老僧披衣"之式将对手摔倒在地上，这时全场喝彩，傅在全国武术界威名大震。当时《大公报》编印的《国术名人录》中，将傅誉为"虎将"。

南下传艺 桃李芬芳

1929 年，两广国术馆在广州成立，傅振嵩应邀赴广州任教。联袂南下的还有北方拳师万籁声、顾汝章、耿德海、王少周，这就是武林掌故中所说的"五虎下江南"。1930 年，傅振嵩及其长子傅永辉曾随张之江率领的武术团赴香港表演了精湛的武艺。

傅振嵩毕生为发扬中华武术而辛勤耕耘，他的弟子可谓桃李满天下。广州有名的老拳师梁日初、马日清、王拱、翟荣基和肇庆地区武协主席林朝珍以及香港八卦名师孙保刚等人都是傅振嵩的门徒。他的长子傅永辉，曾任广东省、广州市武协副主席。

傅家拳不仅在国内、港澳享有盛誉，在美国、加拿大、巴西和东南亚也广为流行，备受欢迎。香港郭运平的武术馆及麦宝婵主持的波士顿中国武术研究所，黄理主持的澳洲中国武术学校都公开传授傅家拳术。

傅家拳术 独树一帜

傅家拳术从 20 世纪 20 年代开始，就十分重视博采众家之长，陆续创立了傅式初级、中级、高级太极拳，太极闪电掌和八卦推手等套路,当时社会上称为"傅家拳",在国内独树一帜。傅振嵩著有《傅式太极拳》《斯文体育》等著作。

傅家拳的特点是平衡发展,刚柔相济,动作劲力既柔和缓慢又刚劲快疾。上肢动与静,胸腹的开与合,下肢的轻与重,肌肉的松与紧有机结合,既保留了陈式太极的某些发劲动作又汲取了杨式太极上肢舒展大方,下肢稳固的长处,还借鉴了孙式太极和吴式太极灵活轻巧的特点,形成了自己的独特风格。

老树春深 鞠躬尽瘁

中华人民共和国成立后,傅振嵩得到党和人民的关怀和尊重。在1950年广州举行的第一届体育运动会上,他被选为表演委员,与叶剑英、方方、朱光等广东省和广州市的领导同志一起坐在主席台上观看比赛。党和政府对武术运动的重视,使傅振嵩受到了极大鼓舞。从此,他更加热情地传授武艺,经常到公园、机关、学校进行武术表演和辅导。

1953年4月26日晚上,傅振嵩应邀到广州岭南文物宫(现广州文化公园)进行表演,年逾古稀,仍神采奕奕,不减当年。表演中,他时而蟠龙绞柱,时而青龙伏地,急速地旋转、翻腾。观众看得如醉如痴时,傅老突然而止,静如嵩岳。表演结束,观众报以雷鸣般的掌声。在观众的再三要求下,已72岁高龄的傅老不顾年迈,又从头表演了一遍。由于表演过度疲劳,当晚回家便觉眩晕不适,随送医院,经诊断为脑出血,五天后,便与世长辞。海内外武林人士无不为之痛惜。

傅振嵩生前曾著文说:"望吾国社会人士,尤其是青年男女,急起研究,练习拳剑,以增进健康,而又保持我中华民族传统尚武义侠精神。"他还说:"习拳者,必须讲究武德,以强身自卫为主旨。"傅振嵩习武重德、强国健民的主张,迄今仍为武林所赞赏。

(李万生撰文。见《沁阳县文史资料》第 1 辑,1987 年)

我的祖父韩子衡

我的祖父韩子衡（1881—1971）先生，名志荃，光绪七年（1881）农历九月初五生于天津北辰区南仓。因他排行第五，在武林中德高望重，故世人称其为"五爷"或"韩五爷"。

刘快庄学艺

祖父的童年和少年时期是在家乡度过的，因家中贫寒一直未曾读书，而是以稚龄弱躯，过早地承担起

韩子衡

生活的重担。16岁时，八国联军进攻北京，家乡局势开始动荡不安，为了避乱，祖父来到天津小树林，投奔一个以理发为业的同族兄弟，学习理发。艺成后，祖父自立单干，靠理发养家糊口。

有一年，祖父得了一种怪病，吃不下饭，胸满腹胀，浑身乏力，身体越来越消瘦。因家贫，一直无力医治。一位老顾客来理发时，了解到祖父的情况，提议祖父以练武方式强身健体治病。祖父欣然同意。后来，在这位顾客的引荐下，祖父拜见了形意拳大师李存义先生，并幸运地成为其门下弟子。时为20世纪初。

当时，祖父家住天津市小树林柴家大院，他衣食所赖的理发所也在附近，李存义先生授拳的地点，却在今天的北辰区刘快庄。刘快庄距天津小树林至少有一二十千米路程。为了学武，祖父每天早晨都要步行去刘快庄，学武完毕还要匆匆赶回来，保证理发所正常开业。他把这一往返路程当成练功项目，不是一路小跑锻炼体能，就是练着拳走。爷爷曾告诉过我，那时他常在路上练的拳有"马形疾蹄""燕子抄水"和"鹞子入林"等。经过这样长期的练习后，他打出来的"燕子抄水"，姿势美妙轻灵，真如同疾飞的燕子一样；"马形疾蹄"能一纵丈余；"鹞子入林"则闪展腾挪，疾如闪电。

在李存义先生指导下，经过勤习苦练，祖父不仅治好了病，而且从精神气质和身体素质各方面都发生了质的飞跃，完全变成了另外一个人。

祖父与他的两位师兄

经过李存义先生的培养，祖父的功夫长进很快，李存义先生对此也很骄傲。为了试一试祖父的功夫到底进步到什么程度，一日，李存义先生把弟子尚云祥叫到跟前说："来试一试你师弟的武功最近如何！"

尚云祥先生的年龄比我祖父大17岁，在当时他的功夫已经很少有对手了。尚云祥先生除了师傅李存义之外,也时常受师爷郭云深先生指点,功力深厚,拳势刚猛绝伦,无人能敌,人送绰号"铁罗汉"。

尚云祥先生经常与祖父在一起,他们之间非常了解,开始时他并没有把祖父放在眼里。可是等到两人一搭手,祖父的功夫使他大吃一惊,只好拿出十分精神来相对。就是这样,哥俩拆了一会儿手,他也始终没能把祖父放出去。李存义先生看到非常高兴,停下后,他问尚如何?尚高兴地向师傅道喜,说您又得了一位好弟子,我也有了一个好兄弟。又说:"我师弟的功夫进步太快了,真是数日不见当刮目相看啊!"尚拉住祖父的手不住地称赞,祖父不好意思地答道:"师兄过奖了,师兄是让着我呢!"这时李存义先生看看这个看看那个,满意地称赞祖父说:"好!有进步!"然后又说:"回去还得抓紧练,等有机会孙禄堂来了再与他试试,你孙师兄的风格与你尚师兄的风格不同,你再从中体会一下。"

孙禄堂先生咸丰十年(1860)生人,师从李奎元先生,入门后也时常受师爷郭云深先生指点,为人谦和,功力深厚。因其身法灵活快捷,常以柔化为主,人送绰号"赛活猴"。

有一天,孙禄堂先生来看望师叔李存义先生。路上碰上尚云祥先生,哥俩见面非常高兴。见过礼后,说话间提到了祖父,尚说:"好些日子没有见到你了,你可知道吗,咱们的五弟练功都快着魔了,最近他的功夫又长了很多。"接着,尚云祥先生就把他与祖父交手的事说了一遍,因为是自己的师弟,说时恐怕还要有些夸大。孙禄堂先生听后半信半疑,可又知道尚云祥不是个说谎的人。孙也是个"武痴",听后,恨不得马上见到祖父,急问五弟在哪儿?尚说:"他回家了,等明天再说吧!我先陪你去见师傅。"两个人就去见李存义了。

次日,祖父见过师傅后,正准备去练功,只见孙尚二位师兄来到,心中非常高兴,急忙向二位师兄行礼问好。礼后还没等祖父说话,孙禄堂先生就迫不及待地笑着说:"子衡师弟,听说你的功夫最近又长了许多,能不能让师兄我领教一下呢?"祖父听后慌忙重新行礼,道:"哎呀!老哥哥您别开玩笑了,小弟哪里是您的对手啊!还领教呢,我向您好好学习学习还差不多。"孙禄堂先生说:"五弟别谦虚了,我已听你尚师兄说了,他赞许你不少了,能让他佩服的人可不多呀!"祖父忙说:"您别听他乱说,那是我云祥师兄让着我,不然我哪里是他的对手啊!"这时李存义先生对祖父说:"子衡,能跟你孙师兄请教一下,这个机会也很难得,你就向你禄堂师兄请教一下吧!"祖父听了师傅的话,明白了师傅的用意,于是说师兄请您指教,两人就搭上手了。你来我往拆了数招,祖父的功夫使孙禄堂先生大惊,不住地赞叹:"五弟的身法好快,好灵活呀!在这么短的时间里已有如此功力,真是难得啊!"祖父也忙赞道:"师兄好功夫,真不愧为'赛活猴'啊!"孙听后哈哈大笑,于是忙向师叔道喜,说您又有了一个好弟子,并不断赞扬祖父。尚云祥先生在旁也不住地点头。然后李存义先生又让祖父演练了几趟拳,让二位师兄看看品评品评。孙、尚二位看完后不住地赞叹:"真是名师出高徒啊!"自此祖父在孙禄堂、尚云祥二位师兄的帮助下,在本门派众师兄弟中,很快站稳了脚跟。

二号尚云祥

祖父练功不怕吃苦,为人也很谦虚,在众师兄弟中颇得好评,就连庄上的乡亲们都愿意和他亲近。尚云祥先生到了刘快庄后,很快就与祖父结为莫逆,哥俩形影不离。因为俩人个头一样高,就连胖瘦也一样,从后看就像双胞胎一样,于是人们戏称祖父为二号尚云祥。

有一天,孙禄堂先生和李子阳先生到刘快庄拜望李存义先生。行过礼后,问尚云祥在不在,李存义先生随口告诉他们在村西头呢,哥俩听后一起去村西头找。到了村西头远远望见尚云祥在那儿练武,哥俩很高兴,边跑边喊尚的名字,可是那人还在认真练功,没有理他们。他俩很纳闷。到了跟前正要准备数说,不料那人停住转过身来,却原来是祖父。祖父向两位师兄行礼问好,两位愣了一下,随即哈哈大笑,说:"我们刚才心说云祥的拳法越练越文雅了,原来是子衡师弟!要不人家都说你是二号尚云祥,真是名不虚传!"

他们说明要找尚云祥,祖父带着他们往回走。正走着,迎面走来大爷刘云吉和二爷门广兴(李存义在刘快庄收了五位入室弟子,后来人们称之为"津门五位爷"。大爷刘云集、二爷门广兴、三爷张鸿庆、四爷姬哑巴、五爷韩子衡),是找他们回去吃饭的。他们两人告诉孙禄堂和李子扬,现在祖父和尚云祥哥俩儿已经很少在拳房练功了,一般练功都跑到村边来。还说祖父的功夫现在进步神速,他们要不努力就要被祖父超过去了。孙禄堂和李子扬谈到刚才错把祖父当成尚云祥的事,刘云吉和门广兴说:"不用说你们了,就是我们天天在一块儿的,有时候都分不出他们谁是谁!"他们还告诉孙禄堂和李子扬,就在前几天,张鸿庆还把他们认错一回呢。

形意拳三绝

祖父掌握文化知识以后，如虎添翼。很快，他的武功就又上了一层楼。他随时随地学，日复一日年复一年，后来竟能把老师所讲的拳经拳理倒背如流，字字能解。功成以后，他授徒时出口成章，随口拳经拳理。那时经常有拳师向祖父请教，并提出很多难解之题，祖父随问随答，问一答十，精辟易懂。祖父平时不爱说话，但是，如果谈起拳的话题，马上兴致勃勃，滔滔不绝。关于武术方面的问题，没有难倒过他，可谓是武学知识渊博。这一条是他成名的"三绝"之一。除此之外，祖父还有两绝：形意拳的功夫"深不可测"；形意拳的东西（拳路、器械等）"掏挖不绝"。

在过去，作为一位武术名家，免不了和许多武林人物交流切磋。在与来者交手时，祖父自始至终没有被人打倒过。同时，他也从来没有打倒过别人。——他与人切磋，只求把对方制服、镇服，就是到了不得不出手的时候，也只是恰到好处地把对方放出，从没有下狠手伤害过同门、同道。这就使祖父在同行中落下了其武功"高深莫测"的印象。

所谓形意拳的东西"掏挖不尽"，这就沾了李存义的光了。李存义先生初到刘快庄的时候，关于形意拳的套路，由山西传到河北来的还只是一部分，而"安身炮""八式"等练法，则是李存义先生去山西寻根后二次学艺才补全的。不仅在山西学来了许多新的东西，李存义先生到了晚年，依托他毕生之经验，又独创了许多徒手和器械套路。有一些拳路和招法，属李存义先生单教独传。祖父是李老先生的得意弟子，理所当然地继承了老师的衣钵，担负起了传承任务。

热心授徒

1912年,民国肇始,尚武之风蔚起,在形意拳前辈刘殿琛、李存义、张占魁等先生的倡议下,成立了我国北方最大的民间武术团体"中华武士会"。该会以形意、八卦、太极拳为主流,同时以海纳百川的胸怀,打破门派观念,吸收了各门派民间有名望的武林人士参加。在刘殿琛、张占魁等先生提议下,由李存义先生担任武士会教务长。

中华武士会成立仪式和武士会传习所开学典礼,是在天津河北区中山公园内的原造币厂举行的。那天来了许多武林人士和民国政府人员,各门派武林高手在场上竞相展示了各自的绝技,场面十分壮观。我爷爷作为中华武士会李存义先生最得意的弟子之一,是在大会接近尾声时才出场的。那时我爷爷30岁出头,正是风华正茂的年纪,虽然身量不高,但精壮而儒雅,带着十分的英气。爷爷身穿长衣出场,他首先向大家鞠躬作揖,礼毕,挽起长衣开始功夫表演。他先练了一趟鹞形八式,然后是形意六合大枪,最后是一趟形意飞龙掌。他的鹞形八式飘逸而迅猛,内力浑厚,动作利落,观之者无不由衷赞叹。他练形意六合大枪,只见丈二的大枪在他手里抖动起来,如同灵蛇出洞,怪蟒翻身,忽进忽出,忽开忽合,身枪合一,神出鬼没。练完了,未等收势结束,一片欢呼声已经起了。最令人注目的自然还是他的形意飞龙掌。因为这是李存义先生独创的拳路,所谓"独此一家,别无分店"者是也。出于对李存义先生鼎鼎大名的崇拜和敬仰,人们对欣赏这趟由他独创的拳路,是有着特殊的期待的。自然,能够通过自己的表演,来展示李存义先生声播海内的超绝的武学修养,爷爷也感到万分的荣幸。为此,他打起十二分的精神来表演这趟拳。于是,表演完毕,场上场下,欢声雷动。

在中华武士会成立的第一天,祖父就开始参与武士会的管理与授徒工作。那时,要求入会的人很多,同时,每日都有外地武师慕名而来,进行参观交流,这都需要有人出面接待打理。李存义先生和他的师兄弟们都有许多重要事情需要处理,所以这些接待任务大部分都由祖父他们来承当。同时,传习所新学员练拳,大多也是由祖父他们代替老师教授。这时,祖父无疑是李存义先生最得力的助手。祖父为人谦和憨厚,教学时一丝不苟,非常认真,对前辈恭恭敬敬,与同门同道关系都非常密切,在武功武德方面得到了大家的一致好评。

也是在这个时候,在祖父向各派前辈高手学习的过程中,使他真正地感觉到"天外有天,人外有人"这句话的含义,他大开眼界,受益匪浅。——他在这浩瀚的武学知识海洋里,像海绵吸水一样不断吸收着营养,很快,他的武学修养就提高到一个新的层次。

祖父有一个多年养成的习惯:每天早晨早起练功。能早到什么程度呢?——每天早晨中山公园开门的时候,他早已在公园墙外练完功了。

那时,参加中华武士会的学员,每个人都要缴纳一定的学资。但爱好武术的人中有不少是穷苦人,因为家中困难,没有能力缴纳学费,不能加入武士会进行学习。除了这些人,还有一些年龄大的也不能参加传习所学习——当时武士会对学员在年龄方面有一定限制。这两类人中有很多人非常渴望学武而不可得,就经常在武士会的门外徘徊不去,其情其景令人动容。

祖父每日早起在园外练功的事渐渐为人所知了，于是，就有人前来相求，希望能跟祖父学习。祖父对他们深表同情，并主动找到老师李存义、师叔刘殿琛、张占魁先生，征询他们的意见，要求在不影响武士会正常工作的前提下，利用早晨时间，在公园门外教拳。师傅师叔都同意了，祖父就开始利用每天公园开门以前的那段时间，进行义务教拳。这些人都非常感谢祖父，练功特别刻苦。通过一段时间的习练，其中有不少人取得了很好的成绩。最后通过祖父的推荐，他们中不少人成为了中华武士会的正式成员，有的甚至成为骨干成员。这些人中，后来有的武功竟达到大成境界，成为扬名宇内的武术家。

　　这个时期，祖父还把师傅传给他的推拿正骨术和点穴按摩术派上了大用场。因为练武之人在练功或相互较技交流时经常会有人受伤，每到此时，祖父就热情地为伤者治疗，使受伤者免去了许多痛苦，祖父也因而受到大家更多的尊敬和爱戴。

　　祖父的家和理发所都在小树林，那里离武士会所在地的中山公园不远。那时的小树林是个很繁华热闹的地方，不仅有通衢大道，还有北运河码头和各类旅店，是东北方向进入天津的交通枢纽。

　　祖父的理发所旁边不远处，有一家旅店，名为尚家店。尚家店前院是大车店，院内一溜北房，有车把式或贫苦人居住。房屋对面靠门边是一片空地，可以停靠大车，里面是马棚。大车店后面是旅馆，一般有钱的旅客都住在那里。自从中华武士会成立，因为这里离中山公园很近，南来北往的武林人士大多在尚家店食宿落脚。时间长了，人们慢慢都知道了祖父的理发所。于是，在闲暇时分，人们就经常到理发所里来拜访、切磋、聊天。久而久之，这里就成了一个武林人士聚会的场所。同时,由于经常接待外来者,这里几乎成了第二个"武士会接待站"。据祖父说,那时每到天热时,南来北往的武林人士就一起坐在理发所门外,大家交流切磋,畅所欲言,好不痛快。

(韩文书撰文。见《形意拳大师韩子衡——回忆我的爷爷》,2011年。有删节)

融晋冀形意于一家的董秀升

董秀升为河北刘派、山西宋派形意拳传人,是刘奇兰的弟子耿继善及宋世荣先生之子宋虎臣之徒。

董秀升,名俊,字秀升,生于清光绪八年(1882),山西省太谷县董村人氏。其先人曾官至侍郎。家传医道,其父董芳伦行医为业,兼营古玩,喜研习武技,曾涉足京、津、奉天等地行医经商,后定居北京,时人称"山西董",并传诵着"山西董"的不少轶闻趣事。董秀升自幼学诗攻文,聪颖过人,孩提时与其弟董杰(字子英)一同随父习武练艺,灵巧泼辣,行功笃实,其父暗喜。20岁文武并进,随父远涉。父殁,偕师弟石瑞亭往来于京、津、奉天之间,访

董秀升

友投师，行医习武。直至 1918 年返里，受聘为山西医院中医士（后任中医主任），定居省垣（先住红市街，后迁居纯阳宫十四号至殁）。此后，又受山西民众教育馆和山西国术促进会之聘，兼任国术教师。日寇侵华后，时局动乱，生活无着，又兼染起吸食鸦片之嗜，遂于 1939 年困顿而卒。其弟董子英则先赴五台山修行，又辗转寓居北京，在崇文门花市街接营原东家石氏之"石泰山"酒店谋生，并在花市大兴武术社（花市街火神庙内）担任教师，与河北定兴三李的弟子唐凤亭、唐凤台兄弟和山西人武佩卿等人共同研习技艺，教授门徒。

董秀升研习各派武术，融会贯通，理深技精。幼时在太谷本乡从其父及拳师多人学练当地传统拳械和形意拳，尚属启蒙。及长，外出学艺，多处投师，艺业渐臻精美，在省外尤负盛名。

1925 年夏，董秀升撰写成《少林五行柔术谱》一书，书中自序云："清光绪辛丑（1901），游艺燕京，获见李志英先生，始知有五行柔术，遂从而受业焉。考其术之源，系先生之祖，得自少林妙丹禅师者。而先生三世秘密，无传他人，故今世少人知耳。究其术之原义，可与阴阳五行之造化同体。虽云柔术，而其要以气功为始终之则，神功为造诣之精，乃上乘之技击也。"山西省著名书法家常赞春和董秀升门人李锦文（字立训）等人均曾为该书作序。李序云："清乾隆间，福建少林寺被劫，妙丹禅师出走四处募化，欲复其原状。行至直隶通州境，彼地故多拳术家，有李恩元先生者嗜技击，察知师有奇术，因而留家受业焉。学之数易寒暑，尽得其妙。师知伊功成即辞去，后寺院并未修复，亦不知其所终。"先生家传三世至其孙李志英先生，字杰臣，天生体质矮瘦，京人皆称朵朵李,在天津开设镖局,山海关外颇负盛名。杰臣先生又传通县黎元和尚、刘松桥、王三、太谷董俊先生四人。董先生后师事耿继善先生练习形意拳,迄今已二十余年矣,深得拳中奥妙,先生兼擅医道,供职山西医院。"又据董秀升门人李桂昌介绍,少林五行与形意拳理通法同,互为参贯,相得益彰。少林五行底功有五掌(托、推、云、攃、摩)、五拳(龙、虎、豹、蛇、鹤)、五功(卧牛功、麻辫功、木球功、木板功、吊袋功),四十二种基本动作(提牛势、捉牛势、望月势等),还有五趟相手法对击套路,暗含三十六点按擒拿,七十二截腿别挂,七十二分筋错骨,练时禅拳一体,内外兼修,别具风格。

董秀升学练形意拳,博采众长,精研拳理、拳法,独树一帜。离晋后,先从学于刘奇兰门人耿继善,继于1914年在天津中华武士会,求学于该会总教务李存义前辈。其间还往来于京津和深县沧州等地,少不了向刘奇兰前辈以及张占魁、钱砚堂等人讨教,同姜容樵等人交游切磋,尤其受姜容樵褒奖。1918年返里,又师事于宋世荣长子宋虎臣,亦颇受宋世荣前辈的指点,在内劲功夫方面获益匪浅。1924年6月,年逾花甲的孙禄堂赴晋,拜访宋世荣前辈(时宋在介休步二团任国术教师),往返途经省城均下榻于董秀升寓所,逗留月余,董秀升又向孙禄堂学艺讨技,除形意拳外,还学习八卦掌、孙氏太极拳,遂成至交挚友。孙禄堂临行前欣然命笔,题字称董秀升寓所为"养性轩"。《少林五行柔术谱》第九章讲到奇经八脉、内劲气功时写道:"近日深得斯道者,吾师爷宋约斋先生,吾师宋虎臣先生及吾友孙禄堂先生。"可见董秀升对孙禄堂技艺的敬慕与熟知。李桂昌、王辅仁等处均存有董秀升欢迎孙禄堂莅晋和欢送宋虎臣由大同过并回太谷的合影照片多帧。此后刘奇兰之次子刘文华受太原国民师范学校之聘,继李彬堂、王俊臣之后任教。刘尽得家传,功深技精,曾先后担任清华大学国术教员、天津中华武士会及京师"尚武学社"总教习,董秀升执弟子礼,虚心求教,术业益精。由是观之,董秀升酷嗜技艺,虚心治学,博采各家,并力戒胶柱鼓瑟,遂于1934年编成《岳氏意拳五行十二形法精义》上下两册,由范华印刷厂印刷,晋新书局发行,是山西省出版最早的形意拳专著。

董秀升文武全才,捧观其遗留的手稿,书法挺秀,文章隽永,博学多才可见一斑。查阅昔日山西国术促进会于1933年至1936年间编印的《山西国术体育旬刊》,每见载有董秀升文章,除介绍形意拳、少林拳的拳理拳法外,还介绍公立拳、罗汉拳、十诀剑、八方刀、断门刀、五趟白猿棍、六合枪、虎头钩等套路的动作和技法。

张占魁门人姜容樵,于1927年在上海创办尚武进德会并任会长,曾编著国术丛书多种。其中《当代武侠奇人传》一书于1930年出版。于右任、张之江等人曾为该书题词作序。《当代武侠奇人传》书名之上写有"最近五十年来国术掌故小说"的小字批文,姜自称属于武林人物事迹及历史沿革的写实之作,其人其事,率皆斑斑可考,翔实有据。该书由上海武学书局、世界书局发行。全书六册,前五册共44篇,第六册为"人物考证"。该书从第二册开始写到董秀升,有不少篇章专写董的武林掌故,第十四回的标题就是"董秀升放言惊回座",书中写道:"山西太谷董秀升,生得一表非凡,他父亲人称山西董,是小王五王子斌的师傅,他在家跟其父山西董练功夫,后来又拜在宋世荣门下,宋先生把形意拳的奥理一股脑儿和盘托出,全教给秀升,故董又是宋世荣第一个大弟子,也是形意拳第六代穆字辈人,在山西同辈中算得是铁中铮铮,庸中佼佼。"该书"人物考证"一册中写道:"今春(1928年,笔者注)遇同门贾慕骞于海上,出示宋世荣七十九岁遗容,白须飘胸,精神奕然,贾君为先生之高足,深得先生之三昧。宋先生有二子,长虎臣,次铁麟。先生之门人尚有董秀升、吕珏,皆有声于国术界者。"姜容樵可能觉得董秀升年长,又博学多才,便写成是"宋世荣的第一个大弟子",虽然在人物考证中作了补正,但实际董秀升是宋的长子虎臣先生的执帖弟子。正如书中误写乔锦堂为车毅斋之徒一样,实际乔系车师之徒李复祯之弟子。书中所说的小王五王子斌先后师事于李凤岗、"山西董"等先生,后来人称"大刀王老五"。

董秀升行功,势正招圆,劲力严谨,体用兼备,技击尤精。李桂昌常说,董秀升之"五功",日不间断,一丝不苟,实非常人可比。其相手击人,奥窍异常,贵用方法,不在力使。最得心应手的是蛇缠手、铁扫帚、贴门闩、上别下挂等技法,动在两手连环,意在肘膝沾裹,窍在上下左右十字找劲。董秀升已年逾花甲,每与壮汉相手如玩不倒翁,令人惊叹神随。其门人李立训(锦文)原为齐子仙(字振麟)入室弟子,习练形意拳有年,大杆功夫尤精,人称"梗阳李"。1923年初见董秀升时不服其技。董时年已近半百,见其秉性聪颖,功力笃实,意欲收之,遂与之相较。其妻正坐于炕沿处絮棉缝被,董一个"软劈拳"将其拔起,掠过其妻头顶,跌于炕上。不服,又两次,面盆茶具皆被砸碎。后李心悦诚服,执帖受业,技乃大进。

董秀升既公务于医事,又自强以行功和致力写作,虽兼任国术教师,从学者众多,但执帖弟子仅数人。继李锦文于1924年执帖入室后，又由张安泰介绍李桂昌、刘毅、申秉廉、苗玉林、王乃一5人执帖入室。后又由李桂昌介绍商长锁，石瑞亭介绍祁艾，从学于董秀升。

（原题《董秀升先生》，见孙绪编著《形意拳术体用全书》，人民体育出版社，2007年）

誉满全国的北洋大学武术教员
李子扬

李子扬，名耀亭，字子扬。生于光绪八年(1882)春，卒于1957年夏。河北省定兴县张祖庄村人。历任郑州永盛镖局镖师、郑州永盛镖局总镖头、郑州永盛镖局大掌柜、中华武士会教习、北洋大学武术教员、浙江国术游艺大会监察委员、第二届国术国考评判委员、天津特别市国术研究会副总干事、中华国术学会天津分会理事等职。以其刚烈雄健的武术功法、温良恭俭的处世态度、严谨不倦的教学风格书写了一代武术大师

李子扬

献身形意的一生。与长兄李呈章、仲兄李星阶被誉为"定兴三李""李氏三杰"。

光绪八年(1882)，一个春暖花开的日子，李子扬诞生于河北省

定兴县张祖庄一个武术世家。其祖父李铁珊武功盖世、技冠群雄，曾因战功被朝廷授予五品军功记名守备之职。其父李良栋，字国均，幼承家学，精通长拳，尤善刀法，其拦门枪、走线铜锤被当时武林称为绝技。李良栋设永盛镖局于郑州，喜交游、尚侠义，多长者之行。同时还担任著名商号谦祥益之谦益镖局的总镖头，其传授的弟子达到数百人之多，结交的朋友遍及大江南北。

作为张祖庄李氏这个镖局世家的一个传人，李子扬从刚刚会在炕上、地上爬行的那一刻起，就受到了李呈章、李星阶两个兄长的启蒙教育。当他会蹒跚走路时，就已经会比划几个基本动作了。他的表现让家里人，特别是祖父李铁珊倍感欣慰。于是，每天教李呈章、李星阶练功的时候，也把李子扬带在身边，开始传艺。而李铁珊通过对前两个孙子传艺，总结了更多的经验，对李子扬的传艺就更加科学严谨，他的进步就显得略快一些。这样，李子扬在祖父的悉心培育、在两个兄长的帮助下，成长起来。6岁时他开始跟随李星阶，从张祖庄来到郑州，在永盛镖局进一步接受李良栋的培养。稍大一些后，开始接受李存义、周明泰、杨家贞等人的培育。

光绪二十一年（1895），李子扬14岁时，在父亲李良栋的安排下，与李星阶、郝海鹏等人一起投贴拜丁李存义之门，开始专心习练形意拳。同时，李子扬也不定期地跟随李良栋的谦益镖局、李存义的义友镖局、李星阶的永盛镖局，成了一名业余镖师，开始走向江湖。18岁时，李子扬成为永盛镖局正式镖师。

光绪二十六年（1900），义和团运动失败，恩师李存义避难逃往山西，仲兄李星阶为避难带队赴奉创立常胜镖局。作为已经是永盛镖局镖师的李子扬，接受父亲的任命，接替李星阶，暂时担任起永盛镖局的总镖头。年底之时,长兄李呈章从苏州返回后,永盛镖局总镖头由李呈章正式担任。

光绪三十二年(1906),李呈章因失镖被父亲免去总镖头一职,李子扬正式担任郑州永盛镖局总镖头。

光绪三十四年(1908)夏,李子扬走水路镖路过文安北舍兴村。北舍兴村坐落在大清河畔,该处是从保定到天津水路镖船必经之路。前边的镖船因不慎刮坏了当村武术高手王子翙设置在水下的渔网。镖师提出如何赔偿,但王子翙狮子大张口,导致双方发生争执。王子翙凭借自己一身过硬的长拳功夫和水上功夫,率先动手,与押船镖师打了个平手。李子扬飞身赶到,又是道歉,又讲赔偿,王子翙依然不饶,挥拳就打。李子扬无奈,一个劈拳,把王子翙打落水中。王子翙取来双刀,再战,李子扬赤手将其生擒。不打不成交,两人结为好友。李子扬爱其才,王子翙想学艺,于是,当李子扬再次路过北舍兴村时,就带走了王子翙,把他介绍给了李存义,开始习练形意拳。而王子翙慧根独具,精进神速,成为以后中华武士会的骨干成员之一。

1912年,中华武士会发起之时,尽管李存义武林地位至尊,尽管形意拳已经锋不可当,仍有其他门派对诞生较晚的形意拳门派的统领地位进行排斥。在官员们莫衷一是、举棋不定之际,李存义抓住机会,率领弟子郝恩光、李子扬连夜拜见了国民党参议张继先生。李存义力谏形意之适用,为武术之精华,为国家之精粹。随后,李子扬与师兄郝恩光演练拳术,一个拳势舒展顺达似蛟龙,一个步法稳健快捷如猛虎,钻翻伸屈,拧旋往返,一趟拳下来,致使坚厚的地砖碎裂数方,令张继惊叹不已。张继次日组织开会,公布形意拳术为中华武士会首选拳种,其他拳种次之。形意拳在中华武士会的首席地位由此奠定,李存义的统领地位由此奠定,形意八卦太极的历史性融合也由此开始。此次随师夜访,李子扬、郝恩光以其非凡功力、雄健表现为形意拳立下赫赫头功。

同年9月8日,中华武士会在天津中山公园成立。李子扬雄姿勃发,演练杂式锤。

同年10月28日,中华武士会在天津造币厂大院举行了全国秋季大会,时称"中华武林英雄会"。李子扬演练形意十二形,时而行云流水,时而气吞山河,观者喝彩之声,不绝于耳。

1913年,李子扬被北洋大学聘请为武术教员,从此,开始了他长达44年的武术教育生涯。他精深博大的武术功夫、循循善诱的教学方法,使其身居一校,誉满全国,成为一代最优秀的武术教员。这期间,他培养的名人有:陈泮岭、曾养甫、陈立夫、陈果夫、张太雷等人。其中,陈泮岭还经李子扬推荐,拜李存义为师。为他后来成为河南省国术馆馆长、中央国术馆副馆长打下了坚实的基础。

1918年夏,天津博物院召开成立展览大会,李子扬演练龙形掌、锁口枪,台下掌声如雷,观众叹为观止。会后,被授予"武师"玉牌一枚。

同年9月14日,北京召开万国赛武大会,李子扬表演了剑术。当时步军统领李阶平微服坐于观战台上,见李子扬舞三合剑,身势低,走剑缓,气贯穿,惊喜交集,对左右说:"神乎技矣!剑势以低为难,舞者身伟而若斯,功力深也。"

同年12月,在李星阶的谋划筹备下,由李呈章负责的中华武士会第二分部成立,举行开幕式,武士会学员、北洋大学学生做武术表演。李子扬、李呈章在观众要求下,欣然登台,表演对练,令在场人士叹为观止。

1928年11月18日，中华武术研究社举行第二次国术观摩会。李子扬应邀到会并演练拳术、剑术，各界来宾啧啧称赞，叹为绝技。

1929年，浙江省举办国术游艺大会，大会恭请李子扬南下担任监察委员。浙江省主席张静江敬其才，赠其龙泉宝剑一口。

1930年，李子扬长兄李呈章去世。李子扬痛心疾首、感慨万千。

同年11月10日，天津特别市国术研究会在河北区五马路市立体育场成立，李子扬被聘为副总干事之职。

1933年，李子扬被聘为第二届国术国考评判委员会委员。其子李春芳在此次国考中过关斩将，获得最优胜，获得银盾一尊。

1934年5月26日，北宁国术研究会举行三周年纪念会，李子扬之子李春芳等30多名高手进行武术表演。

1937年夏，李子扬协助师侄王凤林创立"天津第27国术馆"。李子扬之子李春芳经常到该馆进行指导。50年代初，王凤林编创了形意十二形演练套路，请来李子扬指点。李子扬看过后很高兴，说："非常好！既有技击价值，又强身健体，还有观赏性。"

1941年，中华国术学会天津分会成立，李子扬担任理事之职。

1945年，天津第49国术社成立，李子扬再传弟子于景任社长。李子扬指派儿子李春芳前往任教，传授形意拳械。

是年，李子扬陪同中央国术馆馆长张之江参观、指导部分天津国术社的授艺情况。

是年冬，叱咤武林半个多世纪的武术大师李星阶去世。面对祖父、父亲、两位兄长，三代武林大师的坟墓，李子扬老泪纵横，感慨万千，遂生归隐乡土之念。

1951年，北洋大学更名为天津大学。已经古稀之年的李子扬提出离退申请,但是学校因其高超的武功、突出的贡献,再三挽留。李子扬感其诚,继续留任于天津大学。直至李子扬去世,天津大学才聘请樊瑞峰接替了他的武术教学工作。

1957年夏,绿树成荫,鸟语蝉鸣,一代武术大师李子扬寿满天年,与世长辞,享年76岁。

(郭文永撰文)

清河三杰之一阎志高

阎志高（1882—1961），又名阎云营，也有写作阎云凝者。河北清河人。其太极武功略逊于葛氏子弟及顾印珂、郭景森、潘尚义、霍梦魁、杨一桥。但在拳理和器械方面，阎志高可以说是清河县最全面的人物。因阎志高小时患过天花，落下一脸麻子，眼又左斜视，加之脾气古怪，家乡人称"阎五妖怪"。但阎志高的文才和武功在清河县是出了名的。民国时期享誉北方武林，与顾印珂、霍梦魁合称"清河三杰"。

阎志高

阎志高家境富裕，幼得名师传授少林拳。17岁在永年县城省立中学堂读书时遇郝为真，拜在门下从学太极。数年后，阎志高又考入保定武备学堂，与李景林成了同窗。在永年读书和考入保定武备学堂前后六年多时间里，一直在武派太极门内修炼。由于师传有法，自身勤苦，太极功夫日趋精纯。时常练单操势，好学揣摩，深得太极精义。期间，曾多次代师与各门派高手比手。阎志高又学过形意拳、八卦掌，集多家武技于一身，融会贯通。毕业后，常游京津，与中华武士会的李存义、杨明漪等人过从甚密。对于拳界掌故了解清晰，京津拳界知名人士赞其为诚笃君子。1923年出版的《近今北方健者传》一书中，详载了阎志高表演的太极十三势、太极枪、太极刀和推手四项。另有民国年间出版的《太极拳谱》一书对阎志高等也有记载。其中云："杨兆清、阎云凝、葛咸宜、梁干卿等午夜琢磨，考核校正，唯恐理深意奥，不易了解。故再重加赘述，有梁干卿注走架规则，身法八要须知……"书中的杨兆清即杨澄甫，阎云凝即阎志高，葛咸宜即葛顺成，梁干卿也是清河人，系该书主笔。七七事变后，阎志高回清河隐居，潜心丹道，得高人传授"转天尊"内功。

1950年，69岁的阎志高生活艰难。多年的疝气时常发作，生活穷困潦倒，身边无人照顾，只靠昔日弟子接济粮米，以砂锅煮粥度日。这时霍梦魁来访，约阎志高赴沈。霍梦魁比阎志高小8岁，也是郝为真的高徒。霍梦魁赠阎志高百余元，嘱其买些将养补品，另外购置衣服，换换被褥，然后动身。约月余，阎志高经过将息，体力和精神都得到了较大的恢复，便随霍梦魁一同到了沈阳。阎志高的到来，使沈阳城清河三杰的武林佳话彪炳青史。

阎志高最初在"太极霍"武馆与霍梦魁一起教拳。霍梦魁将所收学费一概交阎志高保管。阎志高可能认为霍梦魁已经留下自用钱财，除购买米面油盐之类外，再不给霍梦魁其他费用。霍梦魁感到诸多不便，加之学拳的人又多，便建议阎志高另设武馆授徒。

1950年初秋,阎志高在沈阳大南关军署街开馆授徒,馆名为"清河太极阁"。除教授武派太极拳械外,还有八卦门的三义刀、二十四趟刀、八卦指路刀、八卦对劈刀、双头枪,以及长拳门的杨家枪、风火棍、对花枪、空手夺白刃等器械。

初授徒时,弟子们想方设法要试一试老师是否有真功夫。在请师傅吃饭的时候,他们特意弄了几盒肉罐头,又不带开罐头的工具,就是想看看师傅能不能用手把罐头打开。20世纪50年代生产的罐头密封得很好,铁皮很厚,所以轻易不会打开。阎志高早就看明白了弟子们的那点小心眼,一笑,仅用领劲指一点,铁罐头就出了个窟窿,然后把手指伸进去一拉,罐头就打开了。

在小河沿带徒弟练拳时,邻场有一气功师带徒练功,运气于身,肚皮一拍,刀砍枪扎都不怕,并且带着挑衅的语气口出狂言。阎志高用手指向该人膻中穴轻轻一点,然后往下一拉,在肚子上点了一下,气功师立即脸色发黄,说不出话来,回去后吐血不止。不得已又找到阎志高,请其开了几剂药,调理月余,方才痊愈。

阎志高功力深厚,其所用太极刀重6.5公斤,太极杆(枪)重16公斤。其轻功亦不平凡,当年他家境殷实,为防贼匪洗劫,将庭院四角设有岗台(俗称炮台)。阎志高上岗台时并不用梯,而是以太极提纵术平地而起,拔身登上岗台。热兵器时代,武林高手被枪炮击中之事时有发生,阎志高觉得武功再高亦比不得枪弹,从此便不再练轻功。1955年秋,一日老师高兴,众弟子便请老师演练太极提纵术。师傅说:"几十年没练了,现年事已高,试试看吧。"遂取太极杆横放在地,双足距木杆约半米,立身站定,挺拔(提顶)而起,双足离地,越过木杆约半米,说:"今只能如此了。"令在场弟子大开眼界。

一日,阎志高在教徒弟太极推手时,让徒弟站在墙角处。只见其动作如"云手"的姿势,双手向前上方一扬,徒弟则腾空而起,后背贴墙,但未有跌撞疼痛感。此动作被徒弟们美其名曰"贴大饼子"。入秋的一天,几名徒弟陪老师到大西门外看马戏杂技。回归途中,见一艺人练重约30公斤的石磴子(举重)。老师停步观赏,赞赏并赏赐艺人后,乘兴下场单臂举起石墩演练了一套大刀式。观众见之齐声喝彩,无不赞其"好功夫",阎志高一笑,与艺人礼别。

由于阎志高英明在外,许多人对他非常敬仰,也有一些不大服气者。一日午后,来了一个彪形大汉,自诩沈阳某拳场名教师,言语间还特意显露出腰间光闪闪的九节鞭。阎老师随手操起太极杆说:"既已亮出家伙,就请动手吧!你是客人,让你有个便宜(鞭对棍)。"来者见老师凛然相邀,却迟迟却步,不敢妄动,最后,竟悄然溜去。还有一位习长拳20多年的赵某,自恃武艺高强,来访并欲与阎志高交手一试。阎志高说:"既练了那么多年,有什么拿手的,尽管用吧。"只见赵某双臂抡圆,上步照老师面门打去。当时大家未见阎志高如何接手、发手,但见赵某身弯如弓,双足离地约60厘米飞了出去,臀部触碰木板墙,将墙(两寸半木方,六分厚木板造)砸了个大窟窿,人被打进隔壁屋中。稍停,赵某才蹒跚走出,一言不发地溜走了。

阎志高在沈阳授徒12年,弟子数百人,影响较大的有陈明洁、刘长春、卜荣生、刘钦州、张淑贤、萧玉甫、徐梦久、康国福等人。

1961年,阎志高年老体弱,不能继续执教,取道天津回清河。因水肿病严重,所带钱物又被小偷所窃,不得已在天津下车,找既是同乡又是徒弟的张玉海帮忙。因忘记了张玉海的具体地址,只能强托病体,有时不得不爬行寻访。天津火车站一位姓任的值勤警察把阎志高安排在海光寺一间小店,经过公安局调集户口核查,才找到了张玉海。张玉海在天津市十三中学工作,与阎志高感情颇深。张玉海把阎志高接到家中,将其棉衣拆洗缝制好,又经单位领导批准,暂借半个月的工资,把阎志高送到当时离清河最近的德州南的平原火车站。因德州通清河的公路被毁,汽车停运,加之阎志高病情加重,张玉海不得不将阎志高送到平原县医院救治。因医治无效而谢世。张玉海既发电报又捎信给阎姓晚辈阎长道、阎长法,言明阎志高已病故。阎长道、阎长法两人用太平车将阎志高灵柩推回清河安葬。

(王保晨撰文。见罗征等著《邢台武术源流谱》,河北人民出版社,2007年。题目为编者加,有增补)

形意统一拳传人郭汉之

郭汉之(1882—1980),天津人,住北海楼。家境富足,兄弟三人。因身体有病,所以早年从天津花拳名家五彩云习外家拳。后三兄弟从李存义,开蒙形意拳;李存义离津后,转从尚云祥,递帖拜师,习形意拳。三兄弟把一明两暗的房子打通了,用来练武。从尚云祥学拳时,郭汉之行大;二爷有文化,负责记录,寿至七十余岁;三爷喂招。三爷早亡(从尚云祥学艺阶段)。后,郭汉之又从孙禄堂学拳,又把刘文华请到家里,每月60大洋包吃住连接带送。后来,机缘巧遇梁兴华。梁兴华为清朝翰林,不知原籍,文武全才,其他亦不详。郭汉之从梁兴华学形意拳二步功法——形意统一拳,拳艺大进。

1912年,在中华武士会成立大会上,李存义让自己的养子李彬堂为郭汉之喂架做表演,后中华武士会经费短缺,郭汉之也经常出资捐助。五四运动时,学生到天津督署请愿,郭汉之暗中保护学生领袖,有幸结识周恩来。九一八事变时,郭汉之联合天津武术界同人王毅夫等人，购买数百把大刀，组成"抗日救国大刀队"。郭汉之曾历任成立于1928年9月的天津市国术馆教务主任、副馆长，并在馆内教授形意拳。还在天津县国术馆馆刊上发表文章。1937年日本进天津前，郭汉之为避祸，把在大王庙的兵器都扔到了三岔河口的海河里，也中断了教拳，一直到日本投降后才又继续教拳。

郭汉之像

郭汉之曾任天津第二十六小学体育教员，后来在北海楼住处开了家旧书画店。从在小学教学开始，郭汉之就开始教拳，弟子有金宝华、杨立德、杨润田、张牧石、高椿年等人，还有当时大成五金行的邓厂长、北宁铁路局的潘二爷、原意国特高科科长郭凤池、原意国工部局消防队队长葛长泰，还曾教过袁世凯的第十四和第十六子。

金宝华比高椿年大20多岁，在天津王串场附近住。跟随郭汉之时间较长，老师有什么事都叫金宝华去做，80多岁去世。杨立德比高椿年大15岁，启蒙师为王凤林，后一直从学于郭汉之，也在王串场花园练拳，寿95岁，无疾而终。杨立德的儿子杨嘉麟亦习武，掌握的套路、器械等比较全面。

杨润田曾经给孙禄堂当书童(仆人)，比高椿年大6岁，也已经辞世，享年86岁。其后人不习武。郭凤池是张鸿庆的徒弟，在王串场花园(中华人民共和国成立后)也转从郭汉之学二步功，类似郭凤池这样带艺从郭汉之学拳的还有很多，比如金立丰、孙金桐、严智宝，原本从尚云祥学拳，尚先生离津后，又跟随郭汉之继续研习。李文贞也曾从郭汉之习拳。

郭汉之的夫人，武清杨村人。郭先生子郭桐、郭权、郭樹、郭棋。郭桐不习武，在银行上班，寿至八九十岁；郭权，北京外交部工作，早已退休了，亦不习武；郭樹，习武，中华人民共和国成立前曾在天津和沧州人打过擂，力胜，结婚后不多日子即逝，终年仅30余。四子郭棋，不喜武，亦30余岁时得癌症去世。长女郭淑，自幼习武练武，20多岁早折。次女，失其名，在铁路局上班。郭汉之得病时，享受次女的劳保。郭汉之大肚子，非常能吃，爱吃水果，尤其是冰冻香蕉。85岁时一次吃完冰冻香蕉后肚子疼，到铁路医院，做了阑尾炎手术，手术后要插尿管一段时间，郭先生颇不耐，直接把尿瓶子拔下来了，即使这样的状况，照样可以扑高椿年。郭汉之活到98岁，在世时常与同门梁世珍去北宁花园活动练拳。三女郭英，以给人镶牙为业，其丈夫1949年去了台湾。郭英后来又在大陆结婚，生子从郭家姓，名德浩，后也去了台湾，后来由于音信不通，也失去了联系。郭德浩从其姥爷郭汉之学拳。郭英后来也移居台湾。

郭汉之还同武术界人士广泛交往，如何威如、薛颠等有金兰之谊。何威如，住天津南市，习岳氏拳，高椿年拜师时在场。郭汉之也经常给人治病，主治跌打损伤、四肢疼痛等状，手法类似按摩。

(高椿年口述，高晓剑、于经元整理)

济南才子杨明漪

《近今北方健者传》又称《拳勇见闻录》,是一部民国时期北方武林人物的传记作品,由济南才子杨明漪撰写。此书初版于1923年,目前存世量极少,是天津中华武士会传留的内家拳史的珍贵资料。

光绪九年(1883),杨明漪出生于山东历城有名的书香世家。杨明漪的父亲杨鹤年早年任职于巡抚衙门,与书法家松年等人交好。老先生深感清末时的内忧外患,曾将家中保藏的岳武穆书写的诸葛亮《出师表》的明拓本,雇佣泰安刻碑高手,用时3年,刻石42方,然后拓刻分发,赠与军队将士们,以激励士气,端正时风。

杨明漪

杨明漪天资聪慧，15岁时参加清末最后一次科举考试的乡试，名列榜首。年龄稍长，杨家一位姓梁的邻居（失其名，其子梁易安，为我党新四军干部）留学日本，参加同盟会，并招杨明漪前往，但因母亲反对，杨明漪未能成行。自此，资产阶级民主共和思想深入杨明漪内心，参加辛亥革命活动，迅速成长为革命派在山东学界的代表人物。1911年11月，山东同盟会和山东各界联合会推举杨明漪、王墨仙、周剑龙、丁佛言为代表，赴辛店第五镇营防，谒见统制，向协统贾宾卿陈明时局，晓以利害，促成辛亥革命山东独立。此事见载于《民国山东史》（山东人民出版社1995年版）。

山东独立只持续12天便告夭折，革命党人受到袁世凯追捕。杨明漪逃至天津，投奔从日本归国后活动于天津的梁先生，受到天津同盟会的庇护。据说，梁先生为杨明漪谋到了一份司法界的差事，自此杨明漪长期寓居天津，一直到1924年父亲去世，才重新返回济南定居。

杨明漪是天津中华武士会最早的成员之一，拜李存义为师习武，见证了武士会从创建到兴盛，成为华北内家拳大本营的历史。但杨明漪生平中的一些史实，尚待进一步考据。如，杨明漪作为革命党人，是在何时参加的同盟会，他与早期创建中华武士会的同盟会燕京支部的关系以及杨明漪本人参政的历程等。但从已经掌握的杨明漪的行迹来看，杨明漪无疑曾厕身于政客、军阀、官僚之间，反封建、反军阀，苦苦求索，最终无力改变现实，再加之个人情感的困惑，厌倦了尘世，遁入空门。

创始之初的天津中华武士会，以其创始人李存义人格的力量，聚拢了一批崇尚侠义精神的文人，其中，以杨明漪的文采最佳，整理了大量的中华武士会传承的拳谱、剑谱等。杨明漪除和李存义老师学艺外，还研习李彬堂、郝恩光等人的武艺，对形意、太极、八卦均精通。杨明漪有两个儿子，承袭了部分武艺。杨明漪的次子杨良光，1917年落生于天津，晚年时常练习父亲传授的形意拳术。现存一封津门书法家马叀致孙禄堂、李星阶、阎子阳、杨明漪等人的书信，可窥出当时杨明漪在武士会中的情况：

"对涵叟事，祈诸公襄成之，至交别太客套也。更有请烦明漪弟者，河南地□，不可久事飘零。圊儿报告，爷又顺了妇人一甬，魔力真大，或者他们大胆私售与于秉中，而于近年已闻狼狈，能讲事实写呈县署备案，情节子阳弟传述与明漪先生，并使圊儿也就此练习处事耶。"

"但是近来觉到子女都该课以实际，明漪弟明拨一点功夫，赐教小儿一番，感德无量。"

信中的"涵叟"是孙禄堂。马叀打算把自己的儿子交付孙禄堂先生，祈望大家一起促成此事。从"河南地□，不可久事飘零"一句，可推测杨明漪常奔波于河南一带。"情节子阳弟传述与明漪先生"，则说明杨明漪等中华武士会核心成员之间的密切关系。"明漪弟明拨一点功夫，赐教小儿一番"，看出马叀的儿子同时就学于杨明漪。此信估计写于20世纪20年代初。

大概就是这个时期，杨明漪开始了《近今》的写作。此时的天津中华武士会同人著书立说，创作氛围颇胜。孙禄堂的著述在此得到大家的推崇，《拳意述真》诞生于此。阎子阳绘制出了精美绝伦的《十剑谱》等一系列图说。就连杨明漪的同乡王恭甫也把平生唯一的一部《太极拳谱》留在了这里。王恭甫是杨明漪最早结识的武术家。此人曾因赴爪哇打擂而名噪南洋，成为中国太极拳技击在海外成功的典范。

《近今》一书的出版人是阎子阳。阎子阳曾受聘于天津提学使司学务公所,长期在直隶教育印书处从事出版工作,所以负责这部图书的出版。阎子阳为本书的封面题字,同时负责定稿。其时,杨明漪远在济南,通过书信和阎子阳等人交流图书的出版事宜。

"李瑞东被打身死一节,弟所闻不只海亭所道,尚有模范团中人言之,拟于卷首凡例中添'如有调查失实者,请函更正,以便再版时改之'一条,此文即不必改矣。"

遗憾的是,限于当时的写作条件,李瑞东先生之死被误写。但有趣的是,当此书出版多年以后,此事件终于水落石出,阎子阳的弟子李敦素为本书做了巧妙的更正。如今我们所见的这本绝本的《近今》上,李瑞东一节,可以看到李敦素修改的笔迹。

"二十八元可印一千本书,价廉极了,恐怕纸不好,未知报纸有白的否。弟今一面修正原稿,打算阴历年前印出,若文料不齐,或有别的间阻,就得来年了。"

此书的纸张确实不好,不光发黑发黄,且无柔韧性,致使纸本脆裂,无法掀动。从中可以看出当时出版条件的艰苦。

"拙著务祈费神细校,如校后仍不放心时,可寄弟校阅再印。禄堂《拳艺述真》之作实吾辈所亟思见者,未审何时可得一阅?惟泄漏家法,国人不知宝,恐流入异域,楚材晋用也。"

"暂时通信:福州督办行署副官处王心畬转。"

杨明漪在交代自己图书的事宜时,也关心着孙禄堂著作的出版情况。这时他的通信地址是福州督办,据此推测,杨明漪又活动于东南沿海,何事不得而知。

翻阅本书的版权页，是如此标志的：《近今北方健者传》（又名《拳勇见闻录》）。著者：济南杨明漪。校阅者：黄建亭。印刷者：直隶教育印书处（天津河北公园内，电话一六六八号）。出版时间：民国十二年。分售处：济南布政司大街含英斋、天津大胡同世界书局、天津大胡同文华书局、天津元纬路广智书局。定价：每册大洋四角（外寄邮费另加）。通讯处：济南西关制锦市后街十六号。

杨明漪平生精通经史子集、书法金石、佛学武术，同时还有一部《胡然集》行世。其生前所绘武学著作均毁于"文革"期间，其他著述佚失。杨明漪先后于民国初年和20年代，拓《出师表》200本，分赠亲友。1948年，在解放济南的炮火中，家中藏宝室中一枚炮弹，家藏尽毁。所遗《出师表》石碑除三方被毁外，其他39方，1956年由杨明漪后人捐献给山东省图书馆，至今仍存。

关于杨明漪的卒年，目前有两种说法。一是卒于1933年，由杨明漪的长孙杨仁纯提供。一说1939年，由杨明漪的密友秦文炳的后人提供。在此，谨从前说。据中华武士会成员李敦素生前回忆，杨明漪晚年遁入空门，带发修行，终于五台山。

中华武士会是杨明漪凡尘生活中的港湾，也许他预感到终有一天会曲终人散，所以他不失时机地留下了这部作品，以为纪念。若干年以后，仍然是这本薄薄的小书，让我们感受到先人们跨越时空的激情与纯粹。

著名学者、山东文史馆馆员孙念希有一首《题胡然集》诗，概括了杨明漪的一生："狂煞山东李白才，亦仙亦侠亦尘埃。挥毫把剑无人识，闻向云窝咏玉台。四十年前独立军，纵横年少相夫君。至今遗老谈辛亥，犹数丁杨是旧群。岳墨传家守壁廊，生平豪气略相方。象贤输到人民手,更广精忠教士良。涉笔知君不自珍,故人收拾见君真。他年旷代斯文感,傥为湖山忆此人。"

(阎伯群撰文。原题《杨明漪和他的〈近今北方健者传〉》,见《武魂》2009年第9期。有增补)

英年早逝的李彬堂

李彬堂名文华(1884—1923),李存义次子也。中华武士会创始于李存义,实施教而持久之者,乃郝海鹏、李彬堂、李星阶、阎子阳也。1913年,海鹏应叶剑星诸君之约,赴日本教授留学诸君,彬堂继之主中华武士会教务,兼充某某高小校教员,勤勤恳恳,学者乐之忘倦,所教之士不胜偻指,尤翘出者,曰韩怡庵、罗仲贤、刘楚轩、刘雁秋。1917年春,随某上将赴粤,五月间,由粤北来,上将道他途,彬堂与上将之二三苍头者,箱笼数十,衣物伙颐,航至某处,船将沉,苍头等畏葸先登岸,彬堂经营箱笼无少损。有女郎附彬堂臂求援,彬堂携之,彳亍船面,日落近黄昏,水没胫膝及腹,值救,与女郎同跻岸,女郎父呼彬堂。彬堂慰之曰:勿惊。幸脱险,患难相扶,人类分内事耳。苍头等将剖分箱笼衣物自肥,而以沉没报上将,方拟议,彬堂眦裂虎啸曰:有我在,鼠辈敢尔。以是上将物得完无失。六月间抵津,与侪辈谈此事,色作苍白,盖余悸余怒犹在焉。既而笑曰:武勇在身,无如波臣何,岂非被水族拨弄耶。苍头等谗彬堂于上将前,上将惑之,谢彬堂。彬堂由是抑郁病且殆矣。秋,以会务托付其师兄李星阶而归养,七年冬病愈;八年春就北京某木厂之聘,嗣遭父丧;十一年就山西省城某师校之聘,殚精竭虑;十二年春旧病复发以死。年三十九,某校归柩深县。而聘王俊臣继其任,盖遵彬堂之嘱,延星阶,星阶以事不能西也。

明漪曰:彬堂貌魁梧,外和易,内褊急,与人交,无贤不肖不拂其意。其拳械克承家学,唯精形意一门,他弗措意也。予于形意受彬堂教者多,所受连环剑与他人不同。尝见其以左势虎扑,败某师兄于津门。又云:年十四入都,谒郭先生云深,受郭教严,至见郭则战栗心悸,以是知教人之不当使受教者有所畏惧也。乃引某上将为知己而死报之,忠且见谤至与屈贾同遇,以荷荷终,惧哉! 古今茫茫,奚止某上将之聩聩,尚何足论。

(录自杨明漪《近今北方健者传》,1923年。题目、生卒年为编者加)

王俊臣小传

王俊臣(1884—?),名庆丰,字俊臣。赵人,短小精悍,幼嗜技击,性豪爽,尚义气,拜李忠元、张占魁为师,习形意八卦。尝见其一人,伴与市中无赖二十余人斗,无赖辈,百般腾挪,而王则指挥如意,被其摔仆者十余人。先是天津未设警察时,有名打架窝多者,皆市井游手之徒,常互相械斗,恒数百人,俗称争市面,盖

王俊臣

陋习也,与北京吃仓夺库之械斗无殊。津门械斗之风,至今仍未除之。有某甲因争市面,率众约与某乙入夜械斗,乙唯一人,与全家老弱数口,如卵击石,不相敌,乞救于王,王抱不平,慨然曰:彼众我寡,时又仓促,可否易来宵,容我约友协助。乙曰:若是时我全家殆

矣。王默思良久曰：余为若谋。以策嘱乙，天既昏黑，王履快靴，着青短装，收拾停当。已夜二鼓，乙伏房顶窥望，果见甲率众约三十余人，各持枪刀，至门，咆哮詈骂者约一小时，王于门隙见甲众倚械休息，席地吸烟，虽意气自得，逆知已怠，遂取齐眉棍，由房飞出，大声呼曰：贼子拿命来。舞棍风起，横扫直捣，同时屋上砖瓦齐飞，甲众头破血出，抱头鼠窜，如鸟兽散。是役也，王虽以力敌，实以智取。时天寒欲雪，王先嘱乙以水泼门，遇风而冰，坚滑异常，聚砖瓦于房脊，以王之呼声为号，则掷击对方敌人，于是甲方败矣。既而由天津武士会荐，王充保府军官学校武术教官，又集嗜形意之学员数十人，立武术研究社，受学者遍中国，直晋鲁豫四省军官尤多。所编成绩录，以李存义口述之拳谱，孙禄堂之形意拳学为准，而以岳武穆形意要论附焉，械则取五行剑、连环剑、（形意门）梅花剑、（八卦）六合剑、三才剑、三合剑、九洲棍也。

（辑自1923年杨明漪《近今北方健者传》，1933年金警钟《国术名人录》。题目、生年为编者加）

剑胆琴心阎道生

清末民初，近代中国传统武术迎来了时代激变后的勃兴，从民国成立至七七事变，逐渐达到了鼎盛时期。在这辉煌的二十几个年头里，在直隶天津武林活跃着一位关注现实，为社会进步做出突出贡献的形意拳家阎道生。他不仅是精通理法的内家拳高手，还是誉满津门的书画大家、天津画坛的拓荒者，同时在教育、慈善、诗词、音韵等方面均有建树，堪称近代中国武术界、文化界德艺双馨、文武兼修的典范。

阎道生

阎道生的武术活动和艺术生涯的黄金时期主要在天津展现，创造了天津城市文化坐标上宝贵的亮点，在当时影响巨大。但因其盛年即淡出武林、文化界,归隐田园,沉浮于兵燹乱世间,声名逐渐湮没无闻,成为民国史上众多被遗忘的大师之一。近年,通过京津冀文史学者的共同努力,阎道生被重新发现,其人其艺在穿越了尘世的风霜雪雨之后,再次进入当下中国传统文化复兴的大视野。

家世渊源 铸就侠义

阎道生,字子阳(一作子扬),40岁后改至阳,号阅庐,别号阎仲子、北溟剑士,光绪十年(1884)二月二十九日生于直隶省静海县扬芬港村(今属河北霸州市)。阎氏是静海县的望族,1934年出版的《静海县志》对其家族的迁徙、封荫、名人都有详细的记载,足见其家族的社会地位与影响。建文年间,阎氏先祖阎磐石从燕王扫北,永乐二年,蒙军功而受赐,封百户侯世袭,遂举家于金陵移地北迁,卜居扬芬港,堂号诒燕堂。乾隆初年,扬芬港阎氏东长门一支迁居静海县独流镇。迁祖阎联奎,字鲁堂,监生,"性孝友,好施与,幼而失祜,弃儒归农。独流镇渡船年久多朽,捐资重修。嘉庆十八年,扬芬港遭回禄之灾,延烧半村,族人被灾者周以钱米。堂侄毓秀幼孤贫,抚育成人,为之婚娶给产。道光七年,建家庙于扬芬港。十年,建文昌阁丁独流镇。每遭饥馑,倡捐赈济或设粥厂,或放钱米,马伏波所谓乡里善人也。道光十五年,元孙生,亲见七代,五世同堂。史前,县详请旌表,赐七品职衔,邑令奖以匾额。道光十七年无疾而终,寿八十有五。"阎联奎就是阎道生这一族迁居静海县独流镇的先祖。

光绪年间,阎道生的父亲阎恩焕迁返扬芬港。阎恩焕,字炳萱,以教书为业,是当地德高望重的乡绅。他还曾以行医为生,医术高明,颇有口碑。阎恩焕热心公益,曾捐修扬芬港至杨柳青段的中亭堤,当时此堤称为"新中亭堤"。"新中亭堤,在县北扬芬港。光绪中叶,村民阎恩焕等创修。1930年,天津、静海、文安三县重修,保障东淀之水,堤内收获恒丰。"光绪廿五年(1899),阎恩焕创立扬芬港村堤防会。《阅庐日记》写道:"扬芬港村十数年之洪水不见陆地,廿五年由先严倡议,有族祖少卿大爷、鹤舫大爷与辅二爷及张君赠三创立堤防,故廿六年正月四望才见无垠的全成陆地。"1912年至1913年天津《大公报》曾连续十余次报道扬芬港村阎恩焕等联合大清河流域七县乡绅请赈开浚河道之事,是当时直隶省的赈务大事。扬芬港村处于东淀大洼洼底,九河下梢,承接白洋淀之水,历来是水乡泽国,十年九涝,疏通下口、补修河堤之事已成常态,也成为阎氏家族世代相承的公务。

  阎家家道小康,世代业儒耕读,从教、行医,惠及乡梓,与世无争。阎恩焕育有三子,长子阎旭生,次子阎道生,幼子阎午生。阎道生出生时其父正受聘于江西教专馆。10岁上,阎道生开始读《诗经》,兼习书画,并随父亲学唱昆弋。阎恩焕是村中十番会的会首,尤擅武戏,也把自己的身手传授于子嗣,使阎道生从小养成了好武的习性。阎恩焕最为推崇清代颜李学说,颜李学派所倡导的注重实学、强调习行、习动,反对死读书的学风和垦荒、均田、兴水利,向往天地间田,宜天地间人,土地资源共享的社会理想为阎家推崇。颜元所著《四存编》为家中子弟必读之书,书中的存性、存学、存治、存人,所弘扬的注重实事实学,反对伪道门、无神论等思想成为阎氏家族的家道和家风,也铸就了阎道生的思想基础和向往境界,致使阎道生一生不信教门。颜李学派强调和提倡的动以致强、文武兼修思想成为其终身以求的志向。

1901年,清朝新政初始,18岁的阎道生与一位同乡结伴赴武昌报考湖北武备学堂,学习军事。当时湖北武备学堂为编练新式陆军,除招生收营内武弁进修,也另外招收20岁左右身体健壮、文理通顺的官员子弟和士绅子弟,前者为正课生,后者为附课生。阎道生和同乡被顺利录取。教学内容分为学科与术科两种:学科即为讲堂功课,有军械学、算学、测绘、地图学、各国战史、营垒、桥道制造之法及营阵攻守转运之要;术科即为操场功课,有枪队、炮队、马队、营垒、工程队、行军炮台、行军铁路、行军电线、行军旱雷、试演测量、演习体操等。学生除学习主科外,如逢假日,则令诵读四书、披览史籍兵略。武备生待遇优厚,在社会上备受羡慕,地位很高,被称为"武备学爷"。

阎道生接受了严格的制式训练,学习优良,深受教官器重。按照正常的发展途径,阎道生毕业后将进入军界,一定会大有作为。谁知,阎道生的人生却在这里发生了重大转折,在毕业授官之前竟不辞而别,独自去闯荡江湖。阎道生一生无意仕进,此事即是开端。在命运的转折点,在主流与个性之间,阎道生选择了顺应自然、率性而为的快意生活,与同乡一起漫游湖南湖北的名山大川,写生画画,临摹山川风景,寻访高人隐士,行侠仗义,落魄时便以乞讨为生,最终走遍了大半个中国。阎道生回津后,终生再未离家远行。这次丰富而艰难的实践给他提供了鲜活的创作素材和人生体验,成为一生受用的财富。

从文习武 奠基形意

宣统元年(1909),阎道生归津,登上新政最为活跃的天津舞台。依靠绘画之长，供职于直隶教育图书局和商务印书馆天津分馆，绘制教科书插图。民国成立后，又在《民约报》和直隶学务公所社会科就职，直接与燕赵文武两界精英结缘。

由上海北上的同盟会会员汪兆铭、陈其美筹款在津创办的《民约报》于1912年公历4月1日正式出版发行。革命党人陈天民主其事，林纾为总纂，每天出版报纸两大张；同时附画报一大张，由阎道生编辑，宣传革命之意义。阎道生与京津一带同盟会员接触很多，交结了不少具有革命志向的朋友。当时，在直隶的同盟会成员张继、王法勤、顾德宝等人正筹备同盟会燕支部，并联络武术家准备成立北方第一个武术团体"中华武士会"，鼓励同盟会员加入武术组织，培养尚武精神。阎道生虽未加入同盟会，但积极参与同盟会发起的武术活动，践行孙中山先生"强国强种"的理念。阎道生正值青年，思想进步，有着知识分子的良知和爱国热忱，同时也恪守着自己的人生准则——"不奉党"，而后一生未参加任何党派，保持着自己信仰上的独立。1912年6月16日，中华武士会在三条石直隶自治研究会总所召开成立会，随后中华武士会会馆定址于河北公园内的学会处，与阎道生供职的直隶学务公所毗邻，隶属于社会科管理。阎道生作为学务公所同人，与张继等80余人共同发起成立了中华武士会，并拜中华武士会教务主任李存义为师，被编入本部第一班。阎道生寓居学务公所二楼，自号"北溟剑士"，室号"诗韵剑光楼"，一直到1916年辞去学务公所事务，专职中华武士会执教。

阎道生从师李存义习形意拳、八卦掌，受教于李彬堂最多，刻苦习练，寒暑不辍，颖悟锐进，遂得李存义父子真传。形意十二形中"燕形"是他最拿手的绝活，表演之时，身子贴地，能在板凳底下一掠而过，出去丈余，再次俯身下探，掠过第二条板凳，轻盈落地，俗名"燕子抄水"。1923年，孙禄堂曾作《拳意述真》一书，书中为前辈大师宋世荣作传，写到宋世荣精于燕形，及见阎道生演习，孙氏惊为绝技，可追前辈。《拳意述真》最终由阎道生校订，皆因孙禄堂对阎道生文通武备的钦服。阎道生还擅长抖杆子，在中华武士会有"杆子阎"之称。

经李存义老师介绍，阎道生还就学于李瑞东先生，学习太极剑法，融形意、八卦、太极于一身，兼收并蓄。与师兄程海亭学习春秋刀、六路戟法。"习形意，十余年来尤笃爱剑，所好头合剑、二合剑、八卦剑、龙形剑、三十六剑、连环剑、十剑以及十三刀法皆精妙，有心得。""十剑，极飞跃闪变之妙。十三刀法，殆即五公山人受之孙夏峰者。"中华武士会成立之初，"新安王子铭师兄以十刀献于武士会，吾师深许高明，立证为夏峰先生所遗也，且夏峰本以剑术名，后世诬习为刀，今需改正。吾师博学多闻，当具只眼也"。这样阎道生又与王子铭师兄学得十三刀法，为以后创编十三剑法打下基础。阎道生在日记里记录了他常年研习剑法的经历："十三剑，在民三年学之新安王子铭师兄。当时，余尚造图说，李老师甚悦之。及民六李星阶兄由云南归，以此非本门之术，渐恶之。予因焚其图说，遂舍而不习。十五年秋，策大伯母由南归，余往视之，既夜深不寐，遂掩门潜习。一路清净无人，因思十剑，得势三十余手，虽不能及全豹而亦觉为可观，复到津与任丘李玉琳研究。廿年冬，又与热河卢文焕研究，订为拿、撩、洗、提、扫、截、云、劈、割、诱、坎、谢、刺十三点。今朝有兴，复加添减，觉更大方，且成一气，最尾云即成云字，云收为提，从此不再变更矣。复订十三字为拿、刺、洗、扫、截、钩、劈、割、诱、撩、谢、云、提，以此名十三剑。"这本书定名为《十三剑》,遂行于世。1926年,阎道生还曾在日记里记录了与好友傅振嵩习剑的过程:十五年"八月初六为内子生辰。傅乾坤(振嵩)来三日矣,研究剑术甚精细。有云,得道者须有缘人。我游十载,真艺竟于家得之。"

1916年4月2日,中华武士会本部第一班学员毕业,在河北公园举行了隆重的毕业典礼。五名毕业生分别表演了武技,向同门及来宾汇报,天津《大公报》予以报道。现存毕业摄影一幅,照片背面有阎道生题识:"五年四月为武士会卒业之日,照相以志。倚石而坐者为胶州杨林生,洋服中坐者为广州三水县罗斌甫仲贤,倚栏而立者为定兴胡子高,凭栏微喜者为云南王湄午也。湄午名恕,王人文之子,当年病弱将危,幸得李老师之传授拳术,今日已成起起丈夫也。"

同师弟王湄午一样,习拳前的阎道生由于常年在外奔波闯荡,生活、饮食无规律,身体虚弱,胃病严重,经过日夕修炼,脱胎换骨,渐成坚毅雄浑、敏捷英勇之气概。一年夏天,阎道生在津染上急性痢疾,数日腹泻不愈,遂由一名脚夫护送,回乡隔离调养,路遇四名劫匪,不得已稍展形意之功。当时从杨柳青至扬芬港村为十八里青纱帐、树灌,道路不靖,常有一伙歹徒出没,商旅忌惮。四名歹徒见只有一个脚夫与卧倒的病人,有恃无恐,拦路索财,阎道生借病态摇晃起身,俟匪徒靠近,施展形意拳法,将四人重创于地,匪落荒而去。

当时中华武士会有名闻武林的"定兴三李",亦称"李氏三杰",即李呈章、李星阶、李子扬三兄弟;还有小有名气的"阎氏兄弟",即阎道生、阎飞龙两人。阎飞龙,字矫虎,静海独流镇人,阎道生堂弟,受阎道生影响,加入中华武士会,拜师李存义,从李彬堂、阎道生习武,学有所成。中华武士会举办春秋季武术表演大会,阎氏兄弟均一起担任裁判。后阎飞龙从军,骁勇善战,受吴佩孚赏识,曾充武昌警备司令,最终战死沙场。

数年内家拳的习练,阎道生褪尽年轻人常有的矜才自傲的书生气,自觉形成谦和低调、隐忍内敛的风骨。他自言:"武功尚未精绝,步侪辈后尘而已。"每当遇相争之事,从不恃武伤人,敬以持躬,恕以待人。在家乡习武时,闻鸡起舞,清晨收功即扫去院落里的脚印,撒水洗尘,从不惊扰家人和邻居。

在习武修身过程中,李存义的人格魅力对阎道生影响最大。阎道生在日记里写道:"李老师,深县存义先生也,为河北形意拳之祖李飞羽先生之再传弟子。为人忠诚慈惠,为士夫愧对。平生不言人过,闻人有难事,则泣有声,凡来者不必通姓名,则倾囊以助,时人以武圣人称之。人恒名为单刀李,而究不知单刀之神。闲综国术数贤豪,还是吾师道艺高。劈面一刀破群技,伊谁不拜李单刀。"先生侠骨佛心,恩泽四海,高尚的人格成为了阎道生一生追求的目标。多年以后,在中国武林渐成往昔的岁月里,不管是兵荒马乱的日子,还是政治斗争盛行的年代,每一个除夕的夜晚,阎道生都要取出珍藏的李存义老师的遗像,供奉起来,陪伴恩师度过一年中最后的夜晚。

从1912年至1915年间,阎道生与教育界同人杜之堂主持编修李存义口述的系列拳谱,作为中华武士会本部学员的学习教材。杜之堂,字显阁,河北广宗人,从小喜武,光绪二十三年(1897)举拔贡,游学保定,受业于莲池书院主讲吴汝纶,民国初期任天津女子一中国文教师,兼职律师。他还是一位著名书法家,故中华武士会聘请杜之堂为主笔,撰写说明文字,聘阎道生负责绘制拳谱图形,两人密切合作，开始了形意拳史上首次全面而系统的形意拳理论编修。20世纪30年代阎道生抄录的《形意六合拳谱》一书，内有阎道生眉批，披露了当年和杜之堂一起辅助李存义整理拳谱的一些细节："脱字讹字当不少，二百年传抄互有错落，习拳者功到自能领悟。尝闻吾师云，形意拳出于山西戴龙邦先生家，以上即托岳武穆为五行拳宗。先年在津与杜显阁考据，岳公教兵拳勇，无五行之名，盖系后世托古所附会，或是相演立此名者。"可以看出，李存义治学严谨、实事求是，不迷信不虚饰，因此杜之堂和阎道生编修的形意拳谱系列从未附会和夸大本门历史。

阎道生绘制的《五行连环拳谱合璧》是形意拳界流传最广的一部早期著作，1984年台湾"教育部""体育部"出版的《体育大词典》曾对此书进行考证："《五行连环拳谱合璧》，书名。李存义口述，杜之堂编录，阎子扬绘图，天津武士会出版。木版，线装本。出版时间不详，惟精武本纪（上海精武体育会十周年纪念特刊），技击、武库，列有此书。考精武本纪出版于民国8年底或9年初，则此书应在精武本纪以前出版者。"

对于此书的武学价值，中华武士会第二任会长李星阶曾孙李洪钟进行研究，撰写《五行连环拳谱合璧赏析》一文："《五行连环拳谱合璧》是天津中华武士会成立初期由李存义口述、杜之堂编录、阎子阳绘制的我国第一部形意拳术的教材。该书为此后出版的形意拳著作树立了典范。一、建立了系统通俗而层次井然的理论体系。清末流传的形意拳著作，其理论多晦涩难明，同一主题的论述，多分散于全书的不同章节，缺乏理论的层次性、逻辑性。对文化程度较低的习武者来说，如同天书一般，很难正确地指导练拳实践。《五行连环拳谱合璧》一书，对古人的写作方法进行了彻底的改革，实现了理论的系统性、层次性。该书首先阐述形意拳的理论基础——五行理论以及与五行相对应的五脏与五拳，继而介绍了人体基础知识——四梢理论及四梢在拳术中的相应练法和功用。更为难能可贵的是作者把零散存在于古拳谱中的有关形意拳的各部身形要求，做了精准的提炼，总结出了'八字诀''九歌'这样的不朽篇章。这些基本要求通俗易懂、合辙押韵、朗朗上口，便于记忆，成为了后世传人练习形意拳的准绳，直至今日仍为形意拳著作所引用。二、开创了详细图解拳术的先河。此书问世之前的拳谱，多是只有文字理论，没有插图；即便有图的也无详细的图解，使读者只能望书兴叹，无法学习。《五行连环拳谱合璧》的插图由李存义弟子著名画家阎子阳先生绘制，由于阎先生既是绘画大师又是武林高手，他所画的拳姿，能够精确地表现形意拳的技术要求，同时把动作之间的过渡状态也用虚线形象地描绘出来，还把拳术的行进路线准确地画出，使学者一目了然。该书的图解方法为后世出版的武术著作树立了新的模式。由于该书的口述者李存义为当时的武林泰斗，整理者杜之堂和绘图者阎子阳都是当时的文坛巨匠，使得该书成为我国第一部具有现代形式逻辑的规范的武术教材，开创了我国近现代武术教科书的基本模式。《五行连环拳谱合璧》一书在我国形意拳发展史上占有极其重要的地位，是一部影响深远的不朽之作，连同其后整理出版的其他著作一起，奠定了河北形意拳的理论基础，促进了民国时期中华武术黄金时代的到来。"

现存由杜之堂、阎道生合作编绘的形意拳谱还有《八字功谱》《连环剑谱》《五行剑谱》《梅花剑谱》《飞跃剑谱》《三十六剑谱》等多种，限于当时的出版条件，仅有部分采用木版印制，大部分为油印，还有一部分手抄本。1915年,教育部在全国明令开设武术课程后,形意拳走进校园,直隶各省武术教员多由中华武士会会员担任,这些拳谱也随之变成各学校的武术教材范本,直接用于武术教学。如1916年,保定陆军学校开设武术课,成立武术研究社,于1918年出版《武术研究社成绩录》一书,为保定陆军学校"同人将年来所习拳术课目而订之为成绩录",此书中大部内容采用了李存义口述之拳谱,之后,这部教材又传播到山西、云南等校。而更多的形意传人把这些拳法带到全国各地进行传播,推动了形意拳的普及和发展,使形意拳在民国时期逐步成为武林主流。

襄办武馆 志在终焉

1916年,袁世凯称帝,民国进入政治动荡时期,阎道生在直隶学务公所社会科主持的年画改良运动被迫中止,便离开官方机构,专心执教于中华武士会本部。时李存义任会长,嗣子李彬堂主持教务,阎道生等人为教员,专职授课。杨明漪《近今北方健者传》一书云:"中华武士会创始于李存义,实施教而持久之者,乃郝海鹏、李彬堂、李星阶、阎子阳也。"

阎道生授课的特点,亦是文武并重,不拘一格,根据学员的特点衍其所长,尤其适合各校教师及高等学生。天津新学书院学生刘楚轩、清华赴美预科班学生卞蠡洲就是其中的佼佼者。两人同时就学于李彬堂、李星阶与阎道生,拜师李存义,与李彬堂、李星阶、阎道生以师兄弟相称,相濡以沫。1918年,在中华武士会本部毕业之时曾摄影留念,题赠师兄阎道生:"子阳师兄惠存。戊午夏楚轩蠡洲合影以赠。"1933年,阎道生有感而题:"癸酉晒书见相片而相忆。刘楚轩，笃学，曾研学于余，广东人，文学武术俱有可观。数年不见，娶妻未生而殂，其二兄亦继没，至今一门双寡，家境如此可悲矣。闻伊长兄尚为银行经理。卞蠡洲，名彭年，某银行经理卞白眉之长子，兄弟五人皆学于武士会，而蠡洲与楚轩为投帖于我师者。伊幼慧，入美大学，不知何者，未几，竟入疯人院，人生变化亦可叹矣。"中华人民共和国成立后，卞蠡洲任中科院电子研究所研究员，是我国著名的电子物理学家。

河北法商学院学生董怡如也是阎道生的入门弟子，习文练武。董怡如光绪三十四年（1908）生于天津，20年代拜阎道生为师，是天津城南诗社秘书、代理过广智馆馆长和河北教育厅长、商职校长。30年代，多次与张占魁、李子扬共同主办天津市体育运动大会，在体育界颇有威望。中华人民共和国成立后效力于我国的体育事业，被国家授予多种荣誉。董怡如是国内知名的文武全才，82岁高龄时，仍精神矍铄，在北京民族文化宫举办个人书画展，亚运会前为大会挥毫50余幅，让体委主任袁伟民感慨道："体育界老前辈，能书会画者太少了，您能赠画赋诗真是太可贵了。"我们从董怡如身上也看到了其师阎道生的才能和风度，应了名师出高徒的古语。

李敦素是阎道生在中华武士会后期传授的弟子。李敦素出身于中国北方最著名的武术世家，津门武林"定兴三李"李星阶之后，其武学、书法得阎道生衣钵。今天我们能看到的《十剑谱》一书就是阎道生传授于李敦素的武学著作，并由李氏后人珍藏至今，李敦素先后在天津法政专门学校、北京中法大学任教，受到过教育家李石曾等人的提掖。抗日战争爆发后，不甘做亡国奴，抛却富贵利禄，与父亲李星阶回乡组织抗日队伍，具有高尚的民族气节，这一点尤与其师阎道生相仿。

于整理武术典籍、从事武术教学之外,阎道生重在襄办武馆,构建内家拳在中国北方的活动、传播基地。中华武士会是爱国武术家、教育家、政治家共同发起,合力兴办的公益性民间武术社团,创业之初就确立了"发展中国固有武术,振起国民尚武精神"的宗旨。阎道生就是在这种背景下投身武术事业,走上尚武救国之路的,所以他把襄办武馆作为报国之志,践行不辍。1914年阎道生联络津门36位著名书画家,发起天津红十字会书画慈善会,书画颇受欢迎,有慈善画家之誉。他利用自己的社会名望,以捐卖书画为主要方式,为中华武士会募集资金。杨明漪在《近今北方健者传》一书写道:"予与子阳友善十余年,相谈拳械书画事甚众,见其精治缣素,资酬臂助之人,予曰:何为自苦哉,此会非君家物,且平民教育,为人群互助之业,责不专在我辈。子阳曰:君子哉若言,视世人皆禹稷矣,然国粹湮没,世不之信,且有以多事目我者,以是得不倾覆,区区书画何珍焉。"20年代,阎道生的工笔人物画达到20大洋一平尺,为津门书画家的佼佼者。30年代,又不断提高,阎道生随身弟子李敦素生前回忆:"我见过阎先生的画卖到60大洋一平尺,全捐给了武士会,自己却不富裕,过着清贫的生活。"

1926年秋,李景林败走天津,天津陷入军阀混战的局面,使中华武士会进入困境。阎道生遂把全部精力、物力投入到武士会,而此时其家中也同样面临生存的困境:阎道生的父亲于一年前去世,因经济困难,加上洪水淹没祖茔,居然无法发丧,浮厝家庙,只能等待来年。阎道生在日记里写道:"(民国)十五年。去岁乙丑十月,李芳辰败走天津后,武士会竟一变为驻军之区,朝夕支应,不堪其劳。若此曷以筹严亲之殡事,愁焉忧之。遂于丙寅清明前解脱会务归家,移案几于家祠,遂专以画为事。思若得半载所售,复加以好秋,九月间即可卜葬发引。时小庄小族长相伴研文字，恩多小族叔晚来习武术，于振仑复常来瞻顾，是有向学者。我二十年以客为家，今始知乡里之乐趣也。"阎道生在日记里随即写道："六月间赴津，张罗画件及筹武士会之事。小住六七日，连日大雨。及归，瓜田已成泽国矣，忧之。"形势稍有好转，阎道生即张罗画件，筹措资金，继续执着于国术。

中华武士会成员杨明漪与阎道生共事十余年，是中华武士会发展的亲历者，在《近今北方健者传》一书他对阎道生的评价是："襄办中华武士会，有终焉之志"，"中华武士会矗立十余年之久，经劫不稍颓者，子阳与有力焉"，"为人沉默寡言，不以其能示人"，对阎道生之于中华武士会给予了精确的评价。但阎道生对自己的奉献，从不夸功，亦不言表，在书信日记中也绝少提及，以为人性之常。

1928年，中华武士会停办，阎道生转赴程海亭、蒋馨山主持的净业庵国技研究社，再次置身于民间武术社团。直至1937年七七事变，阎道生因忧愤于国破家残，遂退出天津武术界、文化界，隐居乡里。

年画改良 引领新风

1958年，阎道生在回复霸县人民委员会文化科来函征画的书信中这样介绍自己的艺术履历："至于我是幼时读旧书而不成，十四五岁即好画，继则以此为生活。在津卖画三十余年，先是专作人物，后亦兼山水与花卉。近年眼花手笨，即改换劳作，只就田畴中拔草拾柴而已。"

14岁,阎道生拜静海县一位民间画师学习绘画,并随师在杨柳青炒米店卖画。杨柳青年画成为了阎道生艺术生涯中最早的尝试。钱慧安的线描技艺、高桐轩的写实风格,以及杨柳青年画中的世俗之美,对其影响很大。阎道生始售花卉,喜欢象征富贵的牡丹,并且不断为杨柳青年画作坊提供画稿,渐渐转向人物画创作。1909年,北归后的阎道生就是凭借少年时代练就的线描功夫,绘制教科书插图。民国成立后,兼职《民约报》画刊,绘制了大量宣传民主共和思想的作品,仍然是以白描为主要手法。同年6月,直隶提学使司学务公所(后称直隶教育司)社会科成立,阎道生担当起了更为重要的艺术创作,开始在直隶省改良旧有年画,推行具有新思想、新文化、新风尚的新年画。

当时的天津是中国北洋新政的基地,社会政治多元、文化多元,各种新思潮、新事物弥漫于全社会。宽松的社会环境为文化转型创造了条件,为有良知的文化人提供了服务社会的契机。在这种社会巨变之际,阎道生凭着文人的良知,俯身屈下,放弃旧时文人的清高,率先用民间艺术为社会进步服务,为底层群众服务。

1912年10月,由阎道生绘制,直隶学务公所发行的四幅彩色石印年画《戒缠足》《幼稚园》《家庭教育》《打球图》同时推出,拉开了民国初年改良年画运动的序幕。之后,一批宣传剔除社会"四毒"即鸦片、赌博、早婚、嫖妓题材的,宣传科学、破除迷信、诚实守信、珍惜光阴、立志报国等内容的石印年画,也在直隶教育司推动下流布开来。作者皆是阎道生。这些改良年画都由阎道生自配白话诗句、说明和点评,文字浅显、通俗易懂,深入人心,如在《戒缠足》中写道:"莫缠足,莫缠足,缠足真个苦。一双小脚两眼泪,筋断骨折血肉枯。文明女子尚天足,大方真自如。何必忍心害理下毒手,致令女儿终身痛切肤。劝世人,莫缠足。"鞭挞了残害女子身心健康的封建陋习。《打球歌》写道:"莫迟迟,练得腿快眼光疾,胆子越大身子越结实。好哥哥,好弟弟,打球去,莫迟迟,他日边疆有战事,好为国家效前驱。"鼓励青少年锻炼身体,将来效力祖国。《破除迷信》写道:"宇宙万象,离离奇奇。若推其理,皆有可知。自然作用,物理为之。科学所考,已无可疑。岂有风伯?岂有雨师?迷信鬼神,其心太痴。更有陋俗,不值一訾。求神祈雨,远道奔驰。抬一神像,遮以柳枝。露顶跣足,相追相随。肃肃其容,喃喃其词。其心实虔,其愚堪悲。嗟此妄举,尸之者谁?戒之戒之,勿事自欺。"呼吁人民摈弃陈旧迷信思想,追求新风尚。《阿豺》一幅画中则是少数民族:"吐谷浑阿豺,一人令其二十子各奉一箭,令其弟慕利延取一箭折之,既断,又令取十九箭共折之,慕利延不能折。阿豺曰:'汝曹知否,单者易折,众则难摧,戮力一心,然后国家可固。'"告诫世人,全国人民团结一心才能抵御外侮。《楼护》则是一则流传很广的汉代楼护怜老济贫的故事。《游杨立雪》画的是宋代游定之、杨中立立于雪中待老师睡后召见的画面,弘扬了爱国主义及传统美德,达到了启蒙民众唤醒民众的目的。

1912年,阎道生还为戴廉增画店绘制了木版年画《中华成立,欢迎共和》《世界大同,文明进步》。《中华成立,欢迎共和》又称《中华成立,民族自强》,为同一画样,此图为辛亥革命后年画界最早出现的拥护民主、共和的经典作品,各画一美人持一五色共和国旗和一折枝花卉,旁随穿制服之学生,游行街上。童子高举一对灯笼,上插一象征五族共和之五色国旗。《世界大同,文明进步》,全图人物以学生跳高、踢球等体育活动为主。同时,画面人物皆穿着新式衣服,行新式鞠躬之礼。背景绘以彩扎牌楼,悬挂民初之五色旗及各国国旗，牌楼上的楹联为："南北统一纪念，专制已除尽带维新气象，共和初定咸怀尚武精神。庆五族一家，政治变革专制灭，人民共造共和春。贺共和万岁，后世文明基此际，前途幸福立斯国。"反映了辛亥革命后，人们要求文明进步的思想和喜悦欢乐心情。

1913年3月23日《大公报》在本埠新闻头条以《改良社会之进步》为题进行报道："教育司社会科去年编印改良年画，行销畅旺，社会欢迎，颇著成闻。刻闻该科于此事仍力为进行，逐日出稿，印刷已至二十余种，惟此次印出者，并不出卖，乃分寄天津县之杨柳青镇及丰润县之丰台镇各画店作为模范稿，以资取法，俾得仿效，因而东三省及山东山西各省教育司皆派员或来文向该科调查以资仿办。"

至此，各年画出版商纷纷掉头出版新内容的改良年画，他们或翻印官方已出版的改良年画，或请人创作新内容新时尚的年画。当时的年画出版巨头戴廉增又专门请阎道生创作了《文明娶亲》《谎言无益》《恩加乡里》《信实》《恤孤》《夫唱妇随》等画稿。

这期间，传统杨柳青年画从内容到艺术风格都有了质的变化，呈现出生机勃勃的局面，改良年画成为天津新文化的亮点。传统杨柳青年画也由此发生嬗变，在由传统到现代的进程中迈出了具有里程碑意义的一步。

可惜的是，轰轰烈烈的年画革新运动，因袁世凯称帝引起的社会动荡而告一段落。其后，阎道生离开直隶教育司，专职中华武士会执教。

著名年画史学家王树村在《中国年画史》中对阎道生的改良年画成就给予了肯定，考证了阎道生留下的部分作品。2012年，其孙王进主编《民国初期天津改良年画选》一书，收录了王树村年画艺术馆、杨柳青年画社及天津博物馆收藏的阎道生改良年画二十余幅。2012年正月，天津人民美术出版社举办"社藏老年画展"，展出了阎道生绘制的《戒缠足》《孟母择邻》《班超投笔》《打球图》《新小学与旧私塾比较图》五幅代表作。

画坛巨擘 书剑合璧

津派绘画具有明显的地域风格，即多元、包容与创新。为天津画派形成奠定基础的大师中，阎道生举足轻重，不可或缺。他创作的人物画开拓了津派国画的新格局，为津派绘画的成熟与发展做出了自己的贡献。

19岁的阎道生赴湖北读书时，随身携带着马镜江的《诗中画》，临摹前辈大家的作品是阎道生最初习画的基本手段。肄业后，阎道生游历湖北湖南，临摹山川风景，一度到达南京、上海，为自己的绘画生涯提供了丰富的素材。阎道生书法初师黄山谷，后摹石门铭及素师狂草。绘画私淑任伯年及扬州八怪，颇具海派风格。清末教科书的出版及民初改良年画的发行，使阎道生名声大噪，虽然教科书及改良年画皆不署名，阎道生的名字还是从教育界传播于世，所以阎道生出道很早，少年得志。1913年阎道生联络津门36位书画家成立天津书画慈善会时，是年龄最小的一位，被画坛寄予了厚望。现存阎道生1919年、1921年、1925年的画例，价格逐年递增，受到市场青睐。

历史上，天津绘画始于明而盛于清，民国时出现辉煌。在清代，天津画家主要受"四王吴恽"的影响，另外还受明四家及宋元一些画派的影响，天津的山水画，主要承系"四王"以及"娄东派"王原祁的传统，一直延续到近代，出现了陈少梅等大家。花卉方面，主要受恽南田等画家的影响，没骨花卉，特别是孟锈村和他的几个弟子，张兆祥、陆辛农等人成就很高，并出现了名家刘奎龄。但明清时代的天津人物画一直乏善可陈，民初阎道生的出现，开创了天津人物画之先河，在天津人物绘画领域独领风骚，其人物绘画对后世津派画家影响巨大，据画家刘子久介绍，湖社画家陈少梅，早年即以临摹阎道生的人物作品为借鉴，逐渐形成自己的风貌。

虽然由于民国时期天津绘画商业化程度不足，阎道生作品的影响局限于直隶一带，但其作品作为海派绘画异地传播的典范，引起沪上画坛的关注。1927年，经好友马阜联络，海派大师吴昌硕欲为阎道生拟定润格，在上海推出，以奖掖这位北方画坛的后起之秀，可惜遽然而逝，愿望未竟。时杭州灵隐寺主持深慕阎道生之佛道题材作品，派两人前来天津，诚请阎道生赴灵隐寺绘制壁画，因中华武士会事务缠身，阎道生婉拒了对方的盛意，推荐自己的一个画友前往。一个多月后，画友归津，灵隐寺托其为阎道生捎来礼品，再次表达出非阎道生本人无人能匹配灵隐之圣殿的邀请。

1930年2月7日《益世报》对其画风、性格也作了报道。"阎子扬，名道生，扬芬港人，擅长人物，虽寥寥数笔，而神态生动，近则兼绘山水，渲染特妙，颇有山林之气，指头草画，亦豪迈超卓，惟惜墨如珍，倘非其人，虽豪势巨金，亦不轻作，其赋性古傲，颇有八大山人之风，为近今不可多得之作家。曾忆民初有师范学生觏其作画，慨然命笔，绘一妙龄妇手提溺器（尿壶），素服麻冠，类似新寡，悲惨之状，活跃纸端，题曰《孝妇哭壶》，寓意滑稽，见者绝倒，并于绘事之暇，兼习武术，亦颇有深造，现居天津中山公园武士会。"同年，天津市立美术馆成立,为他举办了个人画展,而后作品赴日本参加中日现代绘画名家联展,摄影立传:"阎道生,字至阳,号阆庐,河北人,能书擅画,好剑术,喜歌咏,性恬默,不以其所能示人。家贫以画自给,故以画名。人物山水笔法伟岸,欲学陈章侯而复参己意,邈然高远,极斥脂粉蹊径,故白描画尤重于世。复追殷周鼎彝之学,文器兼重,考据颇勤,今年四十又六矣,尚力行不辍,殆保扬国学,无懈心者。"在日本应艺术界之邀出版了个人画集。

阎道生的画以写意为主,兼用工笔;精工人物,兼善山水、花卉。总观他的作品,既有鲜明的时代特征,又有独特的个人风貌。

阎道生最大的艺术成就体现于人物绘画。他的人物画取材广泛,内容丰富多彩。在人物画中不仅有名人轶事、历史典故、文学故事、神话传说,而且还有剑侠故事、淑秀才女、孩童嬉戏、渔樵庶人以及现实人的肖像等,突破了古人提出的人物画应多画"圣贤仙佛及高隐通达之流"的限定,从不同视角层面为人们展现了天上人间各类各色的美好人物形象。而所画人物虽然多系古装,但形神兼备,令人可亲可近,生活气息浓厚,反映了画家思想的开阔、情感的丰富和对世间民情民风的关注。阎道生的人物绘画作品当中,仕女人物是他的重要内容之一。清代人物仕女画创作十分活跃,在嘉道年间,以美女为表现对象的仕女画更加引起人们浓厚的兴趣,以改琦、费丹旭等人为代表的文人画家成为这一时期仕女画发展的代表。而清末民初之时,任伯年又受到陈洪绶、上官周、费丹旭等人的影响,将清代仕女画中的审美情趣、表现方式融入其绘画创作中。阎道生继承了任伯年的画风影响之后,将清代仕女画的风格进一步发展,创造出独特的个人风格。清代仕女画强调"玩赏性",人物造型趋于瘦削,到晚清则更加纤弱不振,但阎道生摒弃了这种格调卑下、思想不健康的作品，而是吸收了前人仕女画中如人物情态的含蓄温婉、景物配置得当、诗情化特征的加强，以及对简洁美、境界美的探求等有益经验。阎道生在继承前人经验的基础上，又在反映仕女画人物精神层面上进一步融入现实生活的情感，将历史典故以及民间传说中具有阳刚之美或智慧之美的女性表现为笔下的仕女人物，这种美不仅仅是视觉的美，更具有内涵以及积极向上的审美情趣。这可以说是阎道生在仕女画上的一项重要突破。

阎道生的山水画，也是多彩多样，不仅有春夏秋冬之异，而且还有风晴雨雪之别，并且将人物与景物巧妙结合，使作品情景交融，富有诗意，别具清新活泼之趣，体现了对生活对大自然的热爱。

阎道生的绘画艺术兼融诸家，复参己意，而独具一格。从其现存作品可以看出，画家除师法"吴李倪仇"、陈洪绶之外，还吸收了清中后期改琦、费丹旭和清末"海派"任伯年、钱慧安以及扬州画派黄慎等名家的长处。可贵的是，他不仅将诸家之长融为一体，而且还将自己富于金石意味的书法笔意和技击之功参入画法，既显出深厚的传统功力又富有新意，形成一种情韵蕴藉、苍劲高古的超越格调。其用笔朴拙而流畅，其用墨浑厚而多变，其用色鲜明而典雅；所绘人物形象鲜活而高迈，所绘景物天然而幽远，均给人以丰富的美感享受。当然，不同作品在共同特色中又有不同画法与情趣倾向。

阎道生的作品往往体现出诗书画三者的魅力，他自己是一位诗人，创作了大量诗歌作品，"有近二百篇传世，所吟于恬退中时舒宋唐筋骨，三径幽情，则堪成一抹亮丽夕晖矣"。

书法上，阎道生力追殷周鼎彝之学，对旭素狂草笔耕不辍，胸中自有怒猊、渴骥、镂凤、雕龙，毕生所习武艺尤能体现得淋漓尽致。所以，阎道生的书法作品，就是一路奇逸跌宕的剑术表演，而他的剑术套路，就是一幅酣畅淋漓的狂放草书。阎道生一生致力于形意、八卦、太极诸家剑术的研究演练，能将丹田之气贯至剑峰。运剑时，可见剑尖瑟瑟抖动；临池作书时，可把周身之气送到笔端，在其手迹的字里行间则多见颤笔。

他常教导自己的弟子，拈笔作书不可直入直行，要衄、挫、捻、转，才能含蓄多变，不板不滞。这一功法，同样体现在他的剑术之中，其剑锋无论洗、扫、撩、刺，都是螺旋运动，绞转向前，犹如龙行蛇走，显得神采飞动。

在写字作画神疲力倦时，阎道生常挥剑起舞，一番拧腰舒臂，恣意挥洒，即觉意气勃发，文思飞扬，再据案搦管，无不落笔生花，如有神助。阎道生在形意剑的迂回盘旋末尾的凌空一点，犹如狂草游丝婉转后的蓦然一顿，似高峰坠石，一点一顿，灵性相通，貌异神同，可谓奇妙绝伦。

阎道生晚年编创形意林泉剑法，把书法的乍徐还疾、倏聚忽散、参差错落的意态，巧妙地移植于剑术的腾挪回绕之中，并以艺术家独特的视角，超凡的悟性，将狂草造型的"雲"字，做了巧妙的、恰如其分的空间移位，使龙飞凤舞的狂草笔意在"展转云剑"的一系列动作中，得到了淋漓尽致的发挥。无论身段的高低、倚侧、俯仰、收纵，还是剑势的舒缓、柔韧、连贯、绵长，既具备了狂草的豪放激荡，又体现了剑术的淋漓顿挫，可谓神来之笔，在武术界是绝无仅有的。

晚年的阎道生以书画诗剑为伴，崇尚老庄，自比陶潜，寄兴东篱，以恬淡超脱的田园生活为适，临终前虽贫病交加仍乐天知命。此时正是中国遍地饥馑的第三个年头，阎道生身陷无食之苦，无医之痛，在生命的最后，蘸指为笔，作了一幅绝笔画，以端午蟾蜍自比，表露了对生死的彻悟，对理想世界一以贯之的向往和热爱："吸得人间砚水枯，腹中含气口含酥。莫嫌形状无人赏，写向端阳作画图。"

(尹树鹏、阎伯群撰文)

武当剑仙李景林

李景林

李景林(1885—1931),字芳宸,河北枣强县人。从小酷爱武术,在家乡习燕青门及二郎门等武术。少年入奉天的"育字军"(清朝在沈阳办的学生军校)。因他聪颖及武术基础好,受到军中管带宋唯一的喜爱。宋唯一是武当丹派一位剑侠,对李景林单独密授了武当剑法。八国联军入侵中国,"育字军"解散,师徒从此各奔前程。16岁上李景林回到家乡,少年壮志闲不住,在进保定军校前特地带艺投师到近邻永年,向杨建侯学艺,成为杨家稀有的外姓徒弟之一,并与杨澄甫结下深厚友谊。

习武出身的李景林,治军特别重用武术,在军中建立专业武术队,强化贯彻"武术在实战中学,在实战中用"的原则。他用武术方法来训练士兵的近身格斗和搏杀本领，特别是在骑兵中设"斩劈活靶与活靶反击"的训练课目，并常亲自参与示范。因他精于剑术，在奉军和东北地区，早就有"神剑李"的美誉。所以李景林既是一位武术家，又是一位军事家。

1920年，李景林任奉军第三混成旅旅长，部队驻扎在天津小站（原北洋军驻地），为了增强以傅振嵩为队长的武术队力量，李景林决定公开招考武术教习三名，考试拳械四项，免考剑术项。消息传开，河北省竟有200多人报名参加考试。经过数天的比赛，18岁的杨奎山获得第一名。李景林公布增加第四名，将二、三、四名编入武术队，将杨奎山留在身边，收作亲随徒弟兼贴身保镖。

三代喜相逢　武运上青天

1922年奉直交恶，李景林升任第三梯队（东路军）司令。准备交战前，李景林在武术队再挑选三人，使自己身边有杨奎山、郭宪三、林志远、黄敬义四个亲随徒弟。4月22日发生第一次奉直战争，奉军大败。后队改前队，第三梯队司令李景林率部2万余人，抵住了直军的追击，在唐山筑成一道防线。7月份，张作霖对奉军进行整编，李景林任陆军整编第一师师长，部队移驻辽宁北镇县。

北镇就在医巫闾山旁，师部下属丁齐锐营长率部驻正安堡，发现房主宋唯一是位剑侠，立即上报。李景林听到师傅宋唯一在此隐居的消息后，喜出望外，立即率杨奎山、郭宪三、林志远、黄敬义四个亲随徒弟到正安堡拜见师傅及徒孙拜见师爷。李景林急不可待地将师傅宋唯一请到北镇县的师部，特办喜宴迎师接风。陪宴者有师军法处长蒋馨山、团长张宪及当地的绅士与商贾,同庆师徒喜相逢,同庆祖孙三代喜相逢。

这次祖孙三代喜相逢,在武术史上具有划时代的重要里程碑意义。其中有五个重要情节:

1.在宴席上,宋唯一的情绪很高,大家就乘兴要他表演一个节目。在盛情之下,他即兴表演,说了声"看好",人就不见了,椅子也未动。大家拍手叫好叫绝。坐在侧席的杨奎山等人闻声后看到宋唯一全身高高地贴在厅堂一侧墙上。复归坐后,大家问是什么功夫,宋唯一说:这是"地行蛇"接"墙上挂图"。

2.饭后,宋唯一坐在厅堂中间的椅子上品茶抽旱烟,大家在两边正议论赞美席间的表演,突然眼前一闪,大家看宋唯一正在装旱烟,但天井中荷花缸边上却磕了一锅烟灰。大家又是惊叹又是叫绝,赞美他是真正的"踏雪无痕宋唯一"。

3.宋唯一审时度势,认为奉直间必定再度开战,李景林是做大事者,要为他训练48位剑侠,组建一个特别队伍。但当时只有杨奎山等人能施展轻功上房,其他符合条件的人太少,无法实行。计划虽然作罢,也可见宋唯一的雄才大略。

4.为了弥补无法训练48位剑侠的遗憾,为了让爱徒李景林能够完全继承剑法剑术,宋唯一用了不到半年时间,在1922年底前赶写了中国历史以来唯一的一部稀世珍宝《武当剑谱》,加上早已写好的一部《剑形八卦掌谱》,将两本手稿送给李景林,将一生的心血交给了李景林。

5.在宋唯一的剑谱和言传身教下,李景林完全吸收了武当剑法的精华和真谛,使他的剑法剑术造诣达到一生的巅峰。

1924年9月12日,张作霖通电讨直,第二次奉直战争开始,李景林任第一军军长。四个徒弟各有分工，杨奎山是保镖兼管武事，郭宪三管文事，林志远管勤务，黄敬义管生活。行军至山海关，停下休息，林志远将装有文件及宋唯一珍本的褡裢袋与马鞍卸下，坐在马草堆上抽旱烟，因非常疲劳睡着了。很快草堆失火，待发现已抢救不及，马鞍及褡裢袋烧掉了，《武当剑谱》正巧被蒋馨山借阅而幸免于难，但绝世珍宝《剑形八卦掌谱》却被烧掉了，非常可惜。这次奉直大战，李景林的第一军为开路先锋，锐不可当，势如破竹，迅速占领直、鲁、皖、苏、浙、沪等大片土地。这时，第一军已扩编为12个旅的兵力，兼任河北保安司令及省长，不久升任第二路军司令。1925年11月，升任奉军第一方面军团司令。

厌烦战乱　通电下野

李景林的军职极高，管辖面积大，兵力分散。1925年12月，奉军第三军代军长郭松龄倒戈反奉，李景林静观待变。驻扎在张家口的冯玉祥部队乘势攻击。养精蓄锐的冯军第一军军长张之江率部攻打京津。1926年1月，天津被攻陷，李景林尚未撤离，只能在公馆里闭门不出，成为张之江的笼中之鸟。

李景林的公署在鞍山道70号（原是静园，后为溥仪在天津的住处），公馆在四平道88号，公馆的后门就是鞍山道，向东不到200米，就是公署。这一带已是日租界，张之江不能用军队包围李公馆，也不能在日租界逮人，只能派便衣暗哨日夜监视，等待机会抓人。

李景林当然不能一直待在公馆内，要设法离开。于是研究了一个只有武术高人才能实行的周密方案。一天凌晨，约4点钟左右，由李景林侄儿李书泰预先安排的一辆汽车,在四平道沿公馆的一侧由东向西以 60 迈速度快速行驶(速度慢容易引起怀疑)。车门开着,公馆大门也开着,杨奎山守在门口,待汽车过来时发出信号,李景林几个人箭步飞身上车。因汽车不变速无异声,在夜深人静中听起来是自然的过路车。李景林出了市区,到了海河及铁路以东的复兴庄王家大院一号杨奎山岳父家中,杨奎山只身回家,与李景林会合后,两人立刻渡海到烟台去济南。

经此事变,李景林对各种势力混战非常反感,同时对丢失京津也感到愧对张大帅。经此打击,心生厌烦,萌生退意。在济南召集麾下组成直鲁联军时,故意让部下张宗昌任司令,自任副司令,立即北上攻打冯军。张作霖在平定郭松龄叛乱后,立即挥师南下,在南北夹击下,冯军大败。1926 年 4 月,冯玉祥、张之江向全国通电宣布下野。张之江被赶出占领仅三个月的天津。京津收回后,李景林对张作霖也算有了交代,并主动引咎辞职。1926 年 6 月,李景林通电全国,宣布下野,从此不问军政事,专心从事提倡武术。

率徒南下　力倡国术

1926 年下半年,李景林带领李书泰、杨奎山、郭宪三、林志远、黄敬义一行六人,从天津乘海轮南下上海。上海的十六铺码头有以曹幼珊为首的 100 多人欢迎队伍,举着横幅欢迎标语,每人手中拿着欢迎小旗,一路上喊着欢迎口号,敲锣打鼓放鞭炮,所经之处,不少人知道情况后都自动加入欢迎行列。队伍越来越长,浩浩荡荡竟有五六百人。对一位武术家来说,这是前所未有的盛况。

李景林一行六人先在曹幼珊家中,也就是延安东路大世界后面的宰牛公司附近。这曹幼珊是苏浙沪地区的青帮大首领,势力及能量很大,黄金荣、杜月笙都是他"通"字辈学生。(李、曾二人素不相识,曹为何如此盛情?笔者认为:青帮的特点之一就是善于结交各种势力的台上或下野的上层人物。当时奉军正势力大,包括上海,少帅张学良在上海,曹幼珊肯定要拜会结交。李景林是奉军第一方面军司令,属上将级重要人物,平时与张学良关系很好,现在又突然向全国通电下野,又成了当时的新闻人物。李景林要在全国大力提倡发展国术的愿望,是曹幼珊主动向张学良表示愿意帮助的。)

上海闸北区开封路有一个"更新舞台",是上海当时最大的戏院,能容坐4000人。老板王永山也是青帮通字辈的人物,他欢迎李景林特别积极,带着儿子王喜林及表甥郝家俊两人到十六铺码头欢迎后,又带着两人第一个到曹幼珊家,命两人向珊爷及李景林叩头。曹立即向李建议收他们两人为徒。李当然要给曹面子,就说:"这是我们有缘,算是我到上海收的第一批徒弟吧。"曹又趁热打铁说:"家中有香堂,可行拜师大礼。"李书泰立即提出异议,要另择良日。大家都明白,在青帮香堂行拜师礼仪是不妥当的,都说另择吉日。

李景林到上海后,立即邀请志同道合的孙禄堂来沪共商提倡国术事宜。于是,大家住到法租界爱多亚路的梵皇宫饭店(这是黄金荣开的饭店,后曾改成"大千世界")。李、孙二人住在二楼,李书泰、杨奎山等人带枪轮流值班。

1926年底,李景林、孙禄堂二人在上海一同收徒。孙的年龄比李大,李请孙挑选地址。孙虽是北方人,但喜吃辣,就在大世界对面西藏南路一家川菜馆"独一处"临时设个香案,烧着大香,每人手中拿着龙凤大红贴,内装家庭三代的个人简历和一张五十大洋的支票。这次王喜林将弟弟王喜奎也带去一同拜师。先有孙禄堂进行收徒的拜师大礼,李景林作贵宾列席,仪式由大徒弟李玉琳主持。而后由李景林进行收徒的拜师大礼,孙禄堂作贵宾列席,仪式由李书泰主持。这次拜师大礼有一个特别情节,就是孙禄堂坚决不收郝家俊的拜帖,使郝家俊非常尴尬,礼仪无法进行。只有李景林知道个中原因,因为孙禄堂与郝家俊的父亲郝海鹏有特别情谊,当然不能收侄辈家俊的拜帖与礼金。于是,李景林建议"拜帖免交仍参加拜师大礼"。这次两人共同收的徒弟有:孙存周、李玉琳、高振东、胡凤山、李书泰、杨奎山、郭宪山、林志远、黄敬义、郝家俊、王喜林、王喜奎、萧格清、郑怀贤、孙振岱、章启东、支燮堂等二三十人。因事过近80年,记载不全,肯定有遗漏,仅供参考。还有不少徒弟不是本次的,而是以后两人分别收的徒弟。

倡建国术馆　又荐张之江

1927年,蒋介石建立南京政府后,下半年特派邵力子到上海,请李景林建立"中央国术馆"并任馆长。李景林不愿意,建议由张之江担任,并请邵力子代为致谢蒋介石。1928年3月24日,中央国术馆在南京建立,张之江任馆长。对此,有以下七点说明。

1. 1927年,国内战争与政局混乱,蒋介石建立南京政府后,有千头万绪的事情要做,特别是对付共产党,蒋介石绝不会主动考虑建立一个与军政无关的"中央国术馆"。

2. 李景林在上海奔走呼吁了一年多,要洗雪"东亚病夫"之耻辱,要提倡"全民国术化"、国术能"强身强国强种强族",这在当时是绝无仅有的第一人,且具有强大的号召力与影响力。对此种顺水推舟、一举两得之事,蒋介石是会做的——既可拉拢一位奉军高级将领,又可收买一点人心,所以,中央国术馆就建立了。

3. 蒋介石既然被李景林所"逼"同意建立中央国术馆,顺理成章应由李景林肩挑,于是,在下半年特派邵力子到上海请李景林。出乎所料的是,李却不同意,而建议请张之江出任。任何事情的发展都有一个过程,绝不可能是蒋介石心血来潮,突然之间要找一个熟悉的、在扬州当寓公的张之江来建馆并担任馆长。

4. 李景林既然提倡国术,为何又不肯担任中央国术馆馆长?原因是李不肯担任官方职务,受蒋掣肘,只想自由自在能进能退地提倡国术。

5. 李景林为何推荐张之江?李、张二人在战场上交恶,互把对方赶出天津,同是将军级人物,同是通电下野人物,两人互不相识,更是毫无交情可言。李景林不肯出任中央国术馆馆长之职,但绝不可能一推了事,必须找一个情况相当的人代替,考虑到张之江是最合适人选。所以,李景林建议张之江出任中央国术馆馆长,完全是金蝉脱壳之计,是为了脱身。

6. 蒋介石为何又同意张之江出任中央国术馆长一职呢?蒋根本就不重视国术,既不认识李景林,更不认识张之江,建立中央国术馆本就是顺水推舟、一箭双雕之事。李景林是奉军中一只东北虎,张之江是冯军中一只西北狼,如今东北虎未抓住,先抓住一只西北狼,也是可以接受的。

7. 张之江出任中央国术馆长是突然的,为了慎重其事,他请冯玉祥出任中央国术馆理事会理事长，自己取得"西北国民军全权代表驻南京首席联络官"的身份，蒋介石就不能随便调遣他了。

设世纪擂台　汇天下豪杰

中央国术馆成立以后，在全国进行了一次国术考试，这次国考影响很大。反观李景林高喊提倡国术，却并无明显动作，虽然李景林是推动建立中央国术馆的大功臣，但局外人并不知情。1929年初，李景林计划举办一个全国打擂比赛的大动作，但苦于没有资金。他虽曾为奉军高级将领，也曾担任省长，却是一身正气，两袖清风。当时，他在上海的生活开支已很难维持，当然更无能力举办大赛。经过反复思考，李景林决定采取下策，走一步险棋。

在一次与黄金荣、杜月笙两人的叙谈中，李景林表示要请他们帮忙举办全国打擂比赛，请他们每人资助5万大洋，并拔出手枪轻轻地放在台上，开玩笑地说："你们是有名的'大流氓'，这次我暂当一回'大土匪'"。说完，哈哈大笑，黄、杜两人连说好商量。

勒索大流氓并非小事，10万大洋也非小数。曹幼珊知道事情后，请出政要张静江和大商贾王晓籁商量。张静江当时是浙江省长，是民国特殊人物，当年是曹幼珊请张静江把流落在上海的蒋介石介绍给孙中山的，蒋介石见到他也礼让三分，现在他答应李景林举办全国打擂比赛，经费及名称由浙江省政府研究决定。关于10万大洋之事变轻了，由曹幼珊出面说情，黄金荣、杜月笙各出2万大洋，王晓籁自愿资助2万大洋，体面地为了李景林解决6万大洋的经费。

1929年5月3日，张静江主持召开了浙江省政府第223次会议,决议文件的第一句就是"浙江国术游艺大会"之创办,其动议者为省政府主席兼国术馆长张静江先生。决议聘请李景林为筹备主任,褚民谊、孙禄堂为副主任。决议用参观券筹集经费40万大洋。张静江为李景林举办全国打擂比赛做好了所有关键性的准备工作。

同年5月中旬,李景林、孙禄堂一行人等从上海移师杭州,住在西湖友常别墅。经过数月筹备,于9月27日向全国各省通电,邀请确有国术技能者参加比赛,一切食宿及来往路费均由大会提供。10月11日"浙江国术游艺大会"正式成立。

武术界一贯认为全国打擂的大会有很多特色,有很多经验值得我们今天借鉴。大会全部情况,已由《浙江国术游艺大会汇刊》详细介绍,不再重复,这里仅介绍大会的十大特征。

1. 大会情况。大会全力贯彻李景林呼吁已三年的洗雪"东亚病夫"之耻、转移"颓风"、提倡"全民国术化""国术实战化",强调国术"强身强国强种强族"的宗旨。大会的口号集中体现在擂台前的对联中。上联是:一台聚国术英雄,虎跃龙骧,表现毕生功力,历来运动会中无此举;下联:百世树富强基础,顽廉懦立,转移千载颓风,民众体育世上有余思。横幅是:颁全民国术化。全国有13个省以及南京、上海、北京、天津、青岛、武汉当时的6个特别市报名参加。11月16日大会开幕。实到445人(其中中央国术馆55人),376人参加拳械表演,109人参加打擂及表演,是典型的传统国术技击赛。大会聘请了全国国术名家29人担任评判委员及37人担任监察委员,由李景林任评判委员长。大会由最高权力的"大会执行部主任"李景林主持。11月28日结束,赛期12天,加上11月10日开始提前一周接待和陆续离会,前后长达20

余天。在20世纪的全部武术比赛中,这次全国打擂比赛创造了很多世纪之最。如,创提倡国术来振兴民族精神的世纪之最,创参赛人数最多的世纪之最,创赛期最长的世纪之最,创长赛期全供给的世纪之最。

2. 参加打擂人员必须会拳械表演才能取得资格。这是国术的本色和特点,可以保持高水平,避免不会技击的低水平乱打,也是大会的真正"国术游艺"。大会每天交替进行打擂和拳械表演,有很多人竟能天天在同一个下午既参加下一轮打擂又参加拳械表演,特别是岳侠、高作霖等人。这种个人能同时参加表演与打擂的能力与方法,对今人应有启迪。

3. 拳械表演创历史最高水平。李景林是大会的最高权力者,规定亲随徒弟不参加打擂,主动回避,但可参加拳械表演。参加大会人员都是武林高手,评判委员及监察委员等大都是全国名家,也纷纷下场参加表演,名家与高手云集,汇聚了全国的国术精英,使大会的表演成为全国最高水平的表演。李景林与徒弟杨奎山、郭宪山、林志远及新收徒弟李庆澜,还有女儿李书琴及二夫人赵美英等人都多次参加表演。河北一位23岁的刘英华,练传统太乙门,大会期间共表演20次,特别是11月19日,竟在一个下午的拳械表演后半场连续出场表演8次,而且后4次都是器械对打,在国术史上创"连续出场表演"的世纪之最。

4. 观众可以临时报名参加表演,这使有国术技能的人才得到充分发挥的机会。大会表演的第一天,观众中有位教师名叫王思庆,临时报名要求献艺,经大会同意,临时插入表演了梅花拳和三尖二刃刀。

5. 打擂不设种子选手,不分体重级别,参赛人员的分组、分对、分序全部采取临场摇号或抽签,这种公开、公平、公正的做法完全杜绝了暗箱操作。技能水平及体能都不在同一起跑线,为避免强强早伤或弱弱侥幸,采取双败淘汰制,给参赛人员有充分发挥的补偿机会。11月26日淘汰到只有26人,当天下午要进行优胜决赛,韩庆堂每轮都在败者组出,竟连续打到第九轮才获得第7名,在九轮中要连续与8人决战,这也是绝无仅有的。

6. 打擂不准用护具。擂台高1.3米,正方形每边20米,不设护栏。不准用头盔、护胸、护挡、护膝、护肘及拳套等护具。严格规定"四禁":不准挖眼、不准扼喉、不准打太阳穴、不准取阴。上场前一律换上大会提供的比赛服,这是无袖、无领、无袋的短布衫及短裤,不穿袜子,杜绝夹带,完全是空手赤脚。

7. 打擂比赛中发生死伤,概由本人负责,大会不负责任。但大会提供急救,设立三间中西医医疗室,并准备薄板棺材一副,死一人提供三百大洋抚恤金。此举使技能较差者望而生畏,打擂开始时,上午报名参赛者128人,听了细则后,下午实际参赛者为109人,有19人自退。

8. 打擂比赛规则,听取合理建议,及时修改。大会本来制订比赛规则21条,比赛第二天就开始修改6条,主要内容是要以"跌倒为负"。比赛第4天又修改内容是限时10分钟,过时无胜负则双方都取消比赛资格。比赛第六天又修改,拳脚一律解放,除"四禁"外,可踢打身体各部位。六天中三次修改规则,成为当时最完善的武术散打规则。

9. 观众可以临时报名参加打擂,也可以指名对象进行挑战赛。

(1)大会第六天,11月22日下午,第3组比赛结束,有国术名家表演绝技后,有位观众郭某挑战,指名要与评判委员长李景林比赛。李欣然应战。比赛开始后,郭奋拳向前,李不接不架,退让数招,再后发先至,突然闪出一掌,将身材高大魁梧的郭某击出一丈余而倒地,全场7万余观众为之震撼,欢声雷动。

(2)大会第七天,观众中有位江西来的老僧要求上场比赛,经大会同意,正巧胡凤山轮空愿陪。上台后,老僧先发制人,出手如连珠炮一样猛击,胡凤山则退让数招,突然一个换步接手钻拳,后发先至,将老僧的额骨击破塌陷,大会立即进行急救。

10.绑架报复未遂。11月23日是打擂第二天,有一对参赛者林长青与王喜林。林是杭州市警察局侦缉队长,40多岁,号称徒弟众多,在杭州很有影响。而王当年22岁,已拜过三位老师,练形意拳虽仅两年多,但已能一拳将砖墙打个深坑。有人劝王放弃与林对搏算了,王则说:"好不容易第一次有机会参加全国打擂,就不敢上场?不成了窝囊废?以后如何见人?输也要输得体面,拼一下也不见得会输,如果被他打死,算我活该。"两强相遇勇者胜,正式交手时双方都很猛,王先被林打到一拳,鼻子出血,接着王却猛一个钻拳把林打个屁股着地。评判的哨子已吹停止,胜负已决,林却从地上爬起来向王猛扑,口喊不算数。此时王沉着大胆手不软,快速向林的肚子像连珠炮一样连崩三拳,林被打个仰面朝天,2比〇,王喜林打败林长青。

次日,王喜林正在心情舒畅地看别人比赛,突然有七八个人向他形成包围圈,说林长青请他去。王一看他们每个人腰上都有短枪,就明白是要绑架,机智的他立即高喊"你们想绑架报复吗?"一边喊一边向主席台走去。因在场内,又有这一嗓子,七八个人不敢动手,立即散去。听了王喜林的报告后,兼管大会安全的副评判委员长褚民谊,立即对在场的杭州市警察局局长李子裁叫道:"立即把姓林的小子找来!"褚民谊对着林长青大骂道:"你小子有多少条枪?打输了就想绑架报复?照你这样,大会不乱了套?你是故意和我过不去,要我的好看?我不与你多说,现在把姓王的交给你了,他在杭州要是出半点差错,就拿你是问,你提头来见。"褚民谊当时是国民党中常委、部长,官职权势大,否则震慑不了林长青。林立即对王说:"误会,误会,我保证你在杭州的安全。"

从以上十大特征看到,整个全国打擂比赛大会的过程,等于是李景林写了一本《中国武术散打裁判学》。大会办得非常成功,正如擂台对联的最后两句所说"历来运动会中无此举","民众体育史上有余思"。对中国武术界来说,它是"总揽神州精武,罕见千古盛会,叱咤风云武史,模式导向后代"。

沪杭三载弄风雨 国术渐兴迎春晖

李景林在上海、杭州的三年多时间中,为国术发展做了以下工作:

1.提倡全民国术化,国术能强身、强国、强种、强族,强化振兴民族精神,促使蒋介石成立中央国术馆。

2.举办世纪之最的全国打擂比赛,即"浙江国术游艺大会"。

3.在上海举办两次打擂比赛。全国打擂比赛结束后,人员全部离开杭州,大部分要经过上海。在李景林新收的徒弟中,有部分要跟着学武当剑,这等于要李建一个教学基地。对此,李早已派李书泰持信去济南见山东省长韩复榘,筹备创建"山东国术馆",所以在上海等待消息。所有人员对全国打擂比赛余兴未了,要求在上海继续进行，于是产生了第二次打擂。第一天在"逸园"跑狗场，因是冬天，又是露天，比赛进行中又下大雪，第二天就改在"大舞台"进行（后改名"天蟾舞台"）。有一次抽签是窦来庚对郝家俊，窦知道郝的钻拳厉害，上场后不敢硬拼，就用"太乙醉拳"摇摇摆摆，恍恍悠悠地走偏门进攻，结果窦被郝又摔又打击倒在地。当时上海报纸说是"十一郎拳打青面虎"，郝家俊获二次打擂第十四名。

4.创建山东国术馆。韩复榘积极支持建立山东国术馆，条件是要李景林挂名山东省副主席。李书泰立即在济南九纬路租下一座戴公馆，作馆址准备。孙禄堂也要去镇江任江苏国术馆馆长，李、孙二人朝夕相处三年多，从此分手。

5.李景林公开历来秘传的武当剑。武当剑术是道家内部代代秘传单授的，是国术中的奇葩，传至李景林为第十代，从他手里开始向社会公开。隐迹已久的剑法重现武坛，这是震惊国术界的天大之事，公开传授的是武当对剑，由亲随徒弟杨奎山代师具体教学传授。李景林"于无剑处，处处皆剑"的纵横飘忽。出手如闪电，运剑出神入化的高超境界，完全征服了国术界。使得早已闻名奉军和东北地区的"神剑李""剑侠李"和"飞剑李"等神化美称又纷至沓来，使李景林成为震惊武林的叱咤风云人物。

6.李景林广泛收徒。从上海到杭州，特别是全国打擂期间，李景林闪掌击飞郭某挑战的上乘功夫，震惊国术界，拜师的更多，包括多位监察委员。在三年多时间中，前后有500多人向李景林递帖拜师，或许是这些挂名的"二岔子"徒弟出于对李景林的敬佩。这样的广泛收徒，影响很大，成为国术界中罕见的美谈。

1931年12月3日，李景林因突患痢疾，在济南病故，年仅47

岁。生前友好邹声远曾有诗云:"龙泉之尺鬼神惊,起舞寒光耀眼明。君家绝技应无各,传与群美后代光。"李景林先生一生戎马生涯而致力于中华武学,堪称楷模。

(吴志泉撰文。原题《八千里路云和月》,见《武当》2005年第6期。有删节)

中华武士会干事叶云表

叶云表(1885—1948),字剑星,河北大城县安庆屯人。爱国武术家。曾任同盟会燕支部干事、临时省议会议员、中央工商会议代表、国会议员等职。1911年参与发起、创办天津中华武士会,并担任中华武士会干事(一说会长)。1914年,赴日留学期间,邀集同人于日本成立中华武士会东京分会。回国后,曾任上海武德会武术教员。他主要活动于政界,20世纪30年代在山东从事乡村建设运动。

叶云表祖上经营运输,主要在子牙河水路经营漕运,兼营陆路运输,富甲一方。其祖父叶尚俭、父亲叶锡玖为安庆里里长,享有盛誉。叶云表自幼聪颖,能文善辩,又承祖传武学,擅长六合大刀和三才剑。在练习武术的同时,父亲也没有放松叶云表的文化学习,把他送到姥家所在的白洋桥村"邓家学馆"读书。邓家学馆以育人闻名,聚集了本村及周边村镇的富家子弟,有里坦三村的梁建章、梁炳坤叔侄俩,白洋桥村的邓毓怡,张思河村的张绍增等人。后来,梁建章入保定莲池书院,受院长吴汝纶赏识,成为首批官费生留学日本,研究伦理学和水利学。张绍增考入天津武备学堂,赴日本陆军士官学校炮科深造,以第一名成绩毕业回国。梁建章回国后介绍邓毓怡到保定莲池书院,拜吴汝纶为师,后来也东渡日本,进入早稻田大学。看到这些学子们都走出了家乡,学有所成,叶云表的父亲也待不住了,他决定让儿子也出去深造,将来谋个一官半职,光宗耀祖。1909年,叶锡玖卖地筹集了资金,托梁建章的关系,让叶云表到日本山口高等商业学校学习商品经营和金融事务管理专业。在校期间,叶云表受资产阶级民主革命思潮影响,在王法勤、边守靖介绍下加入中国同盟会。

1911年回国后,同盟会为联络天下反清义士,派叶云表在天津联系武术界人士,待机举事。同时,受同盟会之命,他与武术名家马凤图一起,联合武林、教育界同人,创办中华武士会。黄柏年《五行拳谱》载:"余师李存义公,立负笈从师,方得此术。民国元年,诸君提倡尚武,其中有叶云表君、张恩绶君、张占奎君、刘殿琛君、张季高君、韩秀珊君,将余招至天津,同为提倡武风,先组织武士会。"该会以"发展中国固有武术,振起国民尚武精神为宗旨"(《中华武士会章程》)。1912年6月16日,武士会在河北三条石直隶自治研究所开成立会。

1912年7月14日,同盟会燕支部(简称"燕盟",俗称同盟会直隶省支部),在孙中山的授意和授权下,在天津李公祠正式成立。8月25日,正值同盟会等"六党合一",并在北京成立国民党之际,同盟会燕支部改称国民党燕支部。据《国民党燕支部章程》载,燕支部事务所(即总部)设在天津黄纬路,职员90余人,各县分部(俗称支部)也相继成立。其中,天津分部成立于1912年10月13日,"假城议事会,开成立大会,会员到者120余人。当场投票选出部长李光恒1人,干事员温世霖、叶云表、胡家佑等4人,评议员李奎光等10人"。

燕支部成立初期,影响颇广。其开展的工作包括组织协调迎接孙中山、黄兴等人北上赴津活动事宜;创办中华武士会和武士会传习所;在顺直省议会争取议员份额和地位;纪念辛亥革命烈士,抚恤优待烈士遗属;反对北洋军阀的残暴统治;利用机关报《国风日报》等报刊,旗帜鲜明地反对袁世凯等的倒行逆施;努力维护革命党的纯洁性等。

1912年9月8日,中国武士会在河北公园开成立大会。10月29日,召开秋季大会,也称"天下英雄会"。"首由干事张泽儒报告开会词,继由干事叶云表报告近日办事手续。"(《大公报》)此次活动后,中华武士会发展为北方武术的中心。

1918年8月12日,被推为第二届国会众议院议员。1919年5月4日北京爆发五四爱国运动,他同情和支持爱国青年学生,代表国会众议员向大总统徐世昌及内阁递交拒签和约的请愿书。为了支持学生爱国行动,他还主编《民意报》,声援爱国学生。当时新国会方面除山东议员奔走呼号外,尚有直隶叶云表、张濂等人共署名提出质问书云:"为质问事。查五月四日因外交失败致起风潮,政府应如何措施以弭祸乱,谨据院法提出质问如左:查曹汝霖、陆宗舆、章宗祥等历任外交要职,与日人诡秘交际,久为国人所共见,卖国之嫌,腾布中外,怒积怨丛,由来已久。近以青岛问题将归失败,人心忧国,追源祸始,而曹、陆、章等遂为众矢之的。当此众怒难犯之际,政府应如何究查其奸,惩治其罪,以释群怨而弭隐患,此应质问者一。本月四日之举动实一般学生迫于爱国热诚而发,其殴打伤人亦属公愤所激,绝非因私恨而起,与寻常骚动不同。且集合学生三千余人之多，若必将逮捕少数学生，按寻常违法治罪，则恐惹起绝大风潮而后患将不堪设想，且被逮之学生，未必即伤人之犯，揆诸情理，亦殊不平，政府应如何权宜方法，原情宽宥以息乱端，此应质问者二。以上两端所关重要，当此时局纠纷群情惶惑之际，为息事宁人计，必有适当措置，然后可以弭患于无形。究竟如何办理，谨依法提出质问。请于三日内答复为盼。"(《近代史资料》)

1930年，韩复榘主持山东省政务时，聘请叶云表为政治顾问。次年，我国著名民主人士梁漱溟在山东省搞乡村建设活动，选邹平县为乡村建设实验区，省长韩复榘委叶云表为乡村建设实验区总办主任。叶云表提名同乡梁秉锟为邹平实验县县长。期间，叶云表还筹建了山东省国术馆，培养了大批爱国武术人才，其人员后参加省政府警卫旅，抗战时多为国捐躯。

1937年七七事变，因日寇大举侵略，乡村建设实验区停办，叶云表受妹夫吴锡祺邀请，到原西北军参加抗战工作。抗日战争胜利后，他生活在北平和天津，育有两子两女，其一女即我国著名话剧艺术家叶子。

(李会宁、阎伯群撰文)

哈尔滨太极拳开拓者李玉琳

李玉琳

李玉琳（1885—1965），字润如，出生于河北任邱县圈头村一个农民家庭。受家乡习武之风影响，李玉琳少年时代就拜著名拳师郝恩光为师，学习少林、形意、八卦诸拳艺。在郝恩光东渡日本期间还受师爷李存义的亲自指导，后拜师孙禄堂，成为孙门著名拳师。因李玉琳动作异常迅捷，力道异常浑厚，身体又松柔自如，功夫异于常人，故在武林中享有"铁臂苍猿"的美誉。1925年，李玉琳曾在天津中华武士会和天津扶轮中学任武术教员。

李玉琳之师郝恩光系"单刀李存义"的得意高足，清宣统年间，曾任正定县武术社教务主任。后来受国会议员叶云表的邀请，东渡日本，教留学生拳术。1918年，其师郝恩光从日本回国，来到东北，经奉军团长孙念祖介绍，任奉军团副职，选精兵一营，专习武术。1923年，郝恩光率其部下在吉林宁安县打仗时，不幸中弹殉职。李玉琳闻师阵亡，便把自己家产变卖，亲去宁安县迎回师柩，安葬故里。之后，承担起抚养遗孤郝家俊的责任，直至把郝家俊教武成名。这种高尚的尊师武风，一时传誉武林，深得当时杰出武术家孙禄堂的赏识，自愿收为本门弟子。

孙福全，直隶完县人，自幼酷爱武术，形意拳师从李魁垣，后又从学于李魁垣之师郭云深、八卦师程庭华、太极拳师郝为真。他对三家拳术均无不造其极。曾著有《形意拳学》《八卦掌学》《八卦剑学》《太极拳学》和《形意述真》等武术巨著。其拳理悟透易理及释道正传真谛，是当代我国武学之经典。他说："形意力实，八卦力巧，太极力灵。""曰譬之物，太极皮球也，八卦铁丝球也，形意钢球也。"据记载，孙福全"能以狸猫上树势，手足贴墙上，足离地三五尺，身离墙外如弓状，观者莫不目瞪口呆"。其功夫之造诣入微，已进入灵化之境，人称"活猴子孙禄堂"。晚年，他博采了形意、八卦、太极三家拳术之精华，创编了独具一格的活步太极拳，即现在流传的孙式太极拳，又叫作开合太极拳。

李玉琳拜孙禄堂为师后，随师同吃、同住，受到孙的身传口授，苦练多年，功夫随之也进入精湛境地，成为孙禄堂的得意弟子。

1924至1925年间，他随孙禄堂在上海任中华体育会武术教员和尚德武士会会长等职。这期间，武术名家汇集，使他结交的武林高手更为广泛。他亲自向剑术名家李景林学习武当剑法。当时李景林与孙禄堂是亦师亦友之谊，关系也非常密切，所以给李玉琳创造了极好的学习机会。经过几位名师之手，再加之自己刻苦磨炼,李玉琳很快驰名大江南北,享誉武林。1930年,山东国术馆成立后,他被聘为山东国术馆教务主任,继之担任教务长。

1936年,他怀着传播太极拳的宏愿,风尘仆仆,从山东来到东北沈阳。本来,他打算求助于孙念祖,在沈阳设立武馆,但这时孙念祖早已退出军界,闲居乡镇,无能为力。李玉琳只得转赴哈尔滨市。这时,号称"东方小巴黎"的哈尔滨,商业虽繁荣,却仅有几家传授其他拳术的武术馆,人们对太极拳尚未认识。开始,他在道外八道街设立了太极拳社。太极拳社成立后,体弱和患有慢性病的人,通过练习,都获得了良好的健身效果,吸引了众多的人前来报名。后来由于人多房子小,在诸学者的协助下,又在道外大新七道街找到了一所60多平方米的宽敞房子。迁到新址后,学员越来越多。为使太极拳发扬光大,达到广泛团结太极拳同道共同研究的目的,在大家的倡议下,社名改为哈尔滨市太极拳研究社。笔者就是在搬迁前夕,在原八道街拜师学武的学生之一。

太极拳研究社成立后,引起了广大群众的锻炼兴趣。到这练习的学员,包括各个阶层,其中商人、职员、学生较多,人多时每天达200多人次。这些人中,上年纪的、体弱和慢性病患者占大多数。通过练习,都收到祛病健身的效果。不久,这所拳社在群众中产生了很大的影响,成为哈尔滨市当时声誉很高、学生最多的馆(社)之一。研究社设有管委会,拳社的经费支出及老师的授课费,均由社委会统一管理。社委会的管理成员大都是社员中有威望的人士,这也是当时区别于其他馆(社)较为新式的管理方式。

李玉琳,中等身材,体格健壮,长方脸,满面红光,仪表庄重,性格直爽,生活严谨朴实,从不吸烟喝酒。他的日常衣着,总是中式衣裤,黑鞋白袜,使人一看就感到朴素整洁,有点老学究的风度。他虽然武艺精辟,功夫独到,却从不高傲自大,每天授课之余,仍抽空自我练习。有时打形意拳,他的形意三体步一站或一迈步,像个石墩一样,给人一个沉实有力的感觉。有时练太极拳一练就是五六趟。他说:"练一两趟就是活动下腰腿,练过三趟后才能长功夫。"他习惯于早起之后做上约一小时左右的搓腰、敲天鼓、叩齿等武术功法,从不间断。他非常讲究武德,对待武界同道,从不褒贬别人的技艺高低、议论别人的短长,深博同道们的称赞。对前来请教的拳师,他总是热诚接待,虚心交流,在太极推手中适可而止。有一次,有一个叫宋子嘉的,过去练过形意拳,三十上下岁,自恃体壮力大,又有点功夫,听说李是名门高手,来到拳社,定要请教推手。两人搭手之后,宋越使劲,越被牵动得左右乱转,东晃西摇,呼呼乱喘。他口头上直说:"真不得了,真不得了。"但心里不服气,又要试手形意。宋刚一出手,只见李玉琳顺势一个劈拳,宋连退几步,一屁股坐在地上。李过去挽起他说:"没有站稳,可再试之。"宋站起来,定了定神,二话没说,当着很多学生的面,跪下就给李玉琳磕了一个头,定要拜师不可。过后宋又托人再三求说,终于做了李的弟子。后来宋对别人说:"李老师不知用的什么功力,使我腾空跌在地上,而身上却毫无感觉。"李玉琳和自己的学生推手也是这样,总掌握着分寸,不论你的手法高低,在技术上他总压着你点,使你东倒西歪的浑身不得劲时即止,毫不伤害对方。他的学生中,推手功夫比较好的,有贾化青、刘恩波、杨善亭、宋子嘉,号称"四大金刚"。他还有一个可贵之处,对前来学武的学生,从不厚此薄彼，一视同仁，只要你肯下功夫练，他就高兴教。在教学方面，他非常注意因人施教，反对千篇一律。对上年纪的、体弱或多病的人，他先从疗病、健身出发，采取不同的单势和站桩手段，随着体质收到明显的效果之后，再循序增加拳势套路。对待青少年，他不主张先学太极拳，而是从少林拳教起。他说，这样既适合青少年的活泼性格和兴趣，同时拉开腰腿，为学习其他拳术打下基础。

由于太极拳研究社的声誉不断扩大，长春、沈阳的许多商界人士都慕名而来。如，长春益发银行经理李默林、益通银行董事长田新吾等，都定期前来求教。在这些人的支持和帮助下，李玉琳又被邀请到沈阳、长春建立起太极拳分社，从而使太极拳运动在东北三省不断地发展起来。

1945年，东北光复后，李玉琳因寓居长春，哈市太极拳研究社由其子李天骥主持授拳。1952年，哈尔滨市武术联合会成立，太极拳研究社被列为武联第13武术馆。这年，李天骥被哈尔滨工业大学聘用，担任哈尔滨工业大学体育系体育讲师。同时，还被推选为哈市武联第一任主任委员，1953年被调至国家体委武术处。

李玉琳在哈传授的拳术有：杨式太极拳、孙式太极拳、河北形意拳、八卦拳和少林金刚拳等。传授的器械项目有：武当剑、地盘剑（又名纯阳剑）、行钩、锁喉枪，以及太极和形意拳系的连环大刀、三才剑、三才刀、太极刀、太极剑、滑大杆、太极枪、太极推手以及八卦拳系的滚手刀等，都新颖别致，风格不俗。

中华人民共和国成立以后，李玉琳所培育的学生，从事武术专职工作的有哈尔滨工业大学体育讲师黄恕民、哈尔滨市江北工人疗养院太极拳师栾剑秋、齐齐哈尔铁路局太极拳师金德寿,以及其子李天骥和李天池等人。

(张继修撰文。见《哈尔滨市武林人物史话》,黑龙江人民出版社,1993年)

中央国术馆教官韩化臣

八极门第五代大师韩化臣(1886—1937),字惠卿,沧州东南罗疃人。青年时拜张景星为师,习八极、劈挂,同时也得师伯黄士海指点。民初,随师张景星任职天津中华武士会,后在东北、广东、山东传播八极拳,1928年后受聘于中央国术馆、山东国术馆,享誉大江南北。韩化臣与张景星、师兄李书文,都是八极拳早期闯天下的代表人物,对传播八极拳贡献颇大。

拜师学艺 苦练功夫

韩化臣的父亲韩起元是清朝武举,跑马、射箭、扔石锁、举石担,操练各种器械,无一不精,告老还乡后勤俭持家守业,苦心经营耕种着48顷良田,使得家中生活富足殷实。俗话说穷文富武,由于韩化臣聪明好学,父亲又与本村八极拳家张景星关系甚好,所以10余岁上,韩化臣就正式拜师张景星,系统学习八极拳、劈挂掌、春秋大刀和六合大枪等拳械。

在罗疃村，人们通常将习武场子称为把式房。罗疃村共有两处把式房，东西一条大街将村子分成两半，街南面是李家（李大忠）把式房，街北面是张家（张克明）把式房，两家把式房相隔不到100米。张家的把式房占的是韩家的地方。本来，韩化臣的父亲想给张景星100亩好地作为报酬，可是张景星整天教拳，哪里有时间种地，于是韩起元只好收回土地，干脆把张景星接到家里养着，所以张景星是吃住在韩家，教艺在韩家。就是从这间练功房子里，走出了张玉衡、李书文、韩化臣、马凤图、马英图、王中泉六位师兄弟，而他们六人将八极拳在不到一百年的时间里迅速传遍沧州，传遍京津，传遍全国。

韩化臣

在张家把式房中练武，并不是很容易的事情。通常的情况是，一般的徒弟是不能进入到里边的，只有韩化臣、马英图等拜过师、递过帖的弟子才有资格进入。师兄弟们练起功来真是热火朝天，地动山摇，每天早上和晚上，都要挑满一大缸凉水，每人戴一顶瓜皮帽，再捎上一条毛巾。练功时个个光着膀子，练臂力的抓铁球、扔石锁；练腿功的扎马步、跳大坑；练排打的撞大墙、抡木棒；练硬功的打沙袋、搂木桩。师傅规定，大家都要拿出百分之百的劲头来练功。练渴了，拿起水瓢来咕嘟咕嘟狠喝一顿。练出汗了，拿过手巾擦一把。时间长了，汗多了，就将手巾往帽子里拧，渐渐的帽子里的汗水越来越多，直到汗水盛满瓜皮帽，就可以自行收功回家了。就这样，日复一日，年复一年，把式房里传出惊天动地的震脚声和呐喊撼气声，地面上被踩出了一个个深坑，趟出了一道道深沟。

在练习外功的同时，师傅张景星还传授弟子们内功，一套古传的道家易筋经，这是八极门不对外公开的养气静心、炼神守窍、修道养生的秘技，被称为内府绝技。

18岁时，韩化臣生得高大健壮、英俊魁梧。他练功非常刻苦，经常把练功融入到生活和劳动之中。为练出八极"掐肚"功力，韩化臣每天到自家菜园里的水井旁用辘轳提水浇园，当把大水篓摇到井口时，突然松开摇把，沉重下坠的水篓带着摇把快速地旋转，此时，韩用双手猛地掐住辘轳，辘轳戛然而停。坚持一段时间后，再松再掐，再提再松，反复操作，一个时辰下来，早已是通身大汗。天长日久，腰、腿、肩、臂、背、腕、足、指功力剧增。为练出整体力，他还在菜园里蹲着马步左右手来回不停地连根拔起半人高的野草。每逢村里唱大戏，他总是蹲起马步运使着功夫看，既欣赏了戏，又锻炼了下盘功夫。有一次，村里一个小伙子开玩笑，在他蹲马步的时候，偷偷地把凳子从他的屁股下撤走，躲在旁边瞧着，寻思着看韩化臣的笑话，可是直到大戏演完，人们都起身回家的时候，韩化臣才直起身子回头，发现凳子已经撤在旁边，于是周围的人见状都哈哈大笑。为练出下盘功夫和胆量，师兄弟们到村南的人水井边，扎好马步蹲在井沿上，一人站好，其他人轮流拳打脚踢往井里打，谁要是胆怯了，叫停了，就算输了。为练出摔打实战功夫，每到玉米快熟的季节，韩化臣总要约上师兄弟李书文、张玉衡、马英图到自家的玉米地中，用手拔起两米多高的玉米秆，形成一个方圆五六米的场子，地面又松又软，踢打摔拿任意施展，既不会摔坏身体，又可以练出交手功夫。在把式房里举石担、扔石锁、抓铁球、摔铁砂掌、练铁山靠、蹲小架更是下工夫。同时他在器械训练上,把六合大枪、梅花枪、春秋大刀、万胜双刀、虎尾鞭、三节棍和行者棒练得异常纯熟。功夫练成后,双膀一晃有千斤之力,撞倒墙头是轻而易举的事。一记八极撑捶,能将墙上的青砖打出半截;带孔的拴牛桩,一掌就能把它从孔处打断;一式劈挂扑地掌能将冰面拍裂,被人们赞为"铁巴掌"。

闯荡江湖 献艺大江南北

光绪三十二年(1906)春天,韩化臣功艺大成后,这一年正好20周岁,师傅张景星让他到外面闯一闯,一是验证一下功夫,二是结交一些武林朋友,三是谋个差使为国为民效力。于是韩化臣和李书文准备赴京。两人从罗疃出发,路上经过沧州城。沧州城自古有"镖不喊沧"之说,师兄弟俩偏偏不信这个邪,一直喊到沧州城里,也没有遇到一点麻烦。这方圆百里的土匪、盗贼和善斗的练武之人早就听说过罗疃功夫的厉害,都对韩化臣师兄敬而远之。就这样,两人顺利通过沧州到达北京,居住了下来。在北京结交了"醉鬼张三"张长祯、形意八卦名家张兆东、李存义等一些武林朋友。

民国初年,韩化臣应师弟马凤图之邀,与小师弟马英图一起赴沈阳交流技艺。有一次,韩化臣单独到黑龙江一个叫三棵树的地方,遇到一位名为郝绍功的翻子拳家设场授徒。两人见面,甚是投缘,于是结为金兰,韩为弟,郝为兄。郝绍功挽留韩化臣在家中住了一个多月。一天,郝弄了几个菜,打了一壶酒,酒过三巡后,郝对韩化臣说:"兄弟,哥哥跟你商量个事儿。"韩化臣说:"大哥,您有事尽管说,不用客气。"郝说:"大哥我在这里设场子授徒养家糊口,凭你这身武功,将来跟你学艺的一定会很多,到那时我就在这个地方待不下去了,只好另谋职业了。不行你就离开这儿,你看如何?"韩化臣听了觉得大哥的话有理,就说:"没问题,明天我就回关里老家。"第二天,韩化臣打点好行装,郝绍功起身相送,郝说:"兄弟,你得给我留个印象和纪念啊!"话没说完,奔着韩化臣的后腰就是一拳,韩凭着感觉回身一个"探马掌"闪电般击出。郝绍功早有防备,灵巧地一侧身躲了过去,韩这一掌就打在了后墙上,只听"啪"的一声,墙上一块青砖出去半截,墙上立时出现一个大窟窿。郝绍功高兴地说:"好兄弟,这就是你给我留下的最好的印象和纪念!"韩化臣离开后,郝绍功就请人画了一张画,裱好了挂在墙上,盖住这个大窟窿。每逢弟子们到家,就掀开画让大家看,并说:"这是关里韩师傅的铁掌功。"

1915年,韩化臣被聘为奉天警官学校教官,并在东北与号称"关东三老"的郝鸣九、胡奉三、程东阁金兰交,交心换艺,成为武林佳话,誉满沈阳城。

韩化臣从东北回到故乡后,他的名字享誉方圆百里,没有不知道他的。距罗疃村不到20里有个大村叫张北村(今属盐山县),村中首户赵员外,家有良田千亩,豪宅十处,当韩化臣的名字传到他的耳朵后,他就决定让儿子张树德学习功夫。于是挑选良辰吉日,派两名家人套好三匹马拉的马车,满载礼品,亲自带张树德来到罗疃韩家。韩化臣知道来意后,以礼相待,让赵家卸了马车,却并没把礼品卸下车,给马喂了草料,同时设宴款待客人。吃过中午饭,韩化臣又让赵员外套上马车,赵员外不知怎么回事,韩化臣说:"你跟我走就是了。"韩化臣领着他们转过当街,来到师傅张景星家,张老太爷问:"有什么事啊?"韩化臣说:"师傅,这是张北村的赵员外,今天来咱们村,想学咱的功夫,特让树德拜您老人家为师。"张景星是个聪明人,他早就明白自己爱徒的意思,于是就说:"他们在哪吃的饭?"韩化臣说:"在我那头。"张景星说:"他们拜我为师,怎么不直接来我这里,却先到你哪里呢?我看出来了,他们是冲你来的,我老了,腿脚也不那么利索了,今后张家的功夫就由你传授吧。但要记住咱八极门的门规,教出忠孝两全的弟子来。"韩化臣一听,马上说:"谢谢师傅,弟子明白怎么做了。"于是赵树德先给师爷张景星磕了头,又按照韩化臣的吩咐,把一大车礼品全部卸下来放在师爷张景星家。

就这样,韩化臣被请到张北村,在村中设场传授八极拳。村中各家各户轮流着做好吃的招待他,一干就是三年,村中年轻的小伙子都来学武。

就在韩化臣领着弟子们热火朝天地练功时,师傅张景星捎信来,说山东枣庄中兴煤矿经常有土匪骚扰,影响公司正常经营,中兴公司经理想成立一支护矿队,聘请韩化臣担任队长。接到师傅张景星的通知,韩化臣怎敢违抗,立即向赵员外说明情况,嘱咐张树德带领师兄弟们好好练功,自己先到山东看看再回来。

原来,枣庄是津浦铁路上的一个重要大站,这里的煤矿资源吸引了多个国家前来洽谈购买,由于连年的军阀混战,强盗和土匪不断出没,因此这一带非常不安定,尤其是孙美瑶、刘贵堂等几股"绿林"人物,各倚势力,活动频繁,经常打家劫舍,对富豪和商人下手,抢劫财物。就在前不久,孙美瑶劫持了几名与枣庄中兴煤矿合作生意的外国人,使他们损失财物达两万现大洋,这就是历史上有名的"津浦路大劫案"。大劫案发生后,津浦路两旁各大工厂主、煤矿矿主惊恐不安,为了保护自身安全和财产利益,条件好的厂矿便找到当地军阀作靠山,条件差一点的则纷纷成立防护大队,重金聘请各门派武林高手担任队长,同时对防护队员加强武术训练,以防不测。就是由于这个原因,中兴公司才通过马英图找到张景星邀请韩化臣来枣庄担当防护大队队长。因为是师傅亲自嘱咐的事,韩化臣没有推托,遵命应承下来。

担任护矿大队长以后,韩化臣立即投入紧张的工作当中,带领500余名队员白天训练,晚上巡逻,丝毫不敢松懈。开展工作不久,韩化臣见护矿队里有一名瘦瘦的大约十七八岁的小队员与众不同,小伙子长得眉眼清秀,细腰乍背,平时沉默寡言,可是练起功来却非常刻苦,每天他总是第一个起床把八口大水缸挑满水,院子也打扫得干干净净,再给队长韩化臣打好洗脸水,然后才到操场练功,一连两个月天天如此。韩化臣看在眼里,记在心上,他决定好好传授这个小伙子武功,于是把他叫到自己屋里,详细询问他的身世和来历。原来,这名小队员名叫赵荣林,是文安县城关镇赵村人,与八卦掌名家董海川是同乡,只因1924年秋季,滹沱河决口,自己的村庄被大水淹没,成为一片汪洋。为了糊口,赵荣林随逃荒的灾民涌入天津,浪迹街头,寻找生路。后来在老乡——津浦铁路侦查长李炳岗及李在山东的几位朋友的帮助下,赵荣林被枣庄中兴煤矿护矿大队吸收为队员。本来赵荣林对武术一窍不通,韩化臣就耐心地教授他八极拳术,并把他调到自己的队部做贴身护卫。自此,韩化臣成为赵荣林的师傅,两人形影不离。一晃三年过去,赵荣林对八极、劈挂、太极、形意、六合枪等各类拳械深得要领,在护矿队中已是出类拔萃,成为韩化臣最得意的门徒。

就在这个时候,又有一伙"绿林"人物到中兴公司要求"支援一下"。为首的头领是一个叫李学义的大个子。此人从小练就一身少林功夫,见煤矿经常有外国人前来,就纠集一帮穷人,时不时地敲诈一些钱财。令外国商人们很是头疼,整天提心吊胆,不敢擅自出入煤矿。自打韩化臣到枣庄后,总是派出部分队员护送这些商人们,这样一来,李学义就不那么容易得手了,派出的人总是打不过韩的队员。于是,李学义计划亲自出马了。他写好一封挑战书,让手下转送到韩化臣手里。韩化臣怎么能接受他的挑战呢,于是闭门不见。李学义吃了闭门羹,没有罢休,又接连两次下达战书,催促韩化臣交手比试功夫。韩化臣也在心里暗暗较劲:"看来这小子不服气,如果制不服他,中兴公司就没有好日子过。"于是韩化臣也让人转告李学义,接受挑战。李学义一看,高兴地想:"太好了,如果我打败了护矿队长,护矿队员们自然不敢再阻拦我们,那以后又有好日子过了。"第二天,双方如约来到一片小树林旁,见李学义走上场来,赵荣林跟韩化臣说:"师傅,您坐好了,让我来对付这家伙。"韩化臣正好也想考验一下徒弟赵荣林的功夫,就说:"小心,别慌张,要制人以服,不制人以死,记住只需运用'外八式'就行了。"两人拉开架势,只见李学义迎头一拳打来,赵荣林不躲不闪,进身一个"胯"式,嘴里喊道:"大缠。"李学义应声倒地,重重地摔在赵荣林的左边。李学义爬起来,倒退两步调整好状态,双手向赵荣林肩头扣来,只见赵荣林也是用双手顺时针画了一个圈,拨开李的双手,猛然前扑,嘴里喊道:"双缠。"李学义又被重重地摔出去一丈开外。"怎么回事?还没沾上人家怎么就倒了,不行,今天非得玩命了,要不还怎么在枣庄混下去。"李学义蒙蒙腾腾地又站起来,再次调整好状态,用右手使劲抓住赵荣林的右手,他想把赵荣林摔倒,哪知赵荣林急用左手扣住李的右手,自己的右手一转一送,嘴里喊道:"小缠。"李学义"嗷"的一声,他的腕关节已经被拿制的变了形,不得不再次跪倒赵荣林的面前。"服了,服了,彻底服了,韩师傅。"他跪在韩化臣的面前,说:"韩师傅,您大人不记小人过,今后我洗手不干这打家劫舍的缺德事了。我跟着您干吧。您要是不同意,我就不起来了。"赵荣林在旁边说:"我只是用了师傅教的三个缠法,要是用上三个顶法,你早就没命了。"李学义听了,吓出了一身冷汗,赶紧又给赵荣林磕了一个头:"师兄,就请你讲情让师傅收我为徒吧,我太喜欢八极功夫了。昔日听说八极厉害,今天算是领教了。我连你都打不过,师傅更是沾不上边了。"韩化臣见李学义态度坚定,就起身相搀,同意收他为徒,但对他约法三章:按照八极门规,八极门弟子不准打家劫舍,不准为非作歹,不准违拗师长。李学义连连应允,没过两天,他就解散手下,参加了护矿队,专心刻苦地跟韩化臣学习八极门武功。终于,中兴公司又恢复了往日的兴隆、宁静。后来,就是这个李学义,不但在南京第一次国术考试中名列优等,还成为黄埔军校的教官。

1924年,韩化臣携徒赵树德等人游广州,被聘为广东革命政府的黄埔军官学校武术教官。因功夫精湛,受到政治部主任周恩来、教育主任邓演达等人的赞赏,多次获嘉奖。

弘扬八极　受聘国术馆

1928年,为提倡中国武术,振奋民族精神,由国民政府多位政要倡导,国民政府财政部出资,成立了"南京中央国术馆",冯玉祥将军任名誉馆长,李烈钧将军任理事长,张之江任馆长,李景林等人任副馆长。中央国术馆通电各省府主席,督其在省内选推高手并执省主席之手谕抵首都南京集中，经考核合格后保送馆内任职。在师弟马英图和李景林副馆长的极力推荐下，张之江发电报至河北省政府，聘请韩化臣赴南京执教。同年10月，全国各省高手近百余人汇聚南京，举办第一届国考。韩化臣携弟子赵树德、李学义、赵荣林参加擂台赛，韩在对手车轮战的形势下，连打了30余位高手，都是用掌在三招之内取胜。最后韩化臣、马英图和李学义三人荣获优等成绩。尽管如此，组委会鉴于韩化臣德艺双馨仍然将一等奖牌发到了韩化臣手里。比赛结束，张之江馆长特聘韩化臣和赵树德为馆内一等武术教官，任命韩化臣为教务处拳术科长。

在中央国术馆期间，韩化臣曾回家探亲，以自己的威名制止了家乡两个村子的械斗。正是年根儿底下，罗疃村上演大戏，因为农村封建思想浓厚，男女各占一边，中间拉上绳子，不许逾越。可巧有一个邻村的汉子，不懂得罗疃的规矩，去女方人群中抱自己的孩子，引起混乱。巡视队发现后，不问青红皂白，一顿乱揍。与这位汉子同来的几个外村人过来拉架，也被暴打。回村后，这个村的村长召集了200多口人，手拿各种家什，朝罗疃赶来，眼看就要发生一场争斗。罗疃村的管事赶紧找到韩化臣，请求帮助。韩化臣听后，要求罗疃村的人不许应战，自己放下随身的器械，一个人迎上去。韩化臣站在大路上，威风凛凛。邻村的百姓见是韩化臣出面，都听说过他的威名，不一会就撤了。事后韩化臣说：“这次阻止杨村人进罗疃，我只是想劝阻一下，跟带头的讲讲理，解释一下，我是不会真动手的。就是让他们打几下，我还是能承受得了的。”

1929年1月，国民政府委托浙江省政府主席张静江和中央国术馆馆长张之江共同负责，在杭州举办了全国首次武术擂台赛，即"浙江省国术游艺大会"。大会专门设置了评判委员会，委员长由李景林担任,韩化臣担任委员。

1929年1月25日,张静江邀请中央国术馆全体董事、顾问、正副馆长、各处室负责人组成赛前工作协调处,成员21人,韩化臣是其中之一。当赴杭人员乘火车直达杭州之际,南京特别市市长刘纪文的机要秘书送来一封秘函,内容是:"昨接教育部部长蒋梦麟亲笔书信,称今年年底有五国拳击、剑术专家拟观摩中国武术之技艺,同时还想与我国武术界人士进行一至两场比赛,只因教育部直属的中央大学、交通大学等高校武术教师均为中央国术馆的教习在校兼任,所以请刘纪文市长出面与央馆负责人协商一下,可否由该馆出面组织一个表演队与比赛队,以便届时代表中方出场。至于相关费用,则由教育部承担。"据李松如先生在1973年回忆说:这场与洋人的大战最终选中八极门韩化臣和太和门童仁富两人,因为两个人都是央馆一等教习,韩化臣的"铁衫靠打"无人能敌,童仁富的"五毒排手"堪称一绝。韩化臣的对手是一名美国人,只两回合,令洋人惨败而归。洋人们个个垂头丧气,这场大赛没有辜负馆长们的期望,显示了中国传统技击术的神威,有着极大的影响和意义。

八极拳列为中央国术馆学员必修科目,这跟韩化臣、马英图兄弟俩的努力奋斗分不开。由于当时八极拳刚刚走出罗疃和沧州,天下武林中知道八极拳的人还很少,可是八极的巧妙、威力却瞒不过馆长张之江和李景林的眼睛,他们凭借非凡的眼光认定八极拳是科学的、深奥的,八极拳适合国家和民族的需要。由于八极拳历来保守的缘故,传艺必须履行递贴拜师仪式,两人所得张景星师傅的真传颇为不易,当时哥俩这么大张旗鼓、毫不保留地献出此艺,很多八极老前辈很是不满和反对,其中师兄李书文就说他们两人是

"败家子儿"。但是他们认为,国家兴亡,匹夫有责,为拯救中华民族,洗雪东亚病夫之国耻,我们怎能只顾小家而舍弃大家呢?有什么理由不为国家和民族效力呢?后来李书文终于被两位师弟说服,表示不再阻拦,而且他自己也被邀请到中央国术馆担任教员并教授枪术。在中央国术馆,孙禄堂、王子平、佟忠义、陈子隆、马承智、张英振、朱国福、唐范生、高振东、黄柏年、李松如、姜容樵、陆林、刘丕显等各派名家都很佩服韩化臣和马英图的功夫,大家都曾用自己的"绝技"换取两人的大小八极,这些人均会练八极拳。有外来挑战比武的高手,也一致公推韩化臣、马英图上场动手。在中央国术馆,韩化臣还结识了杨氏太极拳创始人杨露禅嫡孙杨澄甫先生,交心换艺结为金兰。

1930年7月,李景林和许兰洲又在山东、河北两省创立国术馆,调韩化臣携弟子李学义、赵荣林到馆任教,同时兼任河北省政府主席于学忠和山东省政府主席韩复榘的军队教官。

1931年3月,山东省主席韩复榘同李景林、韩化臣等人商量,仿照中央国术馆之程序规则举办一次全省国术比赛,目的是选拔武术拔尖人才到山东国术馆担任教员。比赛由韩复榘主持,李景林、韩化臣担任裁判,全省300多名武林高手参加了比试。韩化臣写信通知师兄李书文前来观摩并担任评委委员,李书文带儿子李萼堂到济南。李萼堂在比武大会上力挫群雄,获得第一名,后留任山东国术馆教官。

韩化臣在中央国术馆和地方国术馆参加各类比赛20余次,荣获民国政府嘉奖勋章奖牌13枚,其中获国考一等奖牌1枚、国考纪念章1枚、谭延闿亲赠署名奖章1枚、银盾3枚、金牌1枚,同时获馆长张之江亲赠龙泉宝剑1把、宝刀1把。武学贡献上,韩化臣和师兄张毓衡合作，在黄士海、张拱辰手抄本拳谱的基础上，总结张克明、黄士海、张拱辰、李书文及他们自己的体会，编著《罗疃张家八极拳枪拳谱》，流传后代。

抗战爆发不久，韩化臣在山东国术馆病逝，享年51岁。

尊师重教 薪尽火传

韩化臣一生尊师重教，将老师张景星接入家中奉养，亲如父子。韩化臣收徒必须征得老师同意，谨遵师命。在罗疃，韩化臣收弟子赵树德、魏洪恩、魏洪宾、董义文、董义清、姚春符、张子亭等人。在枣庄中兴公司期间，培养了赵荣林、李学义、刘宝林等人。在南京中央国术馆，培养了李元智等人。他曾经给自己弟子立下严格的规矩，即学艺后不准为豪绅看家护院，不准充当私人保镖，不准流落街头卖艺。必须为国家献力，必须以德行为先，必须做正大事情。弟子们也不负师傅的教诲，为国为民，为八极拳发展尽力尽心。在弟子们中比较突出有：陆军军校教官赵树德，黄埔军校教官赵荣林，中央国术馆、陆军教官李学义，国民党三军总教头（台湾）李元智，国术教官董义文，军队教习董义清，八极大师魏洪恩，神枪魏洪宾等。

中华人民共和国成立以后，韩化臣的后人继承了他的精艺。他的两个儿子韩洁泉和韩龙泉也从小习武，其中长子韩洁泉系统完整地秉承了家学，并将父亲所传的各种拳术和器械套路整理成册，不能公开的真功秘技则口传身授给了自己的子女。韩洁泉曾任山东国术馆、莱芜干部训练所国术教官，"文革"期间在政治高压下，培养后学并将八极拳套路、秘技整理资料保存，传于后人。

1984年，枣庄市清真寺成立八极拳研究会，会长石均惠聘请韩洁泉为名誉会长，韩洁泉携其五子韩振德参加建会仪式。1988年，安徽蚌埠八极拳研究会聘请韩洁泉为名誉会长。1988年日本的松田隆智、野田久贵来中国学习八极拳，专程到罗疃拜访韩洁泉先生，请教古典八极拳精微。韩洁泉将其艺业传女儿韩振阁、子韩振海、韩振江、韩振德及本门后学。

（李会宁撰文）

御前教习霍殿阁

霍殿阁

霍殿阁(1886—1942),字秀亭,直隶沧县南小集人,著名八极拳拳师李书文的开山弟子,八极门第六代宗师,霍氏八极拳创始人。1932年,他携侄霍庆云等人随溥仪到东北,曾是清朝末代皇帝溥仪的武术老师兼护卫,被称为"御前教习"。霍殿阁在东北的八极拳传人较多。

霍殿阁的家乡有个姓张的,跟南皮状元府的"南皮张"张之万、张之洞是本家。张家请武师教子练武强身,聘请宋村"抄白虎子"李五爷教飘洒拳。李五爷轻功好动作快,习武之余,让徒弟拿扫帚扑他,扫帚一扑李五爷就蹦到小房上了。14岁的霍殿阁和几个小伙伴陪张家子弟练武,学得二郎拳、三十六拳、四郎宽拳、溜腿架等,轻功也有一定基础。李五爷教了两年,把"神枪"李书文推荐给张家,李书文遂被聘到小集教拳。16岁的霍殿阁又随"神枪"李书文习八极拳、六合大枪等技艺。霍殿阁天资颖慧练习又刻苦,练一段时间后,就在众多的小伙伴中脱颖而出,深得李书文偏爱,收为入室弟子。霍殿阁尊师若父,从师苦练12年。艺成后,霍殿阁随恩师行走江湖,武功日趋精纯。民初,中华武士会成立,霍殿阁随张景星、王中泉、李书文三位尊师赴天津任教习。与师表演六合大枪对扎,艺惊津门。1914年,任黑龙江省陆军师(许兰洲将军处)军官学校武术教习。1917年,许兰洲赴奉天投奔张作霖,霍随许兰洲将军到沈阳军中任教习。霍在齐齐哈尔、沈阳、哈尔滨等地,与多位武林高手比武过招,他都以高超的武艺战胜对手,但又不伤对方情面,武术界朋友皆敬其人品武艺,一时间名扬关东。

1924年,奉军入关后,霍殿阁随军来到天津,携其侄霍庆云盘桓于许兰洲、李景林处,自此在津门广交武林高手,切磋武艺。由于他武功精纯、义气深重,很快享誉津门。

1927年,经许兰洲、商衍瀛两人介绍,霍殿阁携侄霍庆云来到张园(清逊帝溥仪潜居天津日本租界的住处)应试。叔侄两人战胜两名日本武士后,溥仪聘任霍殿阁为自己的武术教师,再任霍庆云为御前侍卫。从此,霍殿阁除了教溥仪与后宫人等练武外,还组织了部分徒弟,在霍庆云的率领下,长住张园,白天练武,夜间轮流值班护卫溥仪。

溥仪赴东北当日本的傀儡皇帝,霍殿阁、孙桂林、霍庆云、高香亭、刘子鸣、边廷彬、刘金山、李子昆等人随至长春。日本人为了牢固地控制溥仪,也想击败溥仪身边的武士,多次派剑道、空手道、柔道高手来伪皇宫比武。有空手道高手三人,限制霍殿阁不许击打,霍殿阁应允。比武时霍殿阁如鹰行、豹旋,日本空手道高手每次进攻都难击其身,最后霍殿阁伸指一按,对方应手而倒,大汗淋漓。日本人进伪皇宫,无视溥仪存在,将轿车开到溥仪办公楼前。霍殿阁欲为皇上争"面子",一次日本人开车欲进,霍殿阁不让进,日本司机强行驶入,霍殿阁右手一提轿车尾部,轿车后轮悬起,难以前进,霍殿阁为溥仪争了点"面子"。

霍殿阁怂恿弟子打日本兵,给溥仪出气。1937年6月,"大同公园事件"霍殿阁之护军弟子和日本士兵打斗,踢死日本狼狗,打伤10余个日本兵。日本人乘机迫使溥仪赶走霍殿阁的护军弟子,解除护军大刀片、长枪,霍殿阁也遭到处置,政治失意。

霍殿阁为人极重义气。在沈阳结交的金兰兄八卦宗师程有功生活艰难,到长春找霍。霍介绍程到一家公馆教拳,并将苗遇春送给程当徒弟。二位宗师以师兄弟论,感情颇深,传为武林佳话。1935年,霍殿阁在沈阳结交的金兰兄周馨武来投奔。联系上后,周遂请求霍殿阁当三马路武馆的后盾,支撑三马路武馆,三马路武馆遂以八极拳为顶极核心内容。霍殿阁空闲时到场教八极拳,周馨武教弹腿、母子拳作为八极拳的基本功。由于霍殿阁当后盾,学员弟子纷纷来投,门庭若市。1935年至1942年,霍殿阁在三马路武馆直接教授李树南、陈金财、尹庆和三人八极拳艺,其他学员弟子由他们三人带领练习,有时霍庆云也带来教。

从1935年到1942年,霍殿阁在三马路武馆培养的弟子学员众多,后来成名的有:李树南、陈金财、尹庆和、宋碧山、张耀权、龚天德、高里和、罗俊山、杨斌、杨树和、周宗贵、赵炳南、庄连胜、谭吉堂、齐德昭、梁振起等人。其中,1939年霍殿阁将直接教的李树南、陈金财、尹庆和带到家中武术馆深造,在陈金财、李树南的推荐下,霍殿阁又把学员董连碧、宋碧山收到家中深造,五人得霍公亲自教授,被霍公收为入室弟子。

作为罗疃八极拳的重要传承者,霍殿阁武功精湛,堪称一代宗师。据其弟子回忆,在师徒练习中,霍殿阁闯步抱膀,任凭弟子进攻,众人无不被霍胯倒。他双手食指支地做旱地行龙,非常自如。其手指一伸,任壮汉掰撅,如果反击,稍用力一掐,对方即疼痛难忍,蹲坐于地。霍殿阁行拳极其自然,无丝毫努劲,无丝毫露相,看不出一点费力的感觉,但粘身却透骨入髓。弟子刘霖春先就学于"大枪"陈三爷,后入霍门。一次问双缠用法,那时规矩大不让问,再加上刘是二茬徒弟,霍让刘随便进招,霍在刘前胸一抹撒,刘瘫坐于地,后来吃了10多副红伤药才好。后来,刘霖春和师兄弟集会时总说师傅的功夫了不得呀!霍单手托枪人难进、拔抱、拥挫、抽撒、带环之法精妙绝伦,百试百中,确得李书文真传。杆子点徒弟鼻子尖、眼皮,快如闪电,艺精至化境!一武师到皇宫访霍殿阁,其擅使30斤铜棍,霍仅持一白蜡杆,众人皆捏一把汗。霍施八棍头之技,对方棍尚未势满,霍不招不架,闪电般接近对手,对方一愣神,霍棍头早点在鼻子尖上,对手弃棍拜服,连称"霍师傅艺高!艺高!"霍殿阁练至神形如虎豹,眼光异于常人,走路如有弹簧,非常快,像豹子一样机警敏捷,可见霍殿阁八极的虎形达到高深境界。霍殿阁坐如钟、站如松、行如风,非常得体、规矩,从没歪歪斜斜的时候。霍性情刚烈正直,脾气特别大,尤重江湖义气。霍公课徒重德,从不让徒弟搅戳杆场和摞地场,更不让徒弟踢长春其他把式场。霍公总说:"老师傅练一辈子不容易!"

由于"大同公园事件",日本人赶走护军弟子,霍殿阁遭受沉重打击,从此气急生疾。1942年,霍家连续发生丧事,一个月内霍之大夫人、二夫人、霍殿阁本人相继逝世,灵柩发回沧州小集。

霍氏随溥仪赴东北,在政治上是灰色的,但霍氏叔侄传八极拳于东北,在中国武术史上却写下浓重的一笔。霍传八极拳传播东三省,因此长春被称为八极拳的又一个"故乡"。20世纪90年代中期,部分霍传八极拳门人,为霍殿阁、霍庆云两位八极宗师,在沧州小集树碑立传,以纪念两霍公传授八极之无量功德。

(阎伯群整理)

文通武备的武术家马凤图

当代著名武术家马凤图先生，生于光绪十四年（1888），逝世于1973年，享年85岁。今年（按：1998）是先生诞辰110周年，又适逢他去世25周年，由甘肃省政协、民委、体委及海内外武术界人士共同发起，将于10月间在古城兰州举行隆重的纪念活动。作为先生的子嗣，我受各位师友学长和亲族的嘱托，

马凤图

谨以此文简要介绍先生的生平和武术成就，略述先生的武术思想，以表达我们对先生深切的纪念。

马凤图字健翊，回族，河北省沧州人。他出生在一个世代习武的农民家庭，小时读过私塾，参加过晚清的武童生应试训练，并从祖父马捷元、父亲马化堂、舅父吴懋堂学习劈挂、八极等家传武术。12岁起师从盐山黄林彪（传村）先生，系统学习通备拳法，兼学中

医，从此奠定了终生以医武为伴的学术路径。宣统元年（1909）考取北洋师范学院，在校加入同盟会，从事过秘密反清活动。1912年，赴东北从事教育工作，又曾赴湘、鄂等地工作游历。1920年携二弟英图和长子广达在河南加入冯玉祥将军的国民军，进入军政生涯。1926年随冯军刘郁芬部进入西北，先后在宁夏、甘肃、青海担任过县长、军法处长、专员、厅长、省府委员等职务。20世纪40年代初退出政界，在大学兼过课，后来挂牌行医，直至以中医师身份终老于兰州。中华人民共和国成立后担任过西北军政委员、省政协委员、甘肃省回族教育促进会代主任、省民委委员、体委委员、省卫生工作者协会副主任委员、省武协主席、兰州市中医学会主任委员等多种社会职务。

马凤图的从政经历，为他在三陇大地赢得一片清誉。事实上，从政既不是他的初衷，也完全不适合他过于耿介的性格。仕途多艰，备历坎坷，所以他从来都没有放弃过勇退的念头，只是为生计所累，不得不一再延缓了退出官场的时间。他对传统文化怀有很深的感情，在很多方面都有所涉及，有所探研。他有很好的经史根底，喜欢读史。对宋、明理学兴趣也很浓，曾专攻陆王之学，但最推崇的还是清初崛起于河北的颜李之学，一直以颜李学派的信奉者自居。由于久居陇右，对西北史地及民族、宗教等问题颇留心，有不少独到见解。1938年史学家顾颉刚、白寿彝等人来西北考察，曾屡屡向他请教，这在顾、白二位先生的日记中都有反映。金石碑版和书画鉴赏也是他的兴趣之一，其他如诗词、戏曲、古典小说，以及民族教育、世风民俗等都有所关注和涉猎。但相比之下，一生寄情最深，矻矻探研不止的则是武术、医学和书法，他晚年曾经以"三艺老人"自号，指的就是这三门学问。他说过，三艺之中，武艺第一，可以成一家言；医艺第二，可以救死扶伤，也可以为人师；书艺第三，不能成家，也不能为师，但能做到一生临池不辍，从容挥毫。的确，他的大字，特别是榜书，遒劲雄浑，气度严整，当年曾得到于右任、范振绪、寇遐等不少秦陇书家的推赏。

马凤图经历了自清末到中华人民共和国建立的漫长的历史进程。他阅历丰富，见识高超，加上好学勤思，博闻强记，故能在许多领域取得成就。然而，他一生寄志最专的是在武术，成就最高的也在武术。这一点，他生前颇为自诩，身后已越来越被人们所认识，所推崇。他的武术活动绵延70多年，留给了我们丰富珍贵的武术遗产。我们一面感到庆幸，一面又不能不以继承和发扬他的遗业并不是一件轻而易举的事情感到压力，特别是在武术现状令人忧心的今天。以我的肤浅认识，概括言之，马凤图一生的武术成就主要在以下三个方面。

第一，创建武术机构，推动武术体育化进程。

清末民初，民间武术社团蜂拥而起，许多武术家和社会人士都参与了这一活动。这是近代武术向现代武术转型的重要历史现象，也是传统武术完成其体育化进程的重要环节。这一现象已引起当代武术史研究者的注意，成为一个热门课题。马凤图是这一活动的积极参与者和推动者。

1910年，他在天津读大学时，受同盟会燕支部之命，与叶云表、张恩绶等人发起创立"中华武士会"，次年正式成立。该会以提倡中华武术文化为宗旨，主张强身励志，发扬自强不息的尚武精神，以"中国之武士道"（梁启超语），对抗日本的"武士道"，同时也企图借此联络武林人士，扩大反清力量。会址设在天津自治研究所，成立大会在河北公园天津教育公会举行。当时，华北许多武术名流都曾积极参与中华武士会的创建,其中有太极拳家李瑞东、形意拳家李存义、八极拳家李书文、劈挂拳家肖公甫及天津地方人士高万合等人,还有各家的高学弟子如形意郝恩光、李玉琳等人,八极张德忠、霍殿阁等人,劈挂沙子祥、马英图等人,人物极一时之盛。中华武士会从筹谋到正式成立历时一年之久,马凤图做了大量工作,起了重要作用。"庚子拳乱"后,在重灾区的天津,许多人对武术怀有偏见,武术界自身又多宗派门户之见,某些武术人士江湖习气根深蒂固,能把大家聚合到一起并不是一件容易做到的事。经马凤图与叶云表等年轻人的奔走协调,终于促成这一当时北方规模最大的民间武术社团的成立,马凤图被公举为首届理事会副会长兼总教习。不久,他远走东北谋求职业,就基本脱离了武士会的关系,但他对中华武士会的创轫之功,在当时的京津武术界多有好评。

　　1925年,在西北军察哈尔都统署任参议的马凤图,受都统张之江将军之命,在张家口创立白刃战术研究室,并依托该室,成立了"新武术研究会",以室主任兼任会长。当时,西北军首脑冯玉祥赴苏联访问,张之江主持军政大局,他积极经营张家口,力图为西北军创立一块立足之地。张之江对武术夙有兴趣,对兼资文武的马凤图非常赏识和敬重,郑重委托马凤图制定全军统一的劈刺教材;同时努力延揽武术人才,研究武术改革发展的新途径,力图使研究会成为一个实体,并逐步发展出一套可以推广到全国的民族体育训练和竞技体制。经马凤图举荐,研究会吸收了包括王子平、马英图、洪立厚、刘鸿庆、王桂林等一批武术(含摔跤)人才。研究会存在的时间并不长,"南口大战"爆发后,西北军全军转入战争,研究会即陷于停顿。研究会存在期间,马凤图结合军用劈刺教材的编创工作,对古典刀剑武艺和明清以来流传有绪的陆合大枪体系,还有北方传统的棍法等做了一次认真清理，取得多项成果。此外，对不久以后在南京创立中央国术馆的张之江将军来说，研究会实际上是一次实验，是一个前期准备，不仅是认识和组织体制上的准备，而且也是人员方面的准备。可惜"五原誓师"后，西北军主力转向经营西北地区。为联络西北回族地方势力，受冯玉祥指派，马凤图以代表身份先期出发，自此滞留陇上。因为这个缘故，他未能参与中央国术馆的创立，这是马凤图一直耿耿于怀的憾事，也是张之江引为遗憾的事情。

1927年中央国术馆成立，是当代武术史上的一件大事，也是一个重要的历史标志，因为它是中国武术被正式纳入国家管理体制的开始。当时身在西北的马凤图一直密切关注着中央国术馆的发展，与张之江、王子平、马英图等人保持联系，在一系列问题上提出过自己的见解与主张。此外，他在西北地区积极推动国术馆的创立。1930年5月他任青海省政府委员兼秘书长，期间与当地武术热心人士王剑萍等人发起创立省国术馆，由青海军政首脑任馆长，他任副馆长。这是整个大西北创立最早的省级国术馆，中央国术馆张之江、李景林等人都有专电祝贺。1934年4月，他作为主要发起人之一，创立了甘肃省国术馆，并曾出任副馆长、董事长等职。在他的支持下，甘肃国术馆在经费、设备和教师教材等方面都得到基本保证，曾先后举办三期学员班，培养了一大批武术人才，中华人民共和国成立后活跃在甘肃和全国武坛的许多人，都是省国术馆学员出身。西北军解体后，星散各地的西北军旧部多是当地国术馆的创立者和支持者，这与冯玉祥、张之江等人一贯提倡武术是分不开的，但像马凤图这样创立了两个省级国术馆的并不多，这反映了他对国术馆事业的积极态度。

20世纪40年代末,马凤图一面在西北师范学院体育系担任武术兼课教授,一面创立"华斌体育学社",主要以大中学生为对象,传授劈挂、八极、翻子等拳械技艺及劈刺、摔跤、拳击等对抗性项目,培养了不少优秀人才。现任新疆武协副主席,对通备拳在新疆的传播起了重要作用的侯瑞盛先生,就是当年华斌学社的学员之一。

中华人民共和国成立后马凤图曾长期担任甘肃省武协主席,直到"文革"武协废止。

第二,倡导和推动武术交流。

马凤图的武术思想和实践中非常突出的一点就是倡导武术交流,特别是异地交流,主张在交流中促进交融,逐步完成武术门派的分流归类。戚继光是他平生最为服膺的历史人物之一。他常常谈起,戚继光的武艺成就是南北交流的结果,戚高出时人的地方,主要在别人都是偏于一隅之学,而他是融会贯通之学。戚继光促进了交流,特别是南北武艺的大交流,自己也大大得益于交流。一部《纪效新书》,留给后人最重要的启示就在这里。马凤图的一生是这一思想的汲汲实践者。1911年以前,他在家乡沧州已经系统学习了劈挂、八极的拳械内容,起点高,得艺真,可以说荟萃两门艺业于一身,这在当时劈挂、八极畛域分明的沧州是不多的。民国初年,他带着八极拳家韩会卿和二弟英图上东北,在沈阳结识了郝鸣九、程东阁、胡奉三、杨俊峰等多位关外武术名家,与德高望重的郝鸣九、程东阁等人结为金兰之好,建立了"换艺"关系。他向郝、程、胡等人学习了翻子、戳脚和螳螂九手等,给郝、程等教了劈挂、八极和陆合大枪等。这是一次影响深远的关内外武艺大交流,后来东北出现了"翻子加劈挂,神仙也害怕"的拳谚就与此有关。20世纪40年代初,郝鸣九的入室弟子于伯谦弟兄等人又专程到西北寻访马凤图,向马凤图求学问艺,于伯谦也向马的弟子王天鹏、罗文源、方学礼等人辅导翻子、戳脚等,这是交流活动的延续,是当代武术史上一段引人入胜的佳话。

马凤图还曾游历湘、鄂、赣、闽、浙、皖等南方省份,深入考察南方民间保存下来的明清短打拳法和死把棍、铁钯、梭镖等,并曾专门到皖南考察徽派陆合大枪与双手刀法的传存流变情况。交流拓展了马凤图的武学视野,增强了在纷繁复杂的武术门派中鉴别真伪、区分优劣的能力,更重要的是,也大大丰富了他所不断恢宏熔铸的通备武艺体系。

1926年,他带着张之江郑重赠与的一柄剑,还有一部他经常阅读的《纪效新书》,只身到了西北,真可谓"仗剑西行"。几十年过去了,他所弘扬的通备拳已经在大西北生根发芽,遍地开花,成了大西北特别是甘肃、陕西、新疆三省传播最广的武术流派之一。以甘肃而言,通备拳被称为马家拳,早在三四十年代就已经成为国术馆的主要教材,拥有一大批爱好者。中华人民共和国成立以来,代表甘肃省参加全国武术活动的主要是马家和马门弟子,在甘肃各市、州、县,练马家拳的成千上万,人数之多是任何拳派所不能比的。这样大面积的传播,与他的一大批弟子如王天鹏、刘靖国、边仙桥、罗文源、邸世礼、王伯温、方学礼、魏毓明等人和他的子嗣辈们的不懈努力分不开,但开创局面的人物是马凤图。近百年来,倡导和致力于武术交流和融合的武术家并不算少,但真正取得成就的却不算多,在大面积跨地域的交流与融合上成就卓著的就更少了。马凤图在这方面的成就是有目共睹的。这个成就表明了一个武术家的远见卓识,其意义远远超出一家一派的狭小领域,很值得我们总结,更值得我们深思。

第三，构建通备武艺体系。

清末，潘文学、李云标、黄林彪等武术家在盐山县、沧县等地传播以劈挂拳为主的一系列古典武艺，标榜"通神达化，备万贯一"，外称"通臂"而内宗"通备"。天津中华武士会成立时，为区别于通背拳和名同而实异的另一种通臂拳，经与肖功甫等师友商议后，马凤图正式揭出了"通备"名号。自此以后，他与二弟英图、三弟昌图、长子广达以及一大批门人子嗣在传播通备拳方面做了大量工作，使一向并不为人们熟悉的通备拳卓然崛起，逐步发展成为当代武术天地里一个越来越引人瞩目的大型武术流派。

马凤图一贯主张保留我国传统的"武艺"这个词，认为以"武术"取代"武艺"是舍高就低，舍宏深就浅近。"武道"是中国传统术语，但已被东邻先期使用。"武艺"出自孔子，"艺"比"术"立意高，含义深，而且沿用了数千年，大家耳熟能详，没必要改动。当年他曾向张之江一再表达过这个意见，惜乎张见不及此，未被采纳。他接受了被官方确定通用的"武术"，但习惯于称自己的通备拳为"通备武艺"。近年来，海内外出现了"马氏通备武艺"或"马氏武艺"的提法，其源盖出于此。他坚持"融通兼备"的武术思想，对通备拳不断加以宏廓和熔铸，从而在理论与技术上形成了一个综合性质的完整体系，这就是"通备武艺体系"，或称为"通备武学"。这个体系继承了明以来许多古典兵器技法的精粹，融合长拳（不是现在官颁的所谓"长拳"）与短打两类拳法为一体，创造出以刚柔相济，长短兼容为理论指导的"通备劲"，形成"气势雄峻，身法矫健，劲力通透，打手洗练"的通备拳风格。在创立这一体系的过程中，他挖掘了许多珍藏于民间的古典武艺遗存，对之区分甲乙，因流归类，逐步吸纳到通备体系之中。这是一项学术性很强的工作，需要深厚的学养、高明的识见，也需要甘守清冷、锲而不舍的治学精神。因此，可以说他建构通备武艺体系的过程实际上是一个挖山不止的科研过程，是一项保护和整理古代武术文化遗产的崇高事业。由于晚年遭遇"文革"劫难，他没来得及完成关于通备武艺体系的论著，一部叫《游艺录》的手稿也不幸散佚殆尽。更不幸的是有少数文稿在转移保存过程中被坏人窃取近年来，有人公然以这些文稿为凭据，冒称门徒、管家，以粗制滥造的伪造品，冒用"苗刀""疯魔棍"等名目公开传布，欺世盗名！所幸者，他的大部分文稿被保存下来，20世纪60年代末，他曾将通备学说的要点和一生的武术经历见闻等做了详细口述，由我详细笔录下来。这些文稿和记录无疑具有重要的学术价值。

通备拳走出沧、盐一隅之地，在经历了半个多世纪后，终于发展成为当代武术天地中一门越来越引人瞩目的武坛显学，这主要归功于马凤图，归功于他对传统武术的挚爱和几十年如一日的砥砺探索。

以我的肤浅认识，我以为马凤图是一位学者型的武术家，他所遵循的是文武兼通的路子，换言之，就是古代学人所坚持的以孔子思想为指导的传统武学道路。这是中国古典武学的主流派，是古代许多卓越的兵学家、武艺家所共同遵奉的理念。

文武兼通的思想，是我国传统教育思想和文化意识中最为精彩的构成部分，但它在我国历史上并不被大多数学人所认同。众所周知，我国古代重文轻武的倾向曾经愈演愈烈，两宋以后，随着理学"主静"之说的弥漫，竟造成了巨大的习惯势力，导致全社会对武学的贬抑，对习武活动的歧视，以至于士大夫公开以习武为不肖，乡里视子弟走马挽弓为浮浪。这种文化悖谬趋向,给国家民族带来不可估量的消极影响。但是,每个朝代也都有不少倡导文武并重思想的有识之士,他们力排众议,坚持身体力行,积极参加武学探研和实践,使能文能武的学术精神得以绵延不断。马凤图便是这个思想的继承者。他一直强调"武术是一门学问",是一门内容丰富而结构复杂的学问。他认为,不能把武术简单地划拨到"武"的一边,因为武术里面有"文"的成分。武术的理论和技艺都有着深厚的历史渊源,有丰富的文化背景,它包容和积贮了多种文化成分,包括民族文化交流、中外文化交流、区域文化交流等许许多多历史文化信息,显然,解读这些历史信息具有很高的学术意义,但它又不是一件轻而易举的事情。所以,从本质上讲,可以把武术当成是一门文武兼容的"武学",不能通文就不能真正通武。

马凤图一生都在阐释颜元(习斋)"文武缺一非道"的主张。他一贯强调这样的观点:武术家一定要重视学术素养,须努力借助古代武艺典籍来探讨古今武艺的传承渊源和嬗变轨迹,只有如此,才能抓住武学正脉,循序渐进,直逼阃奥!同时也就不会被社会上各种流行武术斑驳迷离的表象所迷蒙。不读书或少读书的拳家,朝夕苦练可得一技之长,但总难悟解武学真谛。于是,有些人不得不依托名山宝刹以自炫,甚至于堕落到玩弄神秘玄虚以自欺欺人。这种情况在武术界很多见,根本原因在习武者往往"废书不观,游谈无根",终究只是一介武夫,更何况有些人其实连武夫也做不到,只是会舞弄几路花拳绣腿而已。他同时又强调,武术是一门"实学",不是光靠读书能掌握得了的,其精蕴所在,特别如枪、棍等保存古典武艺成分较多的器械,非经名师指点又苦心操练则不能得心应手,不能明白其中的"圆机"。而且同任何一门传统文化形式一样,还要看家学、师承、才智等方面的基本条件,还有一些必须遵循的要求和规矩。所以,一个真正意义上的武术家,绝不是任何一个习武者都能滥竽其间的。大多数练家,偏于一隅,无所兼长,既不能考竟源流、综评家数,又不能融会贯通、艺综多门,这类人最多就是个好拳家,是个"好把势",不可以动不动就冠之以武术家的尊号。这很不准确,这实际是对武术尊严的轻蔑。他喜欢题写的一句话,"不读书万卷,难做通备人",正表达了他的这一观点。应该说,他本人正是这样一位"文通武备"的武术家,他的全部武术成就是建立在这个认识基础上的。

马凤图是一位能以"独立之精神"坚守信念的武术家。

民国年间,武术被有些人炫耀为"国粹",有人高声嚷嚷"国术救国",表面上,武术被抬得很高,实际上,它处在社会低位和文化低位。那时,练武者多是社会下层,倡导者不乏不学无术的盲目起哄者。而社会武术群体品流纷杂,确有不少人因久在江湖,沾染了浓厚的庸劣习气,这给武术带来许多令人侧目的色彩。于是,有些人,特别是一些高层文化人,还有一些西方体育文化的积极传播者,不免对武术多有歧义,视武术为登不得大雅之堂的江湖把戏,对练武的人往往投以轻蔑甚至怀疑的目光。

马凤图从不附和"国粹"论者,对"国术救国"之说也置之淡然。他对武术有自己的认识,对武术发展的价值取向有自己的独立的理解和信念。对来自不同方向的轻蔑和指议,也能坦然处之。他认为,晚清以来列强交凌、民族屈辱的悲痛历史使有些忧国之士不免对传统文化产生了怀疑,甚至对中医、国画、京剧都有过排斥感,何况"庚子拳乱"的历史就在眼前,自然更容易引起对武术的反感。这些人对武术所蕴藏的人文精神缺乏了解,他们所见到的武术多是流行民间的虚花技艺，所接触的练武者也多是江湖把势，而当时的提倡者又往往混杂着北洋军阀如曹锟、马良之流，所以产生反感以至发出偏激的攻讦之辞，是情理之中的事。对武术界来说，重要的在于武术自身必须要有一个大的提高和发展，武术界一定要摒弃长期文化低位所造成的浮浅荒诞现象，必须摆脱神秘主义的羁绊，努力争取建立起科学的武术观，树立正确的武术价值论。若这些都做到了，人们对武术自然会刮目相待，便不需要动辄戴上一顶"国粹"的桂冠。

马凤图总是通过自己的社会活动不懈地宣传这些观点，在陇右大地对不少人产生过影响，这中间包括了体育名流董守义、袁敦礼、郭俊卿等先生。20世纪40年代末，应郭俊卿教授之邀，他曾担任西北师范学院体育系的武术兼课教授。以他的社会地位和影响，这是许多人所不能理解的，甚至还有朋友出来劝阻过，但当时已年届六旬的他却欣然接受。师院远在郊外，交通不便，每次都需步行十多里路去上课，前后近三年时间里，他风雨无阻，从无迟到和缺课。他以极其认真谦敬的态度进行教学工作，注重理论与实践的结合，尽量吸收新的教学方法，并且从教学实际需要出发，编定了一批新教材，并加重了理论课比重，讲古论今，引经据典，使学生大有收获，同学们才知道武术不但可以强身御敌，而且的确是一门强人体魄、益人心智的学问。

20世纪70年代初，我曾在这所学院的体育系任武术教师，老教师于耀、信逢仁等先生都跟我屡屡讲到当年马凤图教学的情况，讲起他雄健的体魄和儒雅的风采，对一些细节还是那样记忆犹新，赞不绝口。所有这些，在这所学院留下了极深的印象，大大改变了体育界人士对民间武术的偏见。他为此特别高兴，认为虽然累，但很值得，因为他不仅做了一番有意义的探索，也为高校体育专业树立了一个民族体育家的形象，使大家知道练武术的不一定都是武而不文的赳赳武夫。正是由于对传统文化有着共同的感情和认知，他同袁敦礼先生之间建立了深厚的友谊，彼此引为良师益友，关系非常融洽。像袁先生这样大名鼎鼎的"洋博士"和"洋体育专家"，同一位"旧式"的武术家能结为至交，几乎无话不谈，这在当代体育史上称得上是一段佳话。袁先生在"文革"中惨遭迫害致死后，他无法抑制内心的悲痛，不禁涕泪纵横。后来他不断讲起两人的友谊，每当两人相逢在政协会上，总是谈起如何恢复和振兴民族体育项目的问题，常常一谈就是半夜。

中华人民共和国建立后，他积极参加甘肃省的武术活动，担任武协主席，多次出任运动会的裁判长工作。国家万象更新，使他对武术的发展充满信心，从医之暇，几乎把全部时间用之于研究和传授技艺，还不断撰写文稿，希望能够对武术事业稍有贡献，能给后世留下他一生的习武心得。在不断升级的极"左"思潮的影响之下，作为传统文化的武术也深受其害。自20世纪50年代末，武术在一些浅薄谬误的理论误导下，出现了体操化、舞蹈化倾向，以"规定拳"为代表的所谓"长拳"体系，成了"竞技武术"的一花独秀，在事实上造成单一风格一统武坛的局面。他对这种倾向极表忧虑，担心本来就岌岌可危的某些古典武艺遗存会因此而濒于绝绪。为此，他屡次向甘肃省体委建议，设置专人进行民间武术的挖掘保存，防止有些东西失传。20世纪60年代初，花枝招展式的"长拳""自选拳"之类风头正劲，又出现了不少哗众取宠的"象形拳"之类，武坛风气委顿，最具权威的统编教材不但理论水平低下，而且在史料上屡有错误。对此，他在忧心之余，曾写信给担任全国武协主席的老朋友王子平先生，请王先生运用自己的影响，向武术主管者们进言，以扭转当代武术的虚花颓废趋向。他自己以耄耋之年加倍努力于传统武术精粹的研究和传习，真所谓不知老之将至也。他要求我们在武术严重衰变的潮流下不趋时、不低落，坚守信念，尽全力去保住传统武术的几个重要的内容，就是不能使之传扬，也一定要先保存下来。他对未来有信心，他不相信非武术的"满片花草"之类能久开不谢。

马凤图是一位用自己的全部心血去护持武术真义的武术家。值得庆幸的是他一生为之不懈努力的事业已被越来越多的人所认知，称得上后继有人。作为一代文通武备的武术家，他的学问，他的品节，是一笔重要的社会财富，其意义已经超出了武术界。

（马明达撰文。见《说剑丛稿》，中华书局，2007年）

高等学府的国术先驱李剑秋

早期的清华大学(它的前身是创建于1911年的清华学堂)体育部,曾有过两位传奇式人物。一位是大名鼎鼎的马约翰,他的事迹已为很多人所了解;另一位是同样在体育战线上贡献毕生精力的李剑秋。他是一位武术教育家,是把武术这一古老的技艺引进现代学校的少数先驱者之一。

李剑秋像

一

李剑秋(1889—1956),名英杰,原籍河北束鹿县,出身于贫苦农民家庭,从小酷爱武术,8岁开始学拳。13岁时曾背井离乡到北京谋生,先后在西四牌楼西聚兴德玻璃商店、隆福寺和丰商店、打磨场藤子铺等处做学徒。1912年入天津河北公园武士会深造,并历任北京侦探队武术教员(1909—1912)和北京尚武学社教员兼教务长(1912—1913)等职。1913年到清华后,除专任清华武术教员并仍兼尚武学社教职外,还担任过北洋武士会教员、上江总司令部技术教官、中央军官学校技术主任等职。1918年冬,他"因事赴鄂",实际上是由武尽臣介绍去湖北荆州"长江上游总司令部"教授拳术及拼刺约一年。后来校刊在一则题为《不慕荣利》的报道中说,"本校拳术教授李剑秋先生,前曾在吴光新军中充拳术教练,上次战役,吴军在九门口赖拳术之力居多,兵士多钦佩先生武术超群、教导精善。日前虽敦请先生充先锋队总队长,但先生以处清华十年,与同学感情甚深,颇不愿离此就彼,已婉言谢绝。同学闻之,莫不欣欣然有喜色云"。1925年5月,他又经前校长应星介绍,去南京中央军校教授国术近一年。以上可窥见其社会声望之一斑。

关于李剑秋的家世,迄今尚无更多确切资料可考。清华1926级张泳前几年在一篇回忆性文章中说,李的父亲曾是西票号(相当于现今的国家银行)的名镖师,曾"创立推广形意拳"等等。李父是武行中人,这一点是有案可查的。李先生1918年赴鄂期间,就是由他父亲来校代他授课的(张泳文中说李剑秋初来时是做他父亲的助教之说恐即指此,但不确)。说李父是形意拳"创立"者,恐有不实之处。因为像其他拳种一样,形意拳同样有着源远流长的历史。一般均认为,形意乃宋朝岳飞所创。

关于李剑秋,也有着一些神奇的传说流传。如李到清华执教,声名逐渐传开,颇为西苑一带武行人士所不容。有一天,清华体育馆前来了一老一少,指名要会一会李剑秋。李意识到来者不善,便从楼上下来,以礼相见,说自己没有什么本事,在这里不过是混碗饭吃,请二位高抬贵手。这两人哪肯罢休,执意要分个高低,并说

"如果能胜我们爷儿俩,从此再不会有人来找麻烦。如果不能胜,那就对不起,请卷铺盖离开……"李剑秋无奈,只好说请到楼上坐坐,吃杯茶,然后再商量。话音未落,只见那少年一纵身,便从敞着的窗口跃入二楼。李剑秋见了连连点头,陪老者登楼梯上楼,让座、献茶,并再次请求不要比了。未等老者答话,那少年已耐不住了,口出狂言恶语相讥。李剑秋只好把他们让到学生上课的训练大厅。大厅里靠墙放着摆满各种器械的武器架,还有一张特制的练功桌子。李问怎样比法,老者让少年先上。那少年本来就急不可耐,听老者一说,便冷不防伸手直取李的面门。眼看手到,李以"横掌"猛扣少年手腕,稍用力往下一带,那少年便一个踉跄扑倒在地,半天没爬起来。老人见状,皱着眉头,上前把少年拉起来,让他靠墙站好,然后抬头向李投以凶狠的目光。李意识到一场恶战在所难免,丝毫不敢大意,暗中摆好架势准备接招,但表面上却露出毫不在意的样子。果然,那老者出手便用"八卦连环",既凶且狠,而且不让李有还手的机会,把李逼得步步后退,一直退到臀部挨到那张桌子。老者为使他既不能起跳,也不能左右躲闪,便用一招"双锋贯耳",直奔李的太阳穴,下面也做好准备,待李下蹲时抬腿踢其裆部。李心中暗想,"好狠毒",便也施绝技。说时迟,那时快,李剑秋做出不再躲闪、静等挨打的样子,眼看双拳已到耳根,就听"唰"的一声,李剑秋不见了。老者刚一愣神,就见李剑秋从桌子后面站起来,并用双掌隔着桌子探身用力猛推,只见老者噔噔噔……连连后退,最后重重地摔在墙上。李剑秋后来对人说,这就是当年戴隆邦用以制服李老能,李老能又用以制服郭某的形意绝技"虎扑式"。他当时只用了六成劲儿,如果用八九成,老人就得吐血;用十成,老人就得丧命。当时老人羞愧地和少年互相搀扶着离开清华园。从那以后,果然再也没有来找李剑秋的麻烦。

此外，上面曾提到的张泳学长的文章中，还提到关于李剑秋的两个掌故。一个是他随师傅勇斗俄国大力士的故事，一个是他亲自带人缉拿飞盗燕子李三的故事。兹引录原文于下：

还有李剑秋压倒洋人为国争光的一个掌故不能不提。1918年我刚考进清华时，北京来了一个狂妄的所谓俄国大力士进行表演，搭起擂台，准备迎接任何不怕打死的挑战者登台较量，甚至扬言能打他一拳者有赏，能打倒他者赏洋五百元，这种大言不惭、目空一切的宣扬，激怒了武术界人士，于是由武术会会长带上李剑秋等青年武术教师去找俄大力士，约定时间较量。大力士看到李剑秋身材并不高大，只不过1.70米，不像个武士，他认为李软弱可欺，不如乘此良机，吓倒这些中国人，再也不敢向他挑战。他乘李没有准备，突然举手推向李身。谁知李站得稳如秦山，若无其事。他急了，后退一步，再振动双臂，猛力扑击，李却不慌不忙，将身一闪，只轻轻用两指一点，大力士已滚出一丈以外了。经此沉痛教训，大力士不敢逗留北京，只有溜之乎也，逃往南方远处，再干他的骗人勾当……

因为他是京师警察厅侦缉大队的名誉队长，北京有个飞檐走壁的大盗燕子李三，两次被捉住关进监狱，两次越狱跑了。最后还是请李剑秋带人去捉到。燕子李三终于服了，并表示保证绝不再越狱，还请求不必给他上脚镣手铐。他的请求被批准后，还给大家表演了飞枪走壁等特技，从此确实改邪归正，最后死在狱中……（张泳学长文章载《北京体育史料》（一），1984年4月北京市体育文史工作委员会编印）。

李剑秋是1913年秋进清华执教的。1914年被正式聘为拳术和剑术教员。他的这个职称一直保持至30年代末抗日战争爆发。抗战期间，他未随校南下，而"在家赋闲"。据他亲填的一张履历表所记，这期间他曾"三次南下未成"。1939年6至8月，他曾去太行山天明关鹿钟麟处教太极拳两个月，终因"发现他们不是真正抗日"而辞回。1942至1945年，他曾先后或同时在艺文中学和师大女附中教武术课。1945年清华教授陈福田北上筹备复校事宜，他又被请回学校，开始担任护校守卫工作。现在清华档案里还保存着他护校工作受表彰的文件，"李剑秋，忠于职守，对管理物资仓库及监视校卫队尤甚小心，并日夜巡查，不辞辛劳。"这期间还曾流传着他惩治日本兵的故事。原来抗战期间，清华校园曾陷敌手，被办成一所伤兵医院，校舍与设备均遭破坏。日寇投降后，有一大批日本伤兵还来不及运走。李剑秋回校后看到学校遭破坏，本来心里就有火气，可是有的日本兵听说他是武术师还不服气，想寻机和他"比试比试"。有一天，李剑秋略施身手就把几个寻衅的日本兵摔到沟（校河）里了。从此，日本兵见了他再不敢寻衅了。

学校复课后，李剑秋仍在马约翰教授主持的清华体育部担任武术教学工作。1949年以后，他一直坚守工作岗位，每周讲课12小时，指导业余训练10小时。他在一张履历表上的"何种专长"中写道："形意拳、劈刺"，在研究项目中写道："中华刺枪术。今后拟研究改进中国之国术，使其科学化，除去陈腐玄妙部分……"这期间，他在任课之余，还常被外单位请去传授技艺。有一阵，北京军区某部定时派车接他去传授劈刺术。开始时，也是有两个解放军战士见他年纪已大，认为他"说说可以，真动手怕就不行了"。这话被李剑秋知道了，为了提高教学效果和武术的威信，他主动邀那两个战士比试,他让那两个战士持真枪,他持教练枪,说两个回合他要是不能用手抓住他们的脖子就算输。果然,刚一交手,两个战士就被他一个个揪住衣领摔倒。从此,他的威望大增,战士们个个佩服,教学质量大大提高了。

1956年,一代拳师李剑秋病逝于清华园。

二

清华从建校起,便推行"德智体三育并进"的教育方针。它曾是北方著名的体育强校之一,无论是师资、设备、管理水平,还是训练和竞赛成绩,都使北方大多数大中院校难以望其项背。应该特别指出的是,清华之注重体育,除一般的强身卫身的要求外,还有一个特殊的历史使命,就是洗刷"东亚病夫"的耻辱,因为它的毕业生无一例外地要出国留学。用马约翰的话说就是"……主要考虑到祖国的荣誉问题,怕学生出国受欺侮,被人说成中国人就是弱,就是东亚病夫……总之,那时我们有一种气魄,就是不许说中国是'东亚病夫',要打倒'东亚病夫'……"所以建校当年(1911年)就建立了上至校领导,下至一年级新生共同参加的体育协会,并特地从美国请来具有博士头衔的专家任体育指导(马约翰是1920年起接任这一职务的);建立了一系列行之有效的体育制度,如强迫运动、五项测验、体育不及格不准毕业等。但当时使师生稍感不足的是,所有体育项目都是西式的,同学们谑称之为舶来品。清华之有武术,最初发之于民间。1913年冬,高级班学生薛桂轮、郑重、乔万选、张宏祥等人发起"武德会",以"研究中国武术,强健身体为目的"。1914年春,学校请技击专家刘殿琛(刘文华)来校任武术教练。不久,刘以母病返乡，临行前举荐他的好友李剑秋代替他。从此，发展清华武术的重任就落在李先生的肩上了。刘文华临行前还和李剑秋当众做了一次表演，"时而独施，时而交击，矫若游龙，翩若惊鸿，可称绝技……"（清华校刊）

李剑秋接手清华武术教学工作后，以他兢兢业业认真负责的工作态度，丰富的武术历史和理论知识，精湛的技艺和生动多样的教授方法，使得这一传统的体育项目在清华校园里全面展开，深受学生喜爱，"多半起早练习，因皆对此极饶兴趣"。当时的校刊（周刊），几乎每期都有关于拳术部方面的消息报道。

武术发展史和武术理论方面的撰述，是李先生执教期间的重要贡献之一。

前已提到，李先生的文化水平不甚高，所以他在清华执教几十年，从未见他以个人名义发表过文章。但在他的指教和启迪下，校刊上却经常有他的学生们以个人或校刊编辑名义发表各种关于武术理论、武术发展史、技击要领以及各种掌故方面的论述，很多都相当成熟和有见地。有的则是他的学生以"吾师曰"的形式整理的类似"语录"一类的文字。这些应该视为李剑秋的个人著述。

最初见诸校刊的这方面的文字，是 1914 年底发表在《清华周刊》上的言论。

1917 年至 1918 年初，《清华周刊》第 119 至 127 期连载了鲍国宝的长篇文章《拳术斟酌》一文，里面谈到武术活动的效益问题。这些论点表明，在李剑秋主持下的清华武术活动，是与清华的总教育方针"德智体三育并进"紧密联系在一起的。当时在清华，不只是武术训练中特别注意其"进德"效用，而是在一切体育训练中都特别强调体育道德和社会道德的养成。马约翰曾把这种"道德和性格的价值"作了全面而具体的归纳,它至少包括勇气、坚持、自信心、进击性、决心、公正、忠实、自由、合作等诸多方面。而武德方面特别强调的则是包括公正、诚实、见义勇为等在内的侠义精神。李剑秋以身作则,经常在这方面做出表率。有一次,他在哈德门外,见一酒后行凶的奥国兵在大街上持刀砍伤好几个中国老百姓。李先生见状迎上前去,那奥国兵挥刀向他砍来。李先生"乘刀锋未下之时,向其胸前猛推,彼即仰跌,遂执而付诸警察"。同学知道这事后,便在校内传扬开来。报刊报道时发议论说:"……吾辈得此良机,从李先生游,不可不加意练习焉。"(《清华周刊》第70期,1944年10月20日)

著名体育家马约翰教授和夏翔教授在与李剑秋先生长期共事中经常与他切磋武术理论和技艺。1919年马约翰赴美进修研究期间,硕士论文标题之一就是《中国拳术入门》。文中所用30多幅示范动作照片都由李先生与另一位拳术大师所做。该书实称得上是一部中西合璧(马约翰专攻西方体育,而在上述作品中马多用中西比较的方法讲解中国武术)的体育杰作。夏翔曾向李先生学到过一些摔跤技法,他在40年代中期赴美留学期间,曾发生过一个"漫摔"美国学生为中国人争气的故事。他后来饶有兴趣地回忆说,"我在美国留学时,还有过这样一段小故事。有一次,几个美国学生在校园里摔跤,我在一旁看着玩儿,他们就向我起哄,意思说你这个'东亚病夫'也敢来试试吗?我本不愿多事,想走开,谁知他们哄得更厉害了,把我看成胆小鬼,这大大地伤害了我的民族自尊心,我实在忍受不下去了,就转身走向他们。我是学过一点中国式摔跤的,而且看出他们都是些门外汉。他们见我过来,就有一个人向我扑来。一交手我就把他摔倒了,再换一个,又躺下了。在场的人都鼓掌大笑,于是言归于好。这也是美国人的优点,实事求是,不记仇。这件事多少破除了一些东亚病夫的成见。"

而李先生在清华所留下的最珍贵的一份财富,是前面已提到的他与马约翰合作完成的《中国拳术入门》(英文)。这本书是1925年马约翰赴美攻读硕士学位时所写的"副论文"(主论文题名为《体育的迁移价值》)。它虽然署的是马先生的名义,但显而易见,它通篇都融合有李先生的心得,特别是里面几十张示范动作插图,都是李先生的身影。这本书的最大特点就是以介绍中国武术的基础知识为主,参与了许多近代体育的科学解释,而且是有史以来第一次用西方语言来解释中国拳术的划时代的著作。

(黄延复撰文。见《京华奇人录》,北京出版社,1992年。另见《体育文化导刊》2012年第11期,题为《李剑秋与清华早期武术教学》)

神八卦蒋馨山

蒋馨山

蒋馨山(1890—1982)，祖籍河北省枣强县。光绪二十五年(1899)，他随其父亲至北京程廷华家中拜师。蒋馨山毕业于北京法政学堂，后随李景林从戎，任李景林奉军第一师军法处处长，直隶省军务督办署军法处处长，1927年随李景林脱离军界，供职南京中央国术馆，协助李景林主政中央国术馆，致力于全国武术的组织和发展工作。其一生身体力行，传承武当武技不辍。20世纪30年代，被武林誉为"华北三山"(蒋馨山、吴俊山、郭铸山)，居首位。还被武林称为"神八卦蒋馨山"。

童年的蒋馨山在家乡读书，每年能在寒暑期随父亲一同到北京程家，由师兄程海亭教授他八卦掌。其内容依然是基本的练习方法，主要是在纠正这些式子，做到一丝不苟。及至到了蒋馨山考取了北京法政学堂，到北京读书，才可以说在学习八卦掌的路途上，真正迈上台阶，系统地随师兄承接八卦掌。

蒋馨山从程海亭身上认识到了八卦掌在中国武术中的至高地位，同时也逐步奠定了他以后人生的途程。在北京程家，长期地学习也拉近了师兄二人的情感，除能习拳外，其他方面也都能互助提携。北京的武术名家经常不断地拜访程海亭，在陪同程海亭接访来人中，扩展了蒋馨山的视野，丰富了他的武学思想库。

蒋馨山从北京法政学堂毕业后，辞别师兄程海亭，来到东北表兄李景林部任军法处长。

1922年，奉军第一师师长李景林驻防锦州市北边的义县，巧遇武当剑传人宋唯一先生。宋唯一，从师避月侠。避月侠与八卦掌名家董海川之师避灯侠同业一师。当年，董海川在安徽九华山学艺，业师避灯侠，学的是"坎卦"八卦掌，而宋唯一则学的是"离卦"八卦掌。宋唯一为世外高人，冬天在大雪地行走，七步之外就不见脚印，名为"踏雪无痕"，与"登萍渡水"为同一种轻功。"墙上挂画"为早期成就。使的兵器名叫"凤凰尾杵"，长九尺，中间木把作棍用，两头是剑。

其后，李景林派车接宋到师部，盛筵款待，陪坐者有蒋馨山、丁齐锐、郭歧凤、张宪。嗣后宋唯一便每日到师部教授八卦掌及武当剑。

当时，跟宋唯一学艺的李景林、蒋馨山及下属丁齐锐、林志远、郭歧凤、张宪。唯李景林、蒋馨山拜宋为师，精研武当剑术、八卦掌。李景林及部将日常军务政务繁乱，只能忙里偷闲向宋学艺，唯有蒋馨山可以每日应暇宋师传授。

冯玉祥在北京发动军事政变,囚禁曹锟,拥护段祺瑞执政,吴佩孚由塘沽海路退往汉口,李景林被任命为"直隶省军务督办"。李景林拨专列,安排委任蒋馨山带重礼亲到东北,请宋唯一到天津,并准备挑选48名青少年,训练"48大剑侠"。

宋唯一向蒋馨山传授"离卦"八卦掌,在第三代八卦掌中,唯有蒋馨山最得其中真奥。1934年,蒋馨山在《太极要义》一书序文中曾阐述董海川与宋唯一的八卦掌之异同:转掌走圈步法都是相同的。其不同处,董氏八卦换势由上而下,宋氏由下而上。"因坎为水,水在下,离为火,火燃上。"因此,董氏八卦即为坎卦,宋氏八卦即为离卦,这取象于自然物质之本性。

1925年,李景林任直隶督办、省长,坐镇天津。李景林、蒋馨山从北京接程海亭到天津。为便于程海亭的生活及社会活动,也方便知名武术大家的相聚,在天津净业庵成立了"国技研究社",社长程海亭,其资金由李景林、蒋馨山提供,主要来源于军费。其次,也有个人资助,如郭铸山等。1926年,蒋馨山随李景林脱离军界后,专职武术的继承、研究和传播。1928年随李景林供职南京中央国术馆。1928年11月程海亭去世后,成为净业国技研究社第二任社长。1928年底,蒋馨山又与李景林、傅作义等人共同组建河北省国术馆,任河北省国术馆董事。1929年被聘为浙江国术游艺大会评判委员。1930年辅助李景林在济南筹建山东国术馆,并在山东国术馆任职。1931年12月,李景林去世后不久,蒋馨山回津,一直在津传播武学至晚年。

蒋馨山曾拜师李存义,任中华武士会教习。1929年,与薛颠、高志仁合著《形意拳术讲义》,由天津县国术馆发行。

蒋馨山与阎道生相友善,两人交游甚密。阎道生在日记中曾盛赞蒋馨山之八卦剑，题诗："刀剑由来久乱真，蒋君剑法迈群伦。若将斯道衡天下，宋后合当做主人。"

(李仁平撰文)

我所知道的张荫梧

张荫梧

张荫梧(1891—1949),字桐轩,别号毅生,直隶博野人。其家族是博野县有名的豪族。博野县是清初学者颜习斋的故乡,颜李学派的发源地,学风浓郁,张荫梧受其影响,幼时熟读经史,均能背诵,成年后仍未能忘怀,他崇尚颜李的"四存学说",既奉其为学问,又是其立身处世的指南,还是后来其办四存学校的基础。该地尚武之风甚盛,张荫梧亦精拳仗技击之术,且一生坚持不辍。张荫梧于1914年初学形意拳于京师燕京,每夜练之,即风雨不稍辍,后于天津武士会师李存义,从李彬堂习武穆形意拳,气功剑术各大进。升学保阳军官学校,张荫梧欲以所学普诸人,课余授同学辈,设立武术研究社,张荫梧于斯道甚有心得,编辑出版《武术研究社成绩录》。1918年任太原国民师范军事教官时,张亦以此书为教材。1928年任河北省国术馆副馆长。

《我所知道的张荫梧》一文作者李大同,系张荫梧同学,曾任国民党军第54师旅长等职。本文节选第一二章。

一

我认识张荫梧是在宣统元年(1909)正月,我们同时考进了黑龙江陆军小学,那一年我只有13岁,张比我略大,也只有17岁。我是直隶藁城县人,张是直隶博野县人,为什么千里迢迢到关外去进陆军小学(当时陆军学校)呢?原来在清末各省设立陆军小学一所,每期招收学生80名,三年毕业升入陆军预备军官学校(以前叫陆军中学),当时仅成立了三所预备军官学校,第一所预备军官学校在北京清河镇,第二所在武汉,第三所在南京,两年毕业升入保定陆军学校,是当时陆军的最高学府。由于这是升官捷径,所以趋之若鹜。在投考陆军小学时,多半必须依靠门路。而直隶陆军小学在后期为鑫县军官所把持。直隶100多县,只取80多名,平均每县不到1名,鑫县一县就收取了七八人。而黑龙江因为地方偏僻,风气闭塞,有钱人家还抱着"好铁不打钉,好汉不当兵"的思想,重文轻武,更不愿意子弟到关内来入学。因此在本省就不能招足名额,需要招收客籍学生。所以直隶省就有很多青年不远千里前往报考。我和张荫梧就是这样考入的。不过张荫梧的情况比我更加复杂一些。

张荫梧是直隶博野县张店村的人,家里有些田地,父亲是个教书的秀才,家务事由母亲管理,土地当然都交给佃户耕种了。他弟兄三人,还有一个姐姐。张荫梧原来跟着父亲读私塾,后来在博野县里高小读书。姐姐出嫁了,据说嫁过去后很受虐待,有一次被她的小叔子打了一顿,伤重死了。张家当然不肯答应,告到了县衙门。张家要求凶手偿命、丈夫披麻戴孝。缠讼了多年,县衙门判决凶手无期徒刑。张家当然不服,张荫梧更为气愤。他自幼就很强横,又有膂力,常和同学们打架斗殴,现在觉得姐姐的仇没有报,冤气不得出。但凶手已经判刑在押,光凭个人力量,再凶横也没有办法。心想,要报仇非当官不行。曾投考本省陆军小学没有考上,决心到黑龙江去报考。家里不同意,他就打定主意,一个人偷着走。又怕路上孤单,就怂恿同学王树珊(字铁珍)结伴前去。王从家里带了10块钱,两人一路走出了博野。

张、王二人坐火车到了天津,路费就不多了,又走到了沈阳,钱用光了,王有个亲戚在吉林经商,写信去要钱,好些日子也没有回信,两个人住在店里干着急。客栈老板也是直隶人,一问情形,听说是考陆军小学的,看着他们年纪小,很同情,就想烧烧冷灶,店饭钱不要,另外送了他俩10块钱,叫他们步行前往,路上走不动时,就坐一段火车,可以凑合走到。当时正是宣统元年的旧历正月间,关外天气特别严寒,并风雪交加,步行十分困难,王有点吃不消了,拖着疲重的双腿,一步一叹气,张荫梧把眼一瞪说:"没出息!"仍旧挺着胸脯往前走。沿路就住在老百姓家里,关外老百姓都很忠厚,招待他们吃住,还不收钱。他俩居然到了黑龙江的省城齐齐哈尔(原名卜奎),没有误了考期。黑龙江文化比较落后,报名的一共不过200多人,文理兼通的又不多,张、王都高中在前茅。

张荫梧在家里跟着父亲熟读四书五经,旧学较好,所以月考期考总在前十名。当时他的思想也中了四书五经的毒,天天讲什么封建道德、忠君爱国,他最崇拜的历史人物就是关羽、岳飞。他讲这一套,有的不爱听,他就用武力压服。如同学姜毓英和他抬杠,他急了,把姜按在地下,卡住喉咙,卡得出不过气来。最后,他才松手,姜缓过气来说:"以后咱们谁也别理谁!"由于他自命不凡,神气十足,同学们就给他起了个绰号"武圣人",而经常考第一名的王郁章也神气十足,外号"文圣人"。

当时清政府腐败无能,一味向帝国主义屈膝投降,希图借此挽救它的危亡。孙中山倡导的资产阶级民主革命运动已在各省埋下了革命的种子,民族革命已有一触即发的形势。清政府为了欺骗人民,就用君主立宪来缓和人民的革命情绪。当时进步的青年已经纷纷加入同盟会的地下组织,准备推翻清王朝,实现共和。等而下之,也反对清政府的专制统治,赞成君主立宪。

黑龙江成立了咨议局,本来是所谓准备立宪的御用民意机关。有一次咨议局召开立宪大会,陆军小学也派了几名学生代表到咨议局参会,因为张荫梧平时夸夸其谈,大家认为他善于辞令,也被推为代表之一。开会时,议长请他发言,他走到讲台上大谈"军人不问政治""军人以服从为天职"……连清政府御用的议长都觉得不对头,停止他发言,说:"今天你代表学界,你怎么说是军界呢?"把他拉下了讲台。张怒目相视,摩拳擦掌,就要对议长动武。幸亏同来的同学们把他拉住了。回到学校,他还大骂议长"混蛋"。当时风气渐开,很多人响应潮流,展开了剪辫子的运动,而张却坚决反对剪辫子。

1911年,武汉革命爆发了。清政府大概没有料到学生里面也有像张荫梧这样忠于清王朝的人,唯恐学生起来响应革命,就匆匆忙忙提前毕业,发放路费,让学生各自回家。张荫梧对于辛亥革命无动于衷,为了给他自己做关羽、岳飞创设条件,他在路过天津的时候拜李存义为师，学习拳术。当时拳术最有名的是杨露禅的太极拳、眼镜程的八卦拳，而李存义的形意拳，可以说是和杨、程鼎足而三的名家。张荫梧拜师以后，苦学苦练，始终没有间断，成为他日后活动的一件有力的资本。

辛亥革命以后，因陆军学校停办，张荫梧失学在家，除了练拳之外，就是埋头读书。这时革命刚刚成功，黄龙旗换了五色旗，一般人都很振奋，差不离的青年人都要吸收新的知识读些新书，即使是一知半解，也要把什么"民主""平等"之类的新名词挂在口头上。这新的形势却并没有推动张荫梧，他关在家里大读旧书，不过，他的阅读范围比从前扩张了一些，除了四书五经之外，广泛地阅读了诸子百家。他倒也记忆过人，荀、墨之类，不消说了，连什么尉缭子、文中子……也都读得烂熟，背诵如流。这就成为张荫梧日后活动的另一项有力资本。

1913年秋，黑龙江护军使朱庆澜为了改建新军，挑选各部队优秀正、副目成立步兵连，并召集陆军小学毕业生参加受训，作为今后新军的基础。我和张荫梧等人都前往入伍。后来改编新军计划失败，步兵连解散，留下的学生40多人，改为补习所，让我们这些毕业生补习之后，继续升学。因为形意拳讲究刚里求柔，张荫梧学了拳以后，待人接物比从前缓和了一些，他似乎有些修养了。他常说："吾善养吾浩然之气。"其实他好勇斗狠的气质毫无改变，到了一定的气候，他就要露出本性。在补习所里反对教员，被朱庆开押在监狱，经我们替他奔走，才恢复学籍。

1914年夏，清河陆军预备学校招集学生升学，张荫梧和我一共40多人，一同由黑龙江到清河报到入学。从此以后，他逐渐显露了头角。

二

　　陆军预备学校的这一期学生来自北方各省的陆军小学。张荫梧下课以后，就练他的形意拳，有些人因为学拳，就愿意和他接近。练罢了拳，他就向这些人引经据典，高谈阔论。什么尉缭子、公孙龙子，常常被他引用。这些陆军小学的毕业生一般也念过一些五经四书，但很少有人专读诸子百家之书，这么一来就把大家唬住了，说："张荫梧不但会练拳，还有这么大学问哪！真是文武全才！"于是就有很多人找他，特别是山西学生李服膺对他最崇拜，认为他是了不起的人才。后来跟着学打拳的人越来越多，就成立了一个组织，叫作"武侠进德社"。因为张荫梧学拳时期认识一些拳术家，这班人都是崇拜古代游侠的，所以张以侠客自名，而所谓进德就是提倡中国的旧道德了。他们是在晚间休息时间打拳，一直打到熄灯时间以后，还不去睡觉，大家围在一起聊天。有时我也去凑热闹，听聊天。所谓聊天，也就是听张讲他的"道德"。他常说："道心唯微，人心唯危。"他列举当代有名人物一一加以否薄，认为风气败坏，人心不古，他越谈越高兴，最后说："这种大时代，正是我们英雄一显身手之时。国家危亡，需要我们出来整顿乾坤。"说到他最高兴的时候，"我们"就被"我"所代替，常常慷慨激昂地说："天下舍我其谁哉！"'张荫梧有个习惯，说到这里总要把胸脯一拍，大拇指一伸，得意洋洋。而崇拜他的人极口恭维，简直把他当做当代的救世主了。但是也有反对他的人，认为他太狂妄了。

　　预备学校的学生都在青年发育时期，又多半出生在剥削家庭，一到放假休息的日子，免不了出去做些"荡检逾闲"的勾当，而以张荫梧为首的"武侠进德社"分子,到星期天仍旧练拳,练罢拳下一顿馆子,吃点包、饺之类。所以他们就更自命不凡了,以为一般同学都是伤风败俗的家伙,只有他们又练了"武",又进了"德"。

有个同学名叫乔明智,功课很好,作风正派,很受同学们尊敬,不幸得病死了。同学们就给他办了一个追悼会,公推张荫梧主持,于是张就大发议论,从"斯人也而有斯疾也"谈起,引证诸子百家,喋喋不休。当时有个风气,凡是公开发言,必须援用古典,越听不懂,越能博得掌声。预备学校的校长毛继成对我们训话,总是使用文言,满嘴之乎者也,而张荫梧以一个学生能大讲古书,就使大家肃然起敬了。过去只有他那一边的人捧他,追悼会后,他在全校范围内树立了声望,加入武侠进德社的人就更多了。与此同时,也就引起了很多人的反感,因为他气势汹汹,又有一群人众星捧月般捧他。

1916年,我们在预备学校毕业升进保定军官学校。张荫梧、李服膺、楚溪春都分配在步五连,我是炮科,不在一起。张荫梧到保定以后,改名称成立了武术研究社,我也加入了,就和他们常在一起练拳。武术研究社比武侠进德社的规模发展得更大了。在保定城里唐家胡同福生客栈后院赁了三间北房,平时锁着,只有星期天社员们才在那里聚会,上午练拳,中午聚餐。社员每人每月缴一元会费,午饭交钱给客栈的大师傅代办。炖牛肉白菜、馒头,吃得相当丰盛。张荫梧还特地约请了一位老师教给大家练拳。这位老师名叫王俊臣,也是李存义的高足,曾在北京打败俄国大力士,因此在拳术界很有点名气。他在保定北关师范学校当武术教员,来我们这里教拳,并不收费,只是中午招待他一顿午餐,就表示了我们的谢意了。有了名师传授,大家练得更起劲了。王俊臣不到的时候,就由张荫梧代为指点，改正姿势。午饭以后，有些人出去闲逛，办点私事，大部分仍旧聚在客栈里聊天，主要仍然静听张荫梧说教。半年以后，六期学生入学，参加武术研究社的人就更多了。武术研究社的发展，就意味着张荫梧市场的扩大。在我们临毕业时，还出版了一本《太极拳谱》（按：应为《武术研究社成绩录》），原来是一本学习拳术的入门书籍，一招一式都绘有插图说明。值得注意的是在书的开头，张荫梧写了一篇序。现在我还记得几句大意："人心不古，奸臣当道，国家日趋腐败。我们只有在旁看着生气叹息，焉能一一耳提面命？只有我们将来出去做事的时候，有了地位，有了权柄，才能把这些坏人剪除。"这些话语，放在《太极拳谱》的正文前面，本来不伦不类，不过可以看出张荫梧的"抱负"。

军官学校学习期限两年。就在毕业的半年以前，放假期间，张荫梧的忠实信徒李服膺特别邀请他同到山西太原游览。李服膺早在辛亥革命前后就和周玳、张培梅等人追随着阎锡山。他在军校上学，就负有替阎锡山物色人才的使命。李服膺对张佩服得无以复加，所以特在毕业以前邀他到山西和阎锡山会面。阎锡山对张倒还平常。阎的总参议赵戴文和张一谈，却使赵大为惊异。因为赵是个老学究，本来酸气冲天，张又故意向他卖弄，诸子百家，前唐后汉，初次会见就谈得非常投机。赵对他赞不绝口，说："一个学生能有这么大学问，已经了不起了，何况还是个武学堂的学生，真是当代的关云长呀！"张荫梧有了这个际遇，自然也是十分高兴。回到保定，眉飞色舞地向我们夸耀不止。其实我很清楚，他的旧学虽能把我唬住，但他的军事学科却很平常。

1918年7月，我们在保定军校毕业，张荫梧果然和李服膺同到山西。同时随李到山西投靠阎锡山的，还有步兵科的楚溪春、连绳燕、柴子尚,骑兵科的陈春墀,炮兵科王锡符等多人,都是武术研究社的社员。阎锡山闭关自守,他的部下也以本省人居多。自此以后,他才有了外省的大批军校毕业的中下级军官。对于阎锡山的势力扩展,起了一定的作用。我因到段祺瑞所办的军士教导团当排长,从此就和张荫梧分手,各奔前程了。

(李大同撰文。见《文史资料存稿选编》19辑,中国文史出版社,2002年)

中国拳击运动先驱朱国福

朱国福

1928年10月,震动中国现代武坛的第一届"国术国考"在南京拉开帷幕。

全国数百名高手、名家纷纷赶赴南京。这是一场实力的较量,也是一场残酷的较量!多少名家被不留情地淘汰,多少高手被打得筋断骨折、头破血流……最后,仅剩下了17名最优等选手!

朱国福,便是17名中第一人!

他的名字永存中国武术史。但是,关于他的事迹,知道者又有几人呢?

战胜俄国拳击家和日本武林高手

朱国福生于光绪十七年(1891),河北定兴人。幼从张长发习罗汉拳,继从马玉堂习形意、摔跤、弹腿诸技。后又跟"定兴三李"之一的李彩亭学艺。朱通过勤学苦练,勇于交流,很快就在同门中出众拔萃,一身的内外家功夫已有相当火候。师爷李存义很欣赏朱国福,在天津公园武士会亲自传授朱国福八字功和形意十二形。返乡时,朱国福与同乡孙振川较技,遂深服振川之能,从振川习孙氏八卦拳年余。1917年,经振川引见并持李存义之荐书,朱国福拜在孙禄堂老先生门下习艺,习孙氏太极拳。

　　1923年,朱国福受李存义之托,护送周孝怀南下上海,恰逢上海法租界举行国际拳击比赛。在友人介绍下,朱国福去看了几次拳击比赛,遂对拳击产生了浓厚兴趣,于是又开始研究拳击,并致力于使拳击之技法与形意劲、八卦步相结合。不久,俄国拳击家裴益·哈伯尔在法租界挑战上海拳坛,很轻松地连胜多人。哈伯尔因此而轻视中国武术界,屡发挑衅性狂言。朱国福得知,异常愤怒,决计参赛。但是,他是谨慎之人,先去赛场观看。朱国福观看了哈氏的几场拳赛后,决定报名比赛,与哈伯尔一决雌雄。但因哈氏体重比朱国福重40余斤,有关人士皆认为朱国福非哈氏对手。哈氏亦认为朱国福是在拿生命冒险,故要求与朱国福签订比赛中"打死勿论"的生死合同,并进行了法律公证。

　　赛前气氛十分紧张。比赛约定六个回合,并按拳击规则进行。开始前三个回合,朱国福按照自己事先拟订的搏击方案,先采取游斗之法,靠八卦身步之法使哈氏重拳频频打空。同时以刺拳消耗哈氏体力,不时趁机抓隙,击出几拳。因此三局结束时,以点数占优。至第四回合时,哈氏动作已迟,朱遂以形意之整劲出重拳,一下将笨重体大如熊罴的哈氏击倒在地。尔后,朱国福越战越勇,又数次将哈氏击倒。至第五回合,哈氏动作更迟,而朱亦因体力消耗较大，已无力再发重拳。以后朱国福再施八卦游斗之法，终于战胜了哈氏。

朱一战成名，轰动了上海武坛，于是留在了上海。然而朱国福并未陶醉在胜利之中，朱国福由此战中深感到体能的重要和西洋拳击的简练实用。以后，朱国福常做拳击练习，并要其弟朱国禄来上海做自己的陪练。当时，朱国禄已弃武数年，到上海后随国福重新习武。由此之后，朱国福致力于将中国传统武技与西洋拳击相结合之探索。朱氏为近代率先作这一探索并取得一定成绩之第一人。并带动其兄弟四人皆练拳击。其二弟朱国禄、三弟朱国祯的技击成就亦无不得益于朱国福对拳术的研究和影响。1928年，朱国祯随孙禄堂老先生来到上海。朱国祯生于1904年，1924年在天津拜在孙老门下习孙氏太极及形意，习之三年余，并得太极剑、形意枪之传。朱国祯到上海后不久就与其兄长一道进行拳击训练。据顾留馨回忆说：“孙老师在的时候，他们三人还是有板有眼地按规矩练。老师一走，他们便戴上拳套大打一气。”

1928年7月5日至6日，由中国尚武团义办的中、日、美、俄大力士拳术比赛在上海北四川路月宫戏院举行。中国参赛者4人、日本5人、美国5人、俄国1人。比赛结果，中国4人皆败，日本5人皆胜。比赛结束后，日本选手发表讲话，公开凌辱我中华民族。朱国福、朱国禄、朱国祯三兄弟闻知此事后，决定三人联袂前往日本拳手所在的虹口寓所。到后，朱氏兄弟分别与五位日本拳手进行了交手。结果，日本五人全都败在了他们兄弟三人手下。后来，此事受到西北军首领张之江先生的高度评价。此次交手更加坚定了朱国福对传统武技与西洋拳击相结合的探索，也使朱氏兄弟对拳击练习的兴趣大增。

夺得首届国考第一名

1928年10月,南京国民政府举行了第一届国术国考,在全国范围内选拔武术精英。全国各地的武术名家、高手数百人纷纷赶至南京参加此次国术国考。如有72岁的李汇亭、64岁的梁占魁、62岁的陈富有和刘永祥、61岁的金恒铭和60岁的李好学等老一辈拳家,还有正值盛年的六合、摔跤名家佟忠义、北派少林大师赵鑫州、八卦名家贾凤鸣、岳氏连拳及鹰爪大师陈子正、八卦名家高凤岭、形意八卦名家左振英、查拳高手于振声、太极名家吴图南及八极、劈挂名家马英图等人。通过首场预试者就有333人之多。以后的比赛则更趋惨烈,伤筋断骨之事时有发生。有人甚至把棺材抬至场下进行比赛。

经数日恶斗,许多名家、大师纷纷落马。像赵鑫州、陈子正、贾凤鸣、高凤岭、左振英、于振声、吴图南等名家仅通过预试。闻名全国的万籁声也因特殊原因仅获得中等。最后优胜者只剩下17人。这17人中就有朱国福和朱国祯兄弟。为了避免这17位高手发生意外,在这17人中未再进行比武。而是通过文试决定最优等15人。由于朱国禄文采出众,于是由优等晋入最优等。最后在颁布的最优等15人中,朱氏兄弟竟占了3个,为五分之一。其中朱国福名列首位,轰动当时武林。

不久朱国福被聘为中央国术馆教务主任,负责指导中央国术馆的教学工作。其三弟朱国祯被聘为技击队队长、二弟朱国禄为副队长。朱国福在教学中大胆革新,一是鉴于国术馆中的学员都具有一定的传统武功的基础,故而利用国术馆高手众多的条件,大幅度加强相互间的散手练习,用以提高实战能力;二是大量增加了西洋拳击的研习,当时定名为搏击课;并培养出李成希、郭世铨等搏击高手。对于朱国福的这些做法在当时并非没有异议。当时国术界中不少人认为国术馆应认真研习少林、武当等传统的内、外家功夫,而不应该把西洋拳击放在这么重的位置上。然而一年多后,经过浙江和上海两次国术大赛的检验,朱国福的这些做法得到了越来越多的人的认同。

其弟朱国禄、朱国祯之情况

1929年11月,在杭州举行了"浙江省国术游艺大会",不久在上海又举行了"上海国术大赛"。这两次大赛实际上是中国近代最大的两次全国性的擂台大赛。筹备的时间也较为充分,当时全国各地有名的拳家几乎全被邀请参赛。其中浙江、江苏、湖南、河北、山东、福建、四川等省和南京、上海、北平、天津、青岛等市的地方政府尤为积极,倾其国术精英前来比赛。包括一些异僧、神道也赶来参赛。甚至日、俄等国拳手也跃跃欲试。

然而比赛的结果却出乎许多人的预料之外。最终获得"浙江省国术游艺大会"前十名最优等者的,皆为中央国术馆和江苏国术馆的学员。而那些异僧、神道及世外高人们皆纷纷落马。其中擅长西洋拳击的朱国禄获第二名。虽然对朱国禄的这个成绩当时有很多异议,但无论如何,人们对练习西洋拳击在提高技击能力上所具有的实效性还是不得不承认的。当时对朱国禄的异议主要为两点,其一是钻规则空子,其二是以欺骗手段诓胜胡凤山。根据当时的比赛记录,朱国禄出赛11场,7胜4败,胜率并不高。但由于比赛规则规定,上一轮比赛的负者,在进入负者组的比赛中若能获胜,仍可进入下一轮。故朱国禄就根据场上形势适时地利用这一规则。如轮到朱国禄与赵道新比赛时,朱国禄不战自退,使赵不打就进入到下一轮。尽管赵道新在随后的比赛中接连负于岳侠、韩庆堂和曹晏海,仍能获得第13名的较好成绩。而朱国禄的实力在负者组中是突出的。而负者组中的选手大多因为经过激烈的对搏后失利,气势已衰且多有伤病,从而使朱国禄能与较弱的对手进行比赛,故也较为轻松地进入到下一轮。

在参加此次比赛的各位选手中,公认胡凤山的技击实力最为突出。当比赛进行到最后阶段,即决定前六名的位次时,所剩六位选手中唯有胡凤山全胜。由于胡凤山在前面的比赛中已连伤数人,为了避免出现更多的受伤事故,评判委员长李景林对胡凤山说:"凤山呵,前六名就不要打了,排排名次算了,按前面成绩算你第一。"

胡凤山说:"何必算我第一,还是打吧。"

于是决定第二天进行总决赛。当天晚上,朱国禄和王子庆请胡凤山吃饭。朱国禄对胡凤山说:"胡师兄,你的功夫我们没法比,没什么好打的。明天你一出手我们就倒,做个样子算了,免得受伤。"

胡凤山是江苏国术馆的一等教习,那时朱国禄常到江苏国术馆学习,并多得胡凤山指导散手,多次切磋,朱国禄也确非胡凤山的对手;加之朱前面又让过赵道新,故胡凤山信以为真。

第二天,胡、朱对阵时,朱国禄一上来即以快拳连续出击.而胡凤山还想着昨天的约定,待朱国禄到了跟前,未认真防范,出拳缓慢,不想,朱国禄不仅未作倒地状,反而借胡凤山出拳较缓露出空档之际,猛然进步反劈。胡于措手不及中被打中门面,当即昏倒在地,半小时后方才苏醒。以后胡凤山悔恨莫及,气得连领奖大会也未参加。故而朱国禄的第二名是有一定水分的。

但在前六名的比赛中,朱国禄后来又战胜了章殿卿,说明朱国禄还确实具有一定的实力的。此次大会结束不到一个月,在上海又举行了"上海国术大赛"。三弟朱国祯参加了这次比赛。比赛中朱国祯开始连胜 10 场,力克名手多人,后患重感冒,体力难支,抱憾放弃比赛。但朱国福的两个学生郭世铨和李成希发挥出色,两人皆以拳击擅长,分获第 11 名和第 12 名（此次大赛获奖名次截至第 12 名）。于是西洋拳击与传统功夫结合后,对提高拳手技击能力的速成性和实效性又一次显示出来。然而朱国福并未因此而自满,每月仍利用假日去镇江复从孙禄堂老先生深造孙氏太极拳和八卦拳,直至孙老北返。

以后朱国禄去了四川。朱国祯则去了湖南,在何键部任国术教官。1933 年 10 月第二届国术国考时,朱国祯作为湖南国术队领队,率队参赛,成绩优异。共获得长器械甲等第一名,包揽短器械甲等前三名,并获中量级拳击第二、三名,轻量级拳击第二、三、四名。朱国祯本人被聘为本次国术国考的评判委员,为时人所瞩目。以后朱国祯参照柳印虎的总结,结合其自身经验,提出《技击修为纲要 48 字》,即一践、一机、三诀、五法、十能、二十八技。一践者,走也。一机者,动静交变之时也。三诀者,聚神、从彼、尽性。五法者,截、顺、闪、进、脱。十能者,应（反应动作速度）、速（连续击打速度）、受（抗击打能力）、发（爆发力）、拍（技击节奏感）、谐（自身协调性）、沛（连续爆发能力）、耐（体能）、神（意志力）、胆（胆力）。二十八技者,两指（即点、抓,两种指法。点穴法和抓筋脉法）、两拿（垫、摘。拿法也。垫乃断筋之法,摘乃卸骨之法）、三拳（崩、钻、勾,拳法也）、三掌（劈、穿、裹,手法也)、三膝(冲、顶、磕。用膝也。彼滞则冲,彼来则顶,倒地则磕)、五肘(研、缠、定、挤、挎)、五腿(踹、扫、抹、踢、钉)、五摔(抖、挂、牵、背、别)。朱国祯不仅精研形意、太极和拳击,并对通背、拦手亦有研究。朱国祯说:"太极走粘劲,松胸腹以吞吐。形意走推劲,合手足以截撞。通背走鞭劲,顺腰臂以摔拍。拦手走炸劲,抽肩胯以穿弹。以太极为本、形意为基,动自腰始、神行勿拘,腹转八卦、肩胯脊臂俱缩俱放,鞭、炸二劲自含其中。"

朱国福以后的情况

抗战爆发后,朱国福由上海经湖南转至重庆。一度在重庆大学体育科任教。这一时期,随着朱国福自身功夫的深入,他对拳击在技击中的作用又有了进一步的认识。朱国福认为,拳击的特点在于技法的简洁实用和步法的灵活突变,对于训练拳手的正面突破能力是有效的。但作为不是以比赛为目的的实战搏杀,其训练方法上的不足也是明显的。因此,要想提高实战技击的能力,获得较为全面的技击素质的提高,还是要通过加强对传统武技的研习来完成。因此从这时起,朱国福把精力又转回到对形意、八卦、太极等传统武技的研习和教学上,以期使传统武技与西洋拳击在技击训练中能结合得更加协调有效。

重庆国术馆成立后,朱国福被聘为国术馆馆长。在经费支绌、场地狭小的困难情况下,他仍然尽心竭力,日夜开班教学。迫于战时多种不利因素的限制和干扰,教学自然是不能正规,但竞赛却能按年进行。所以,当时培训出来的骨干还是很多。早一点的有邓德达、张长海、赵飞霞(女),以后又有李毅立、杨国忠、邓伯羽等人。

那时重庆国术馆是个空架子，为国术馆筹措资金，打开局面等事务性的工作很多。故朱国福不得不把精力也转到这方面来，这在一定程度上影响了他在技击训练方法上的研究。使这方面的工作未能在原有的基础上深入下去。为了打开局面，他经常组织巡回表演队，为抗日募捐及游艺集会义务表演，从而为开展国术馆业务、振兴国术运动大造声势。其中组织了两次规模较大的表演比赛。比赛会场均在原川东师范学校广场（即现在的重庆文化宫）。大会由原中央国术馆馆长张之江主持，朱国福、赵振江等人任裁判。以后又在金山饭店底层办国术讲习班，以教授形意拳为主。三个月为一期，全是义务教学。

1941年，国民党教育部国术教材编写委员会在重庆成立，朱国福被聘为筹备委员会委员，直接领导教材编写工作。经过三年的努力，编成小学教材一套、中学教材两套、大学教材六套及摔跤、擒拿、技击三套实用教材，对统一术语也做了一番努力。

中华人民共和国成立后，朱国福在西南师范大学任教。"文革"初，受到严重冲击，1968年含冤屈死，终年77岁。

（录自郝心莲、王国辉主编《中华武林著名人物传》第1辑第2卷，百花洲文艺出版社，1998年）

姜容樵谈个人经历和武术

姜容樵

1970年,当时还是"文革"时期,笔者由于接受部队的一项特殊任务,有机会往来于云南的西双版纳及南宁、昆明、上海、武汉、天津、北京等地,能多次看望姜容樵(1891—1974)师爷,得到师爷的亲自教诲。

记得一天在虹口公园和师兄弟们练完功,吃完中午饭后,这时家中只有姜容樵师爷、师奶、师妹(姜世玉)和笔者四人,一起闲聊武术的一些软硬功夫时,姜师爷说:"功夫是武术的核心内容之一,拳经云:练拳不练功,到老一场空。"他说要想成为武林高手,不但拳套练得好,而且还要会用,还必须有很强的实战本领,不管是形意拳还是八卦掌、梅花拳、大洪拳、小洪拳、少林拳等,都必须以惊人的毅力专攻其一,把拳理拳法弄清楚，在名师的指导下刻苦训练，无不能决胜于千里之外。有人说："大道至简，一即是道，道通则艺成。"古今有成就的武术精英，无一个能例外。笔者接着问道："师爷，您是迷踪（按：也称'秘宗'）世家，怎么进入形意和八卦门的呢？"姜师爷说："那得从1909年前后说起。"

拜师张兆东

宣统元年（1909），姜师爷见到张兆东先生时因故没能拜师，他说当时心里那个难受！姜师爷说："我出生于河北沧州，在清朝，沧州有两个城，一个是新城，一个是旧城。旧城在新沧州城东南20公里处，周长约15公里的城墙遗迹，以及传说中的古代遗存依稀尚在，到处是乱瓦残壁，只有东门、北门内各有六七百户人家居住。每逢一六、二七赶集，保留燕赵遗风。"新沧州城比旧城规模大些，一些有钱人家大多居住在新沧州城内，居民主要以农业、小手工业、小商业和经营武术把式场为主。当时沧州武术以迷踪、燕青、六合门三大流派为主。姜师爷又说："我的曾祖父姜廷举，是迷踪拳大师孙通的入室嫡传弟子，尽得迷踪拳之精华。姑父陈善之亦精迷踪拳，为当时技击名家，在家庭的熏陶下继承了迷踪拳技艺，艺有所成后常随姑父云游，访问名师，我发现在那个时代一些武术好手、名家或精于一拳，或精于一腿，得其全者不多。在随姑父访友时胜我者不多，加上年轻气盛，常常自视高傲，当听有人说形意拳、八卦掌、太极拳如何如何好时，常常嗤之以鼻，总觉得迷踪拳好，总想跟形意拳等一试身手。1908年的一天，我在亲戚家见到李存义、张兆东（张占魁）先生，得知李存义22岁、张兆东12岁时，两人与尹德安、程廷华、耿诚信、周明泰、刘德宽八卦掌形意拳名家在李存义家七雄结义,以及他们惩恶扬善,壮国威、雪国耻的英雄事迹后十分佩服,大有相见恨晚之意,随产生拜师的念头,但李、张二先生因公务在身而没能如愿。"宣统元年(1909)张兆东先生再次和程廷华、李存义、刘德宽、乔锦堂及身手较好的弟子到沧州办案。晚上夜已经很深了,李存义、程廷华、张兆东几位英雄收拾停当,拿好随身携带的兵器,施展各自的功夫,来到盗贼的庄子,经过一番苦斗将几名匪首擒获。天蒙蒙亮时,几位英雄将匪首交与衙门暂时关押,回到姜师爷的朋友家洗漱完毕,姜师爷不失时机再次提出拜师要求,几位英雄非常高兴,共同推荐姜先生拜张兆东先生为师。

拜师事情说定,大家很快将厅堂收拾利落,中堂墙上挂上八卦掌祖师董海川的画像,画像前摆上香案,香案上摆好五供等物,香案下首两厢坐着张兆东先生的师兄弟及武林好友和前辈亲友。这时,张先生亲手点燃香烛,对董海川先师行三拜九叩之礼,继之起身读八卦门收徒各项之规矩。礼毕,张先生端坐在凳子上,姜师爷等行弟子礼,递帖、换帖,正式成为入室弟子。在形意拳、八卦掌拳派中,凡入室弟子都要守礼法,凡同门入室弟子均要尊老爱幼,弟子间年长者可向年幼者学习,年少者应向年老者请教,年少者见到年老者应行弟子礼,传授武功也必须毫无保留。早年七雄结义以及后来田静杰、刘凤春等人加盟,形意八卦门弟子经常在一起真刀真枪地比试武艺,这些早已传为佳话。形意拳和八卦掌弟子相互帮助、惩恶扬善的故事,也广泛流传于大江南北。

姜师爷还讲,在形意八卦门的弟子中,还有记名弟子和不记名弟子之分。记名弟子只给老师磕头递帖,其礼法并不像入室弟子那样要求严格。不记名弟子只向老师行个礼就行了,其要求不严格。

姜师爷说:"我们入室弟子拜师后谨遵门规,不敢造次。"又说师兄弟黄介梓、孙禄堂、韩慕侠就遵守礼法很严,见到长辈即行叩头礼,然后垂手站立。形意大师孙禄堂69岁时早已名扬大江南北,但见到张兆东先生时进门便拜,虽然张兆东先生年龄小于孙禄堂好几岁。这就是因为张先生是长辈,孙禄堂仍要行入室弟子礼。

姜师爷列张兆东门墙之下,亦非常遵守礼法,从没忽略过。在跟随张兆东习武的十多年中均执弟子礼,视师如父,虚心向老师学艺,张先生亦倾囊相授,姜师爷尽得真传。

北上武士会学艺

宣统元年(1909),姜师爷拜在张兆东门下以后,由于张先生公务繁忙,姜师爷仍继续随姑夫练迷踪拳,学习形意八卦内容不多。1911年,得知李存义、张兆东等先生在天津创办中华武士会的消息后,姜师爷随即找好友麻春廷、许占鳌、刘锦卿等人商量北上,到中华武士会向张兆东、李存义学习形意拳和八卦掌。"谁知麻春廷、许占鳌早以动身,当我(姜容樵)赶到天津时,几位弟兄均已在津,韩慕侠、尚云祥、周玉祥等人都在,弟兄们朝夕相伴,共同在李存义、张兆东等大师指导下习练形意八卦。明白了形意拳就讲三层练法、三层道理:三层练法就是易筋、易骨、易髓,三层道理即练精化气、练气化神、练神还虚。只有这样一步一步地练下去,才能掌握形意拳的真功夫。"

姜师爷说,练易筋、易骨、易髓功夫,就是依据佛、道、儒家理论,结合易理,达阴阳合和,即心与意合、意与气合、气与神合的内三合和手与脚合、肩于与胯合、肘与膝合的外三合,达到内外合一、无形无象之境界。拳经说,"拳无拳,意无意,无意之中是真意",形意形意,无形无意,一切空空洞洞,正如拳经所云:混元一气吾道成,道成莫外五真形,真形内藏真精神,神藏气内丹道成,如问真形须求真,要知真形合真象,真象合来有真诀,真诀合道得彻灵。养灵根儿动心者,敌将也;养灵根而静心者,修道也。

姜师爷说,对于形意拳的这些深刻道理,他从1914年至1920年间,在中华武士会得到李存义的亲自传授。他记得,一次在李存义的亲自教导下练鼍形,不但详细说明形意拳大师李飞羽在山西反复研练形意拳长达8年之久,达到形神合一、出神入化和自己练功的体会,李存义还亲自演练鼍形,要求姜容樵按鼍形要领演练两趟。姜师爷在李先生的指导下演练鼍行,随着鼍形的起落进退,脚下的砖随即断裂很多,深刻体会到鼍形的浮水之精。故曰:鼍形须知身有灵,拗步之中藏奇精,安不忘危危自解,与人何事须相争。说明只有细心研究方不错也。

姜师爷在得到李存义先生亲自教诲的同时,从1910年到1928年,一直跟随张兆东先生辗转于南京、苏州等地,形影不离,得张先生之无极、太极、两仪三才、四象、四梢、五行、六猛、六合、七星、八卦、九数、十目、十二形、十三格、十四打法、十六练法、九十一拳以及形意拳械等真传。姜师爷终生练拳不辍,终成一代武术大师。

直追形意真谛

有一次,姜师爷问张兆东先生,20年来没发现张先生有任何衰老痕迹,面貌仍如初见模样,是何缘故?张先生告知,是每日早练内功晚练拳的原因。于是姜师爷又居师处三个月,朝夕演练内功尽得所学。

姜先生所学内功即童子功，包括海底捞月、狮子搏球、神龙回首、大蟒摇头、脑后摘筋、风摆杨柳、恨地无环、童子拜佛、嘘露贯日等七十余式。同时还广泛研习在张先生处得到的少林至宝——《易筋》《洗髓》二经。姜师爷得此宝贝，在张先生的指导下终身习练，正如李景林先生所说："观姜容樵，姿态活泼，刚柔合度，深得形意、八卦之奥秘。"

姜师爷讲完跟张兆东先生学练内功的过程，深有感触地说："练内功真难。"并对我详细解释一遍。但是，由于我功力浅薄，似懂非懂，一片茫然。随后我问师爷怎么叫练成了，师爷说："你摸一摸我的身体。"我一摸师爷体软如绵，柔弱无骨；再一摸，有体硬如金刚。这时我才知道何为武功，但如何练，我仍是一团雾水。正如沙国政老师对我说的"功夫不到终是谜"，到此时我才感到这句话的分量。

时间过得很快，到吃晚饭的时候了，师叔杨邦泰来了，叫我到他家去吃饭。我说："师爷你好好休息吧，明天我再来看你。"说罢刚要起身，师爷说："你等等。"随后叫师奶从箱子里将《洗髓经》手写本拿给我，让我好好研究。随后我到黄陂南路20号师叔杨邦泰家，将《洗髓经》全部抄录下来，第二天又将原件还给师爷。以后我虽时常练习，但只得一些皮毛而已。

（赵振忠撰文。见《天津记忆》第113期《中华武士会百年纪念集》，2012年）

陈泮岭先生传略

陈泮岭

陈泮岭（1892—1967）先生从事革命，办理教育，兴办水利，发扬国术，无不大著绩效，功在党国。尤以阐扬国术，复兴固有文化，强种救国，为其最大职志，死生以之。其为人忠贞坚毅，有决心，有勇气，且有领导能力。在生活上，能刻苦，重简朴。临财则洁身廉正，遇事则开诚布公，盖识与不识，莫不称道焉。先生曾办团练，功效卓著。后创办河南国术馆，以"忠、勇、义、侠"为训，在抗日战争中，曾发挥最大力量。1949年，在中央国术馆副馆长任内，主编军政部及国防部联合成立之"国术教材编审委员会"，计成教材五十余种，挂图四十余幅，实为国术史上所未有。

先叔陈公泮岭，字峻峰。河南省西平城东十五里陈庄村人。生于1892年1月19日。去世前被弃养于台中省立医院。时1967年4月7日。享寿76岁。陈泮岭先生自幼聪慧轩昂，胸怀大志，有胆识，异于常人。生于耕读世家，诚朴坚毅，廉洁成性。祖父金环公，克勤克俭，家道日隆。父鉴公，继承丕褚，家声益振，资性仁慈，急公好义。昆仲四人，先生行三。均受高等教育。夫人杨温如在台，子女众多。在台者有子云超、云庆、云尚。女有德清、德范。世代喜武，在农暇时，延聘武师，课诸子弟，在家研习武术，借以强身自卫。陈家武备，闻名遐迩，盗贼莫敢犯焉。1921年毕业于北京大学土木工程学系。服务党国，创办教育，提倡国术，垂四十有六年。功在国家，劳绩卓著。曾蒙政府明令褒扬，以昭忠勤。

满清末叶，革命热潮震动全国。时公弱冠，即参加开封辛亥革命起义，事败。仅以身免。民元正式参加革命党，曾奉命组织西屏县党部。其后读北洋大学时，曾领导天津全体中学生，掀起热烈爱国五四运动。迭受伤被捕而不稍屈，轰动一时。1924年秋，在开封活动，成立市党部。1925年成立省党部，当选委员兼青年部长。1927年策反全省同志同胞，响应北伐革命军。1930年讨逆军兴，奉令任豫省西路特务总队长，主持敌后策反工作，配合前方军事，策划指挥，事功显著，艰苦备尝，屡蒙中央嘉奖。厥后，1931年当选国民会议代表。1935年当选中央执行委员。1936年奉派汉口特别市党部特派委员。1937年抗战军兴，兼河南省抗战督导委员。1939年以中央委员身份，奉令至安徽省督导抗战。1944年奉令再任河南省党部主任委员。时敌犯豫省西南，局势艰危，劳心焦思，两目濒于失明。于1945年复员开封。至1947年始改任黄河水利工程总局局长。盖为党国奔走不遑。而于参加北伐抗战诸役中，勋绩尤为卓著。

公创办教育，兴办水利，向具热诚。1929年任河南省建设厅水利工程学校（黄河水利职业技术学院前身）校长，培养水利人才。自此水利人才益众，遍及全国。担任黄河水利局长时，因助得力，成绩丕着。来台后，创办逢甲工商学院，任首任院长。现该校有学生数千人。对于国家建设，获益良多。自1932年至1939年，膺任导淮水利委员会委员。1944年至1946年，兼任行政院长蒋公聘兼行政院水利委员会委员。1947年专任黄河水利工程总局长后兼任长江水利工程总局局长，从大陆撤守。公在黄河水利工程总局长任内任务至为艰巨。尤以黄河决口，堵复整理黄河，仍归故道。堵复工程之艰险，难以形容，中央屡电嘉勉。并因治河勋绩，曾蒙国民政府颁发二等景星勋章有案。

公为行宪后第一届国民大会代表。曾经当选第一届国民代表大会第二、第三两次会议及临时会议主席团主席。"光复大陆"设计研究委员会成立，被聘为台中研究区主任。宪政研讨委员会成立，复蒙蒋介石指定为九位常务委员之一。在宪政工作上，竭智尽忠，备着勋勤。公热爱国术，亦最善国术，一生提倡国术，不遗余力，数十年如一日，其志之坚，终生不渝。其影响国术发展至大且巨。对于复兴文化，功在国家。公少年在乡，即受名师教导，长而离乡，复亦勤于研究练习，从无间断。于形意、八卦、太极、少林无不精通，而春秋大刀、七节鞭、龙形剑，特为擅长。刀当就读北京大学预科时，从佟联吉、刘彩臣、程海亭诸先生习形意、八卦。从吴鉴泉、杨少侯两先生学太极。于上课之余，唯一嗜好，则为练拳。1917年转天津北洋大学时，由该校武术教师李子扬推介，得拜在形意、八卦名家李存义门下。李本已闭门不再收徒。唯经先生练拳接谈后，认先生是武术人才，破格接受，悉心教导。李为刘奇兰先生之高徒。刘从学于李能然。李上代为戴龙邦。戴上代—曹继武—姬际可—上代不详。传闻传自宋代岳武穆，但迄今仍未有历史根据。当时形意拳在河北派中，仅有形意拳五行，连环拳及十二形之半。经李存义先生重返山西太谷，于是始得全艺而归。补足形意拳十二形、安身炮、八式等。形意拳河北一派能发扬光大者，李存义先生之功不可没。公幸获此良师，用功益勤，而形意门中，所有拳术器械，遂能学习完全。之后由于领导天津学生五四运动，因受天津军警之追，不得以匿居法租界，不久再回北京大学。斯时又复追随北京最负盛名之纪德（子修）、许禹生两先生，学习形意、八卦、太极、岳氏连拳。由于家传少林，及在校学习拳脚及器械等六七十趟，许禹生笑语先生曰："我虽身为武术社长，你所学玩意之多，自弗如也。"

公自北京大学毕业后，即回河南从事教育，办理党务，创办水利之余，在开封创办"青年改进俱乐部"（实在是提倡国术），1925年，正式成立河南武术会，各县相继成立分会及武术处。河南省国术进入有组织阶段，各地经常有国术活动。不数年间而普及全省。1928年中央国术馆成立于南京。河南武术会亦改名河南国术馆，各县市成立分馆，武术亦改称为"国术"。时公仍兼河南省国术馆长。开办国术师资之专业训练，聘请国术各派专家为教师，招考高中青年，作严格之训练，每期一百余人。开办六期，成绩优良者，保送中央国术馆受训，作深一层之探讨研究。由是，河南国术运动，历经举行省考七次，参加选手辄至千余人，河南国术，参加全国国考及全国运动会，得到全国总冠军、女子团体亚军，历届运动河南代表队得有极高名次。公在任汉口特别市党部特派委员时，曾举办汉口市国术体育师资训练班两期，成绩极佳。

1939年间，公任中央国术馆副馆长。在重庆筹组国术比赛两次，成绩斐然。1941年，在重庆教育部及军训部联合成立国术编审委员会，聘公任主任委员。聘请国术名家多人，编成教材50余种，挂图40余幅，于1944年送教育部审查。台湾国术由于公之大力倡导，发展迅速。由1957年第12届台湾省运动会起，增加国术列为锦标赛项目。数十年国术努力之目标，终于达成。公家居台中，在台中农场传授国术，长达18年，有教无累类，亦有远自美国、日本等国，来台从公学者。46年间，在台中从公学习国术之徒众，成立"九九健身会"，以示崇敬。

公，一生从事革命，办理教育，兴办水利，发扬国术，无不大着绩效，功在党国。尤以阐扬国术，复兴固有文化，强种救国，为其最大职志，死生以之。其为人忠贞坚毅，有决心，有勇气，且有领导能力。在生活上，能刻苦，重简朴。临财则洁身廉正，遇事则开诚布公，盖识与不识，莫不称道焉。

公之遗著，除在教育部国术编审委员会主任委员期间所主编部分教材在台印行者如摔跤、擒拿、射箭等外，其在台编著之《太极拳教材》现已至三版。有关公之在台所编形意、八卦、太极、枪、刀、剑、棍、鞭等20余种，谨奉婶母大人之命，在任何情形之下，将其遗著设法出版，完成遗志。现正由杨宗鼎、雷殊曼两先生与云超弟及余等，积极整理编述，由雷殊曼先生主编，期能早日付梓，供诸国术同好。公如有灵，可含笑九泉矣。唯天一生性鲁钝，追随左右，四十有年，深受春风沐浴耳提面命之教化，未得真传于万一，有失教养之至意，能不惶悚哉！今恭述公略传，益增有忝所生之感焉。

中华国术世界促进会执行委员侄受业子陈天一谨识。

（陈天一撰文）

形意拳大师褚桂亭

褚桂亭（1892—1977），名德馨，字桂亭。出生于河北省任丘县鄚州镇南关村一个小康之家。清末时期，当地盛行练武，每年秋冬季，来自河北、山东、河南、湖北等地的武术高手云集任丘，设擂比武，摆场较量，热闹非凡。幼年时期的褚桂亭深受环境的影响，立志要练就一身真本领。他历尽艰辛多次出走湖北、河南、山西、四川等地，寻访名家高手，潜心拜师学艺。他青年时期就精通多种拳术，对少林、武当等派别颇有研究，尤擅形意、八卦、太极。褚桂亭之形意、八卦先后受业于姜玉和、李存义、梁振甫、张占魁、孙禄堂、尚云祥、黄柏年等大师，武当剑法受益于李景林，而太极则受教于杨澄甫、杨少侯大师。褚

褚桂亭

桂亭武功深得各名家精髓，堪称一代宗师。

褚桂亭一生以教拳为业，生活起居平淡简朴。在南京授拳期间，褚桂亭住国货路一号，后迁科替新楼居住，家中布置雅致，有名人送的对联若干。褚桂亭喜爱字画，数年来都习大楷书。当年褚桂亭不饮酒不吸烟，室内床头常挂一把龙泉名剑，甚为锋利，可折于腰间。

13岁，褚桂亭拜当时形意高手、"六霸天"之一的姜玉和为师。而褚桂亭的主要师承就是姜玉和。后来，经姜玉和引荐，还曾受过李存义的亲授，但属于隔辈关系。李存义深爱褚桂亭练武的钻劲和傻劲，尽力传授。当时八卦掌名镖师陈德路也同时喜爱上了英俊老实的褚桂亭。陈、姜二师为同门好友，平时生活不分，两师同授一徒，成为当地一段佳话。陈德路也有走镖任务，于是又托其师梁振甫代传八卦掌。18岁的褚桂亭，此时已经长得高大而矫健。他不仅力大，而且武艺日精，又蒙李、梁二位名家亲授，真如蛟龙得水。他早练形意，晚练八卦，白天和师叔郝恩光、黄柏年，师兄赵克礼、李玉琳、钱国荣等人在一起研究苦练，仿佛身上有一股无穷无尽的力量。20岁的褚桂亭，又向镖师于炳忠学会醉八仙拳。李存义常对人言："夫形意、八卦之妙者，莫过于此子。"褚桂亭跟随李存义有10年之久，终使自己得到形意真髓。因此日本有关武术专家认为褚桂亭是李存义之弟子，日本昭和五十年十一月出版《图说中国武术史》，及日本松田隆智1983年著《中国武术史略》一书中，都有详细记载。

褚为人忠厚正直，性格刚烈，爱打抱不平。20世纪20年代初，他到杭州，在一家茶馆中，当地两个地痞肆意凌辱卖唱的父女，他挺身而出，狠狠教训了两个恶棍，紧跟着褚桂亭伫立桥头，一面催父女两人快走,一面对追上来的十几个无赖大声喝道:"谁敢上来!"几个歹徒冲上桥头,随即被褚桂亭手一挥先后扔进河里。

1914年,褚桂亭闻知郝恩光将东渡日本传授形意拳时,他便经武汉返回家乡,先探望了老母,后陪同当地20多位师兄去天津为郝先生送行。他为了苦练基本功,送行人中除他之外,大家都乘船去天津,唯独他步行,顺着大清河岸,边行边打形意拳中的崩、钻二拳,走到天津打到天津,浑身不知疲倦。到晚上10点多钟,他还向临行的郝恩光学了心仪已久的三合对刀,他回忆说,当时只有一炷香的时间,且用的是锋利开口的柳叶刀。由此可见褚桂亭对武术的痴迷程度。

1925年,五省总督孙传芳,凭借权势,兼以厚薪,请褚桂亭到总督府当众表演。面对孙传芳这种以势压人的无礼态度,褚桂亭以不卑不亢而又玩世不恭的态度出场了。满屋旁观之人,见褚桂亭动作踉踉跄跄,体态无神飘忽不定,头重脚轻,醉态毕露,都诧异起来,纷纷窃窃私语:"莫非姓褚的今天喝醉了?"当他们看见孙传芳目不转睛地凝视着时,便又不敢多言。再看褚桂亭摇摇晃晃,眼看就要栽倒,可他却拧身一转,拔地而起,孙传芳脱口喊出一个"好"字,众人都呆了。紧接着只见褚桂亭更加东倒西歪,跌跌撞撞。岂不知他是形醉意不醉,步醉心不醉,在醉态里,显现出攻防兼备,在快慢中,表达出形动完整,刚柔相济软硬结合,原来这孙传芳是个懂得武术的人,等到褚桂亭把招式一收,立即连连鼓掌道贺:"真有功夫!真有功夫!"在孙传芳摆下的酒筵上,但见杯盘满桌,众人谈笑风生。褚桂亭一时兴起,使出绝技,双手指插入八仙桌台面边缘,轻轻地将其端起,桌上菜肴杯碟纹丝不动,惊得孙传芳连连叹服:"今天我孙某人算开了眼界,见到了武术高人,有幸有幸!"

褚桂亭的手指功夫，此后也曾表演数次。一次是在20世纪40年代初，在南京的弟子富继华家；一次是中华人民共和国成立初在上海鸿运酒楼收徒。

1926年，武当剑术大师李景林离开军界，南下杭州传授武当剑术。褚桂亭在上海获悉这个消息后，便动身前往杭州，顶帖投拜李景林为师。在李景林的热心传授下，褚桂亭很快学会了武当剑单练、对练、活步对剑、对练散剑。经过近两年的苦练，褚桂亭的剑法已经达到矫健灵敏，步若行云，剑中有人，人中有剑，人剑难分的境界。李景林高兴地说："桂亭把武当剑练活了，中国的武当剑法后继有人了。"功夫不负有心人，褚桂亭以武当对剑功法闻名大江南北。褚桂亭与黄元秀是当代武当对剑表演之典范。

1928年，中国第一次在杭州举行全国性武术打擂比赛，来自各地的武林高手云集西子湖畔，摩拳擦掌，跃跃欲试，一片争斗气氛。当局考虑到武术界门派纷争，为预防不测，防止场上混乱，除了荷枪实弹的军警外，特邀一批武林人士成立检查委员会维持秩序。被邀的37名武艺高强的人员中，褚桂亭名列榜首，足见其在当时的声望地位。然而褚桂亭并未以此自满，仍抓住一切机会寻访名师，锲而不舍地追求武技。

1929年，浙江国术馆在杭州成立，当时已颇有名气的褚桂亭被聘为国术馆教师。一天副馆长兼秘书长李景林与褚桂亭饭后闲谈，建议褚桂亭向应邀前来担任国术馆教务长的太极泰斗杨澄甫先生学习太极拳，使自己的武艺更为全面。当时身壮气盛的褚桂亭自恃十八般武艺无有不会，似乎对慢腾腾的太极有些看不上眼。李景林见状便建议褚、杨两人交手比试一下，随即请来杨澄甫，一同来到国术馆后花园，李任裁判。褚桂亭不但精通拳术，还身怀铁布衫硬功绝技,出于对杨先生的尊敬,他以守为主,几个回合下来杨并未占得上风。后杨澄甫使出太极拳技中的杀手锏一肘功,忽进一肘,褚被击得倒退两步,杨跟进再复一肘,褚终于被击倒在地。从此,褚桂亭始拜杨澄甫为师,入太极之门。杨先生很喜欢这个"先打后拜"的弟子,故授予真传。褚桂亭此时约38岁,后成为杨氏门下得力助手,号称五虎将之一,他的杨式太极功夫造诣高人一筹。1931年至1937年间,每逢南京武术国考,褚桂亭均担任评判委员。

由于有名师指点,自己又勤学苦练,加之不断地打擂比武,褚桂亭积累了丰富的实战经验,他在散打中集各家之长,将形意、八卦和太极融为一体,举手投足之间尤其轻灵迅猛、干净利索,技击之时,更显刚柔相济,变化无穷,实可谓别具一格,自成体系。

多年来,褚桂亭以坚韧的毅力,在实践中不断探索总结,使功夫日益精纯,从而在社会上确立了自己的地位。

1936年杨澄甫去世,灵柩由杭州回故乡,路经南京浦口,褚桂亭亲往迎送,设台悼念,足见褚桂亭对先辈的尊敬和孝顺。

20世纪30年代中期,褚桂亭赴南京教拳,当时许多社会名流均争相以从褚桂亭习武为荣。褚桂亭以精湛技艺被聘任金陵军官学校总教官,南京国民政府武术总教官等职。当时在南京总统府任总翻译官的董健吾,就拜在褚桂亭门下学习太极拳。此时,曾有一日本高级参谋,是剑道七段,受过武士道训练,不服褚桂亭之声望,欲邀斗技,由董健吾介绍双方比试。为避免意外,各用木剑,剑头涂湿石灰,以身上白点多寡定胜负。褚桂亭施展武当剑法,行步流星,剑走轻灵,身法一展,立见颜色,结果日本人身上白点纵横,而褚桂亭仅有袖上一点,日本参谋大为佩服,当场要拜褚桂亭学剑,被拒绝了。褚师说国术不能随意传授给外国人,在场者都为褚桂亭替国家争光而激动。

抗日战争时期,汪伪政府的要员汉奸褚民谊,自制铜质太极球和太极棒,编成太极操,要褚桂亭替他宣传、推广,褚桂亭拒绝说:"这些玩意儿,老百姓玩不起,又没有太极特点,我很忙,没空帮你。"后又将褚桂亭诓骗去编写太极拳书。到褚民谊府后,褚桂亭问清缘由,发现上当受骗,拒绝为其效力。褚民谊恼羞成怒,将褚桂亭扣住不放。深夜,褚桂亭使出功夫,飞拳拽脚,击倒几名带枪的警卫,翻墙逃离虎穴,一直隐居到抗战胜利才露面。

抗战期间,褚桂亭同情革命,支持抗日,痛恨汉奸,疾恶如仇。褚桂亭以自己的声望,曾掩护并资助过从事左翼文艺工作的地下党人富继华同志(中华人民共和国成立后任上海市文联副主席)。中华人民共和国成立后,褚桂亭从南京迁往上海定居,住斜徐路。一次去复兴公园,遇旧友孙福堂在公园授拳。孙深悉褚桂亭乃当代名师,武功卓绝,得知褚桂亭欲设场授拳,即将自己场地及15名学生引荐给褚桂亭。

褚桂亭到上海后,先后在哈同大楼、大新公司、上海电缆厂及复兴公园公开授拳。

1957年,国家体委委托上海市体委组织编写《杨式太极拳》一书,褚桂亭也应邀参加编写小组,经改编为八十八式,推行至今。褚桂亭还多次参加全国性武术比赛,其中包括第一届全运会武术表演赛在内的大会裁判组工作。上海市武术队成立后,多次邀请褚桂亭前往指导。

20世纪60年代初,上海地区武术之风盛行,老拳师们经常聚会表演,为了增长技艺和充实内容,王喜奎、张玉、华春荣、武贵卿,每星期一次下午在复兴公园向褚桂亭请教,切磋武当对剑、三合对刀、推手等武艺。

平时,褚桂亭在上海复兴公园和人民公园普及推广太极拳、形意拳,从未间断过。褚桂亭的教学方法是不拘一格,因人施教,绝不保守。但褚桂亭从未教过"太极气功卫生拳",杨家太极从无太极气功之说。褚桂亭在长期教学中,从来不提及气功,他对气功、空劲之类并不赞同。

褚桂亭在学生中严格挑选有培养前途者,收为入室弟子。褚桂亭常说:"太极拳的动作是自然的开展,它着重身体的正确姿势,拳架舒松、柔和而缓慢,血流可以畅活,呼吸可以深长,它要意识与动作合一,心身并修。它非但可以健身,并可以技击。"褚桂亭还教导大家:"与人交手时,别怕挨人揍,就怕白挨揍。"他认为挨揍对一个练武的人来说并不是坏事,这样才能学到东西,功夫才能不断长进。

褚桂亭和王子平、佟忠义等著名武术家经常在上海体育宫为观众表演。褚桂亭表演的太极拳、刀、剑及形意、八卦等,刚柔相济,虚实分明,妙趣横生。凡见过褚桂亭表演的人,都深感他的功夫非凡,身法有独到之处,动作轻灵快速,周身是劲。在上海体育宫初次举行的太极拳推手表演会上,年已古稀的褚桂亭手法干净利落,放劲刚脆猛烈,深得人们的赞赏,不少行家亦从中受益匪浅。"文革"后褚桂亭迁居闵行。粉碎"四人帮"时,褚桂亭已重病在身,但时刻都关心着武术运动的发展,衷心盼望武术运动第二个春天的到来。

(辑自网络)

张占魁弟子钱树桥

钱树桥

钱树桥（1894—1971），字松龄，又名大桥，祖籍河北河间县钱阁庄。

钱树桥自幼习文练武。21 岁时考入江苏防军兵营，23 岁考入北京清华陆军预备学校，后入南苑陆军十五师当班长，随傅作义将军参加晋军。1915 年赴南京，在江苏都督冯国璋的府内与其子冯伯丛相识。由于是河间同乡的关系，冯伯丛与钱树桥结下了金兰。钱后被录取至冯国璋的军政院，并在冯国璋府内得遇形意拳和八卦掌先辈刘奇兰的高徒张占魁。得知张先生也是河间县同乡，钱树桥求冯伯丛举荐，在冯府设贵宴，拜在张占魁门下，成为入室弟子。他随师学艺 20 余年，寒暑不辍，锲而不舍，研练功夫得知意境心法。而形意、八卦功夫，日臻上乘，在北京、天津、河北遵化、江苏南京和徐州都享有盛名。

钱树桥随张占魁回津门后，参加了由李存义、张占魁、李瑞东等人创办的闻名中外的中华武士会，广结中华武术大家英杰。在张占魁亲身授艺下，钱树桥研练形意、八卦功夫内圆外方，道法自然。所研练形意十二形拳有虎形（虎扑、虎托）、鹰形、熊形（鹰熊斗智），仿生搏击，虎坐鹰翻，起势熊形落势鹰。钱先生师承古法，尽得拳法的精髓灵性，而悟于心法。他擅长津门八卦掌之老八掌、八卦子午鸳鸯钺、形意九洲棍、纯阳剑、五行连环剑、形意进退六剑、技击安身炮、形意十二连搥、津门形意八卦游身桩、盘根揉球功夫、八极拳，既保存了传统技法精髓，又继承了张占魁形意八卦衣钵。

在帝国主义入侵，视我民族为东亚病夫之际，为抵抗外侮、弘扬武术、振兴民族，钱数桥同张占魁出任冯国璋卫队的武术教官，而后随恩师张占魁返回津门，立志以武救国，崇尚武学，炼百折不屈之浩然正气，并在冯玉祥将军驻天津文庙军营任武术教官。张占魁曾亲笔题写墨宝"国技重光"，为中华民族传统武术的弘扬、继承和发展作出贡献。

1930年底，钱树桥在天津傅作义将军部下任教时，与形意拳大家耿继善的再传弟子吴子珍（吴玉保）相遇，共同在北海公园一带习练拳械。钱树桥为人正直，匡扶正义，保护善良。北平沦陷期间，黑势力"庄联会"、地痞混子"高阎王"，倚仗伪政权势力，制造武术界派系矛盾，仗势欺诈民间武师，钱树桥毅然出面，以雄厚的形意八卦功力，惩治"高阎王"之流。在场的吴玉保先生亲见钱先生用一根大杆子，出手不凡，将对手左手虎口抖崩，匪人忍痛而去。吴先生1967年还在北京跟笔者讲述这些往事。

钱树桥经常往返于北京、天津、河北遵化一带。1928年，天津某银行行长蔡五爷在天津至遵化沿线投资开采金沙矿石，提炼成金，然后运往位于遵化片石峪的金库。为了金库出入隐藏安全，蔡五爷特去中华武士会拜见形意八卦泰斗张占魁，希望高薪聘请管理金库的专家，张占魁先生经过慎重考虑，决定派弟子钱树桥前往。

钱树桥遵师命，由天津赴河北遵化片石峪金库。蔡五爷非常信任张占魁选派的弟子，先后委任钱树桥为采金专家、华北清金主任、金库出入管理督察等职。在完成片石峪金库安全管理事务的同时，钱树桥还应邀参加遵化的武术搏击盛会，有缘相识姚馥春先生，在遵化传授津门形意八卦拳械，如形意五行连环拳、形意十二形拳、形意杂式捶、形意进退六剑、形意技击等功夫。

1943年，日军侵占遵化片石峪金矿的产业，银行方面无力抗拒，被迫撤出片石峪金库。日军重金邀请钱树桥留下，继续维护金矿的治安，钱树桥不从，日军派兵抓捕钱树桥，钱树桥得知消息后逃离遵化。

钱树桥在遵化片石峪金库工作时，曾用名钱松岭，为躲避日军的搜查才改名钱树桥。因此，钱树桥在遵化的弟子汪广生等人在武术界只知道钱松岭，而不知道钱树桥就是钱松岭。2004年，钱在遵化的弟子汪广生及再传弟子熊守年主讲津门形意八卦拳械，制作教学片光碟时，在网上才查找到钱树桥就是当年钱松岭。笔者根据网上信息，联系到遵化形意八卦研究会会长孟庆勋，2009年秋赴遵化续接80多年的拳缘，并补充了钱树桥恩师津门形意八卦在河北遵化传承的历史情况。

1944年冬，钱树桥由天津迁居至徐州，曾在安徽砀山税务局、泗灵宿(泗州灵璧宿县)禁烟局、徐铜税务局、铜山县征收局稽查科任职。他先迁居徐州兴仁巷,后居福水井,又居林家巷。在徐州时,由于稽查禁烟与税务职业按章执法,得罪了徐州青帮头子郝鹏举及伪便衣队长张振彪,他们怀恨在心,策划组织青帮势力,妄图报复。1944年重阳节,钱先生在云龙山大石岩前练功,张振彪带领便衣队巡山,遇到钱先生,要与钱先生比试,肆意挑衅,钱先生毫不畏惧。张振彪惊上下取,上击钱先生双目,下取裆部撩阴掌,招式既疾且毒。危急时刻,钱先生束身发力,张振彪疾身而逃。张振彪及众便衣被打得惨败而逃。当时徐州武术界王秀山、张仁普对钱先生的高超技艺钦佩之至,同拜在钱树桥门下,习形意、八卦,此事在徐州传为佳话。

钱树桥来徐后,结识高铁岭。高先生是古彭城知名书法文人,两位先生都能文善武,因此结为好友。一次同在徐州快哉亭散步后,去著名的紫梅楼饭庄聚餐。两先生入雅座后,忽然耳闻尖叫声迭起。钱先生急闻声而望,只见伪治安所长樊景元及伪警察正在调戏一女青年。钱先生拍案而起,正气凛然,声发拳落,用虎形(虎扑)击打在樊景元胸部华盖穴,又束身而击点太阳穴,樊景元应声倒地,众歹徒纷纷落荒而逃。钱先生的侠肝义胆在徐州传为佳话。

中华人民共和国成立后,钱树桥先生在徐州北关门外以售文具为业。为弘扬传统形意、八卦,他每日练功、授徒于徐州北门外故黄河滩,不向学生索取分文。他把武德教育作为首要,教诲弟子为继承发展传统武术,强健民族,以壮其体;尊师敬长,不可恃武欺人;要注意口德,拳品如人品,不要虚伪包装。

1971年7月21日,钱树桥悄然逝去,安葬在徐州东郊前蟠桃山下。徐州弟子和再传弟子为纪念老先生高尚武德和精湛武术功法,为其举行了隆重的立碑、祭奠仪式。

(熊守年撰文。见《天津记忆》第113期《中华武士会百年纪念集》,2012年)

武术内功名师郭铸山事略

郭铸山(1901—1967),字有恒,祖籍河北吴桥,先祖迁居天津,事工商业,颇有名声。郭铸山自幼酷爱拳术,得李存义等名家亲传,精于形意拳、八卦掌及太极拳等,他是八卦掌始祖董海川的第三代传人。早年任河北省国术馆董事、山东省国术馆顾问等职,并曾担任华北及山东省武术比赛评判员。中华人民共和国成立后,先生定居济南。1962年,被聘至济南市医学研究所,开设体疗(气功),这是我市最早的气功门诊。郭铸山以八卦太极功治疗疾病,从学者甚众,多获良效,声誉日隆。1966年初返天津,继续传授功法。1967年于"文革"浩劫中去世,终年66岁。

郭铸山

郭铸山秉性豪爽、侠义,助人为乐,于武林中有贤名。先生拳术、内功自成系统,传宗有序,独具风格,特别是八卦掌、八卦太极拳确有自己的特长,是武术百花园中一枝奇葩,亟须我们整理发扬。今特将郭铸山一生事略述于后。

以武为业

郭铸山父辈在天津经营"郭天成"机器厂,素负盛名,家资甚殷。先辈喜与武林人士交往,认为尚武者多诚实、豪爽、讲义气,故与刘德宽、李存义、张占魁等人均是挚友。中华武士会设在天津时,李存义任会长,其经费系由郭氏赞助,李等私人也得到郭氏的润泽,故李氏诸公一再表示,为郭家培养一个后生,以报恩遇。李存义初收郭铸山为义子,郭铸山8岁时正式拜李为师习形意拳,深得形意拳之真谛。后又拜八卦掌首传者董海川之高足程廷华门下习八卦掌。李存义与程是盟兄弟,因程过世早,遂由李存义带领郭铸山在墓前拜师,由程之子程海亭代父授业。程海亭亦系李存义之弟子,与郭铸山为师兄弟。著名武术家李魁元、刘德宽、张占魁、夏国勋均与程廷华有金兰之好。因程廷华早殁,故彼等对程海亭均视如己子,以慰程廷华在天之灵。加之程海亭聪颖过人,受若持虚,对八卦、形意、太极诸内功拳,功臻上乘,有青出于蓝而胜于蓝之势。程海亭有十余年居郭铸山家,或住净业庵,一切生活费用均由郭铸山负担。程海亭与郭铸山朝夕相处,将嫡传之龙形游身八卦掌及器械传与郭铸山。虽程海亭一生桃李甚多,然能传其事业者甚少。有天津孙氏者,系程海亭之弟子,且得到郭铸山之教诲,曾著有《八卦拳真传》一书。程海亭与郭铸山在八卦掌门派五代名人中列在第三代。济南地区练此拳术之郭氏门徒有阚角如、刘凤辉、王月生、张万英、乔鸿儒、王振东、辛学儒、胡宝伦、韩继明、杨素云等人。再下一代有谭桂昌、李路、魏锡臣、丁昌久、马长仁、司长世、王明星、康道忠、李东明等人。

郭铸山所传之太极拳,系来自杨家。开始由杨氏太极拳创始人杨露禅授及得意门生夏国勋,夏传及刘德宽(他们是盟兄弟)。刘善使大枪,人称"大枪刘",系北京镖局镖头。刘将此套太极拳传给程海亭,程海亭传给郭先生。由杨露禅到郭铸山,共三代五传,具体如下:

一代:杨露禅

二代:夏国勋(杨露禅传)、刘德宽(夏国勋传)

三代:程海亭(刘德宽传)、郭铸山(程海亭传)、蒋馨山(程海亭传)

(夏与刘是盟兄弟,程、郭、蒋都是李存义之学生)

这套太极拳与流行的杨氏套路不同,许多动作和手法甚至迥异。由于传统观念,当时对此拳十分保守,不轻易示人和传人。郭铸山学此拳之经过为:郭青年时,突患风痱病,下肢无力,两年不能下床,致下肢肌肉萎缩,后程海亭授以此套拳和太极功,这也是程海亭首次传授太极。当时练八卦掌者不教太极,练太极者不教八卦掌,各派门户之见甚深。唯形意和八卦门关系好,此系李存义一代形意拳家,十分礼敬董老先生并尊之为师之故。这种良好关系一直延续到现在。郭铸山初练卧功,继练坐功,不久即可下床,以后逐渐至庭院、公园中锻炼,风雨不辍,持之以恒,历经两个春秋,身体恢复如常,功拳已至上乘。郭铸山在学习时程海亭再三叮嘱:"不要轻易授人!否则我就不教你了!"可见当时对此套拳之珍视。本拳由于传代少,而且都是在武术家之间相传,形势变动可能性小些,故较好地保存了原拳之面貌。

程海亭与郭铸山均长于八卦掌，在太极拳研究中有一定贡献。他们将八卦掌之某些特点融汇在太极拳中，使八卦太极拳具有与众拳不同之特点，如走梢节、节节贯穿，每势都有起落、开合、鼓盈。该拳每式可以单练，内容多，姿势复杂，须用学普通拳术多一至两倍之时间方可学会。本拳有体有用，不仅富于击技原理，并可强壮体魄，预防疾病。为区别于一般太极拳，于1962年改名为八卦太极拳，太极功改名为八卦太极功。

广交朋友 切磋武艺

郭铸山少年延师家读，未进学堂，平生以习武为业，故疏于文字。对于武事，经多见广，凡武林高手过津，辄请至家中，造诣深者即学习之，一般者亦以礼相待，离去时常赠以路费。凡有困难求助于郭铸山，则解囊相助，从不吝啬，时人对其有"仗义疏财"之誉。常请武林高手数人留居家中，一则切磋技艺，二则起到"保镖"之作用。有名叫于七者，绰号"家伙篓子"，什么器械都会用，曾居他家十余年。武术家吴俊山亦曾在他家寄居，后到南京中央国术馆任教，系郭铸山晚辈。郭铸山家中经常进行武术表演，程海亭多取胜夺魁。一次对枪，程海亭以高粱秸代枪，同样能拦、拿、截、扎，几个回合，对方反败在程海亭"枪"下，由此可见程海亭技艺之高超。平时亦有千里迢迢来以武会友者。如山西一形意拳家，久闻郭铸山名，求先生演八卦掌，一睹为快。郭铸山逊而不演。来者即自动在堂上练形意拳，让郭铸山看他之功夫。彼架势甚低，出手有力，落脚有声，将地砖震裂。郭铸山遂走单换掌，步如流水，掌如穿梭，内撑外圆，内外合一，彼突然以崩拳击郭铸山，郭铸山急避其锋从侧面拳击对方胁部，对方应声而倾，甚为叹服，曰："名不虚传！"

辛勤耕耘

郭铸山于青年时在天津即有名气。一日，青年会举行武术表演，郭铸山表演了八卦刀。他动作轻灵，姿势优美，抽身换影，翩若惊鸿，使在座者均为之震惊。其时孙禄堂先生亦在座，知郭铸山名，然未见过郭铸山，遂问左右："这是谁？"答曰："李存义的徒弟郭铸山。"孙至郭铸山前曰："师弟你练得好！为兄也献上一趟。"孙即登场走三才剑。只见剑光飘忽，行若游龙，真个龙飞凤舞，非比寻常。当时武林尚保守，好"东西"不轻易外露，这次刀、剑表演，使众位大开眼界，武林中将"郭铸山的八卦刀引出孙禄堂的三才剑"传为佳话。

1928年，程海亭病故于天津净业庵，其弟子由郭铸山和蒋馨山代授，其中包括《八卦掌真传》作者孙氏。同时河北省督办李景林请郭铸山教授子女，至1931年李在山东省国术馆负责时，聘郭铸山为顾问。尔后郭铸山每年来济小住数月，中华人民共和国成立后遂定居济南。中华人民共和国成立前近20年间，郭铸山于济先后在天兴机器厂、庆和电料行、宏济阿胶厂教授拳术，每次数人不等。因郭铸山珍视其拳艺，故不轻易外传，曾择徒而传。中华人民共和国成立后，郭铸山自知除精于拳术、内功外别无所长，故愿将平生所学，贡献给人民。由此从学者渐多，场地移至青年会，一年后又移至中山公园，每日随练者约15至30人不等。虽课徒人数不多，但郭铸山传授技艺不断。我在这期间跟郭铸山学习了八卦太极功、八卦掌等。学生要求学什么,郭铸山就教什么,从不保守,有问必答,诲人不倦,示之以范,晓之以理,学生不怕郭铸山保守,只恨自己学不会。郭铸山所学甚丰,尽得其传者还没有。郭铸山除传授以上拳术、内功外,也授过剑术、枪术、刀术、大戟、子午鸳鸯钺等。

郭铸山精于内功,素以内功治病,在群众中颇有威信。1962年在采风访贤中,郭铸山被聘至济南市医学科学研究所,设体疗室应诊,传授八卦太极功,治疗各种慢性病,多收良效,个别患者较之服药其效尤佳。

郭铸山拳术、内功皆为名师传授,辈高望重,传宗有序,自成系统,独具风格。授徒则循循善诱,诲人不倦,惜天不假年,溘然早逝,悲夫!

(乔鸿儒撰文。见《济南文史资料选辑》第9辑,1991年)

从中华武士会走出的科学家卞彭

民国初年,以"强国强种"为宗旨的中华武士会,吸引了大批立志强身报国的青年学子。其中,出身官宦世家、满门才俊的卞氏兄弟:卞彭年、卞柏年、卞松年、卞万年、卞凤年五人,一起加入中华武士会,进德修业,打下良好的基础,日后均成为著名科学家、医学家以及银行家、地质学家,造福人类。

卞彭(1901—1990),曾用名卞彭年,号蠡洲,出生于江苏扬州,祖籍江苏仪征。

卞彭

卞氏兄弟中居长。14岁时被送入英国教会办的天津新学书院读书。就是在这时,卞彭参加了中华武士会。兄弟五人均拜师李存义,习练形意拳。1918年9月,卞彭曾随师赴京,参加万国赛武大会,在与俄国大力士康泰尔比武的现场,他同武士会成员刘楚轩合作,表演了精彩的十二洗捶,《大公报》《益世报》均进行了报道。可以说,卞彭是中华武士会学员中的佼佼者,代表了中华青年未来的希望。虽然以后卞彭走上科学救国的道路,但其所取得的巨大成就,是与早年的习武经历密不可分的。

下面是卞彭教授的学术经历,从中可以看出,这位从中华武士会走出的著名科学家一生爱国,浑身浸透着中华民族优秀的传统文化、道德理念。

1918年,卞彭又考入清华留美预备学校学习。1920年从清华留美预备学校退学,自费到美国白朗大学学哲学,同时还选修了土木工程和物理学两个专业。1924年获得哲学学士学位后考入美国哈佛大学研究生院当研究生。1926年因病回国,在沈阳国立东北大学教授物理。1931年在桂质廷的介绍下来到华中大学任教。1932年入读美国麻省理工学院物理系研究生部热电子放射组。三年后,以《钨的多晶体晶体大小与电子流的关系》为毕业论文,获得科学博士学位。1935年回国,又到华中大学物理系任教,并代理系主任,同年接到华中大学的终身聘约。1940年任动荡中的华中大学理学院院长。1945年,出任代理校长。1947年获年假,在圣公会的资助下以白朗大学客座教授名义出国讲学并进行科学研究,任麻省理工学院电子学研究所客座科学家。1948年回到华中大学。1951年,任公立华中大学教授、教务长兼物理系主任。1964年,调到南京电子真空研究所任研究员,1965年调入中国科学院电子研究所任研究员。1990年在北京去世。他先后担任过中国科学院中南物理研究所研究员,中国物理学会理事及武汉分会副理事长,中国电子学会理事及武汉分会副会长、一级研究员,《电子学学刊》主编,是湖北省第二、第三届人大代表,武汉市政协常委。

卞彭的家庭背景显赫，他的高祖父、曾祖父、祖父、叔祖父均为清朝高官，父亲卞白眉是一名银行家，母亲李国锦是李鸿章的侄孙女。他的五个弟弟均为俊才：卞柏年、卞松年是留美化学博士，卞万年在医学界享有声望，卞凤年曾任中国银行悉尼分行经理，卞美年是著名地质学家。在这样的家庭背景下，卞彭的启蒙教育便理所当然地是在老式、私塾式之中完成的，读《四书》《诗经》《尔雅》，对对子、习武，使他吸收了不少中国传统的思想和观念。1948年，蒋介石政权已风雨飘摇，他的父母、兄弟姐妹、儿子均已通过香港移居美国，而他自己却选择了留在国内。他在自传里分析原因时说，之所以会留下来，大概是小时候接受的传统文化影响的结果，忠诚、不辱门楣的观念，使他必须在华中大学坚持下去。他之所以将自己的儿子送出国，是为卞家留后，算是尽了孝道，了此孝道，便可留下尽忠到底，他认为这是"忠孝两全"。卞彭在"文革"中受到了不公正的待遇，吃了不少苦头，但他还是一如既往地热爱祖国，热爱自己的科学事业。

在20世纪中国物理学家的重要贡献中，卞彭的成就是位列其中的。1935年，他在美国麻省理工学院首先采用钨丝圆柱形发射极制作电子放大管，后经多次改进，得到广泛应用。1947年，在研究设备贫乏的情况下，他以自制的仪器设备，先后与杨约翰、应崇福合作从事氧化物阴极研究，经过多次实验检测，终于在1948年最早确定了氧化物阴极的脉冲发射和直流发射的一致性。后来他总结了多年的研究成果，提出了热阴极的微块模型理论，并第一次提出"同平面三极管理论解"，得到了与实验甚为符合的计算结果，对生产有一定的指导意义。他在电子学方面的成就，对我国电子学的发展做出了积极贡献。

1990年7月17日,卞彭教授在北京去世。在悼词中,中科院给了这样的评价:卞彭先生正直谦和、平易近人,讲求民主,严于律己、乐于助人,胸怀坦荡,不仅是学术研究的楷模,而且也是道德修养的榜样。

(辑自董中锋著《华大精神与人文底蕴》,华中师范大学出版社,2013年。题目为编者加)

名门虎子李春芳

李春芳(1902—1957),定兴县张祖庄村人。李子扬之子。自幼随父亲习武,身体魁梧,膂力过人,精通内外家拳械。民国初年,曾跟随师伯郝恩光在东北从军剿匪,亦得郝恩光的传授与指点。李春芳擅长技击,在津京一带颇负盛名。1933年参加在南京举行的第二届国术国考,力挫群雄,获得拳术甲等(最优等),得"银盾"一尊。1952年,50岁的李春芳参加天津民族形式体育比赛的擂台赛,一路过关斩将,顺利进入前两名,在赛前脚腕意外扭伤的情况下,参加决赛,获得重量级亚军。中华人民共和国成立初期,李春芳在天津及北京等地教授武术,直至1957年因患食道癌去世。

李春芳

(李洪钟撰文)

螺旋拳创始人裘稚和

裘稚和

裘稚和(1904—1994),名裘玲,以字行,河间县行别营村人,螺旋拳创始人。

裘稚和自幼喜拳棒之术,初拜本村少林拳师周大雪习武。15岁考入河北省立第三中学(现河间县中学)。此际,裘稚和体育成绩颇佳,武技亦于学生中小有名气。是故,先后有两位体育教师强约其角技,殊料均被裘摔倒。更有甚者,其中一位被裘摔至泥中,学生大哗,对两位教师多有不敬之词。校长许毅为整顿校纪,便以裘稚和不敬师长为由而将其开除。其父在津获悉此事,严加训斥,但也喜其有习武之特长,遂携其至天津,边求学边习武。17岁时,拜张占魁为师习形意拳、八卦掌。张喜裘稚和之悟性、练功之刻苦、待师友之真诚,且又与裘同乡,故精心指教,倾囊相授。后张师年高,恐贻误裘稚和之成才,特嘱托师弟王芗斋继授裘稚和。裘中年在天津经营石油业期间,广交武林名家,从中获益甚丰。凡数十年,博采广撷,致使武功大成。1964年,裘稚和退休后,尽全力研究武术,吸收先辈之武术理论及技艺,融形意、太极、八卦、意拳为一炉,结合自己近60年习武之经验,创编了螺旋拳。此拳既有健体、技击之实用价值,又有观赏、养生等美学价值。其弟子们在数次表演中均受到专家们的肯定和赞扬。

裘数十年授徒众多,弟子中北京刘镜如,天津韩玉亭、李福深、王学林、赵开疆、于国权、郭继明等人,均为佼佼者。

(见《沧州武术志》,河北人民出版社,1991年)

德艺双馨的李敦素

李敦素

李敦素(1907—1984),名春白(亦用醇白),祖籍河北省定兴县张祖庄村。他出生于一个世代习武并以镖局为业的家庭。其祖父李良栋(字国钧)在群雄云集的郑州开设"永盛镖局",以德交友,武艺超群,与武术大师李存义、周明泰、杨家桢等先生为刎颈交。一生教授门徒数百人,郝恩光、李兆雄等人皆有名于当时。

生于武林名门

李敦素的父辈兄弟三人。其父李文亭,字星阶;伯父李彩亭,字呈章;叔父李耀亭,字子扬。敦素幼承家传,精长拳,后兄弟三人同拜李存义先生为师,习形意,家学既深,改内家后,沉实灵妙,俱臻上乘,被武林誉为"李氏三杰"(因家居定兴又称"定兴三李")。李星阶18岁开始从业镖局,曾设"常胜镖局"于奉天,蜚声东北三省。清鼎革后,奔走云南,参加蔡锷领导的讨袁战争,立下战功。1917年应李存义函招,回天津主持中华武士会,历十余年。1928年,与河北省主席商震、北平市长张荫梧、天津警备司令傅作义等人发起成立河北省国术馆,公推李星阶担任教务处长,直至1937年七七事变,返回故里,从事抗日斗争。

缘遇名师

李敦素幼年随父亲李星阶在天津中华武士会习武,奉父亲之命专攻形意、太极、八卦等内家拳术。当时正值中国武术发展的鼎盛时期,天津中华武士会是我国北方最大的武术社团,是武林各派名家巨擘的云集之所。李敦素在武士会不仅受到其父李星阶的精心培养,而且得到李存义、尚云祥、周祥、郝恩光、程海亭诸先生的传授与指点。1920年,孙禄堂做客中华武士会,见李敦素拳功扎实,天资极佳,收为入室弟子。时李敦素年仅14岁。自得列孙先生门墙之后,李敦素融孙李两家拳技于一炉,简练揣摩,无间寒暑,不数年便在武士会众多学员中脱颖而出,成为最年轻的武术教师。李敦素在刻苦习武之余,还敏求文事,折心书画,经史子集靡不备究,尤喜书法,其书脱体魏碑,颇具大家风范,为津门书画大家阎子阳的得意弟子。

从事武业 培育后昆

由于李敦素武功出众,且颇具文采,天津法政大学和北京中法大学聘其任武术教员,1933年南京举行第二届国术国考,李敦素成为最年轻的评判委员之一,曾与当时国民政府主席林森等政府要员及武林名家合影。七七事变后,不甘当亡国奴的李敦素陪同其父李星阶,离津返乡,协助李星阶组织成立抗日联庄自卫团,李敦素担任武术连连长,率领武术连战士清剿匪患,抗击日寇。终因"岁寒民饥,剧寇方张,国难未已,遂散其众"(李敦素语)隐居田园,躬耕垄亩,教善儿孙,安贫乐道。中华人民共和国成立后,1952年天津举行民族形式体育比赛,李敦素参加了散手比赛,以精湛的内家拳技,连胜十余场,赢得了广大观众的一致称赞,并获得优胜。1956年,经北京市体委批准,在德内大街创建"中华武术社",培养了一批优秀的武术人才。李敦素在京设教期间,与京城名师孙存周、陈发科、胡耀贞、陈子江、吴子珍、郝甲三、唐凤亭等人常相过从,交流技艺,深得同道赞誉。三年困难时期,李敦素为减轻学生们的经济负担,停办武术社,返回故里,继续传授后昆。1975年夏,应武汉市武林人士联合邀请,赴汉传拳,李敦素以精湛的示范、高超的技击艺术和精辟的理论讲解,倾倒了武汉众多的武术爱好者,以致他返里后数年间武汉的众学生多次来信请求其再次赴汉讲学。李敦素以年事已高,不能远游,未能成行,众学生引以为憾。

李敦素治学态度严谨,从不故弄玄虚。他克承师训,崇尚武德。虽然一生与同道较技机会很多,但从不用毒手伤人,只是制住对方,点到为止,令对手心悦诚服。他耿直谦逊,低调为人,与人比武切磋之事迹从不向家人及外人提及。亦从不对同道拳艺评头论足。

李敦素一生择徒甚严,注重以德选材,从不轻录门墙,先后培养了其子李伯林、李长林、李茂林,以及于学粹、徐麟彩、关永年、王思堂、星富友、刘茂林、李世明、董玉泉、崔鉴森、何伯勋、杜玉阶、李元超、王庆林等一批优秀武术教师。

1984年8月6日,李敦素病逝,享年78岁。

(李洪钟撰文)

技击大师赵道新

赵道新

赵道新(1908—1990),原名恩庆生,生于天津一个钟表维修商的家庭。幼时读高小与甲商。修表、邮务、电报虽样样精通,但都不感兴趣。因父亲赵荫棠喜好拳脚,又与当时天津武术业的总霸主张占魁为近邻,于是赵道新在父亲带领下,拜于张占魁门下学习形意八卦,取艺名"振邦"。因赵道新灵性聪颖,初学数月便打败了几名形意八卦高手,轰动津门武坛,被老先生视为后起异材。后来,意拳(大成拳)名家王芗斋和心意六和八法名家吴翼翚来津辅佐青年会等处授拳,张占魁令裘稚和、苗春畲、顾小痴和赵道新相随习练。王芗斋对赵道新的天赋极为赞赏,但因武德难违,不能开口夺他人之徒,逐请张占魁作证将赵道新收为义子,并取艺名"道新"。1929年,张之江特请张占魁赴杭州参与上海武术大赛的组织工作。张占魁带领章殿卿与赵道新赴赛,均获得优胜。而后,赵道新留在上海,在武学会、青年会、税专学校任教。1947年,赵道新回津,在中华武术研究社授拳。

(辑自赵大猷、赵大星文)

中华武术教育先驱刘文华

刘文华

刘文华(生卒不详),字殿琛,直隶深县人,刘奇兰之子,少壮习形意拳,甚有声名,其术得自家传,而远宗忠武拳式。清季在津任法政学校武术教员,全校生徒翕然从之,课余练习未或稍懈。民国初复任京师清华学校教员,当时津门之武士会、京师之尚武学社皆推刘为总教习,与同志磋商欲以武术强中国,编纂教科书呈部立案,颁行全国,适值张坚白先生巡按两粤,刘文华应其聘做岭南之行,议遂中辍,丙辰返京撰《形意拳术抉微》,以供好武术者为之初步。民初,同时兼任京师第四中学武术教员。他温然有儒者之风,蝉联教席,教授勿旷、勿辍,众口翕然,洵所谓艺而进于道矣。1915年,陆军教育令中增加拳术一门,并设立武技教练所,聘刘文华充武技教练所教员,毕业数班,成绩极佳。离京后任太原国民师范学校教师。晚年研究佛事,出家于五台山。

(辑自刘殿琛著《形意拳术抉微》,1920年。略有增补)

后记：献礼中华武士会105周年

本书的汇编始于2012年。这一年，适逢中华武士会成立百年，天津文史界组织召开纪念中华武士会百年学术讨论会，联合台湾逸文武术文化有限公司出版纪念丛书，还与《搏击》杂志社合作推出纪念专刊。

在《搏击》杂志纪念专刊里，收录了50余位武术名家小传，由阎伯群和李瑞林搜集整理，限于掌握的资料，每位武术家只有寥寥数百字，与其丰富的武术人生差之甚远，但是这些基本元素却构成了如今这部书的雏形。

2015年初，天津市问津书院进一步策划中华武士会的学术研究活动，王振良先生建议出版一部中华武士会的人物传记，包括社团历史、传承谱系和名家传记，因为2017年是天津中华武士会成立105周年，也是武术大师李存义诞辰170周年，这本书可以算是献礼。

2016年夏，本书的人物资料征集工作基本完成。入选的范围是，在中华武士会历史上影响较大的开宗立派的武术家，以中华武士会第一代和第二代为主，也酌收第三代中的部分佼佼者。当然，因为资料不足的缺憾，许多贡献卓著的武术家的生平事迹未能征集到位，即使是已经入选的武术家的事迹也由于各种原因，不是非常完善，以致挂一漏万，只能等待以后增补和修订了。

本书的资料来源有三：一是《天津记忆》第113期《中华武士会百年纪念集》论文，二是由中华武士会名家后人或传人重新撰写，三是选自地方文史资料、报刊、文集。此外还有极个别篇章辑录自网络，因无法核实作者暂未署名。

征编过程中，北京科技出版社常学刚老师与编者商量，拟出版"民国武林档案"系列丛书，有意收入这部中华武士会人物传，并提供了许多好的创意，对本书贡献尤大。但经过商议，最终这部书还是纳入"问津文库"中，由天津古籍出版社推出，也算是完成了初衷。

1923年，杨明漪先生著《近今北方健者传》，是历史上首部中华武士会人物传。而今这本书，虽然在历史高度和叙事水准上无法与之相比拟，但也是近年来资料比较翔实的一部中华武士会人物传。所以，我们承接先贤之余绪，取名《国术之魂：天津中华武士会健者传》，旨在彰显中华武士会前辈们的尚武精神与道德风范。

无需讳言的是，本书虽进行了大量的编辑工作，还是存在着许多明显的不足。比如，由于写作者水平、身份、资料来源各异，稿件存在着参差不齐的现象；部分文章中存在着对传统武术的虚夸成分，很多细节还需进一步考证。总之，随着传统武术文化研究的发展，中华武士会的研究还需要一个自我深化的过程。

感谢天津市问津书院,感谢天津古籍出版社推出这本书,使我们这些中华武士会的后人、传人和研究者在中华武士会成立105周年之际,总算有了一个交代。

阎伯群 李瑞林
2017年7月22日

《问津文库》已出书目

(总计 70+3 种)

◎ 天津记忆

沽帆远影　刘景周著	59.00 元
荏苒芳华:洋楼背后的故事　王振良著	49.00 元
津门书肆记　雷梦辰原著/曹式哲整理	49.00 元
故纸温暖:老天津的广告　由国庆著	28.00 元
沽上文谭　章用秀著	38.00 元
百年留踪:解放桥的前世今生　方博著	39.00 元
南市沧桑　林学奇著	79.00 元
津沽漫记:日本人笔下的天津　万鲁建编译	39.00 元
忆弢盦:来新夏先生纪念文集　焦静宜编	92.00 元
与山河同在:天津抗日杀奸团回忆录　阎伯群编	38.00 元
楮墨留芳:天津文化名人档案　周利成著	30.00 元
布衣大师:允文允武的艺术名家阎道生　阎伯群著	30.00 元
口述津沽:民间语境下的堤头与铃铛阁　张建著	28.00 元
大地史书:地质史上的天津　侯福志著	29.00 元
丹青碎影:严智开与天津市立美术馆　齐珏著	28.00 元

立宪领袖:孙洪伊其人其事　葛培林著　　　　30.00元
津门开岁:徐天瑞日记解读　王勇则著　　　　58.00元
水产教育家张元第　张绍祖编著　　　　　　　36.00元
八年梦魇:抗战时期天津人的生活　郭文杰著　28.00元
沽文化诠真　尹树鹏著　　　　　　　　　　　48.00元
圈外谈艺录　姜维群著　　　　　　　　　　　38.00元
记忆的碎片:津沽文化研究的杂述与琐思　王振良著　38.00元
水产教育家张元第集　张绍祖编　　　　　　　58.00元
应得的荣誉:女医生里昂罗拉·霍华德·金的故事
　　[加]玛格丽特著/胡妍译　　　　　　　　38.00元

◎ **通俗文学研究集刊**
望云谈屑　张元卿著　　　　　　　　　　　　39.00元
还珠楼主前传　倪斯霆著　　　　　　　　　　38.00元
品报学丛.第一辑　张元卿、顾臻编　　　　　38.00元
云云编:刘云若研究论丛　张元卿编　　　　　38.00元
品报学丛.第二辑　张元卿、顾臻编　　　　　32.00元
刘云若评传　张元卿著　　　　　　　　　　　32.00元
郑证因小说经眼录　胡立生著　　　　　　　　78.00元
品报学丛.第三辑　张元卿、顾臻编　　　　　48.00元
刘云若传论　管淑珍著　　　　　　　　　　　48.00元
品报学丛.第四辑　张元卿、顾臻编　　　　　58.00元

◎ **三津谭往**
三津谭往.2013　王振良主编　　　　　　　　39.00元

三津谭往.2014　万鲁建编　　　　　　　　　39.00元
三津谭往.2015　孙爱霞编　　　　　　　　　48.00元
三津谭往.2016　孙爱霞编　　　　　　　　　58.00元

◎九河寻真
九河寻真.2013　王振良主编　　　　　　　　59.00元
九河寻真.2014　万鲁建编　　　　　　　　　59.00元
九河寻真.2015　万鲁建编　　　　　　　　　88.00元
九河寻真.2016　万鲁建编　　　　　　　　　98.00元

◎津沽文化研究集刊
《雷雨》八十年　耿发起等编　　　　　　　　55.00元
陈诵洛年谱　张元卿著　　　　　　　　　　　48.00元
碧血英魂：天津市忠烈祠抗日烈士研究　王勇则著　98.00元
都市镜像：近代日本文学的天津书写　李炜著　　38.00元
天津楹联述略　李志刚著　　　　　　　　　　36.00元
口述津沽：民间语境下的西沽　张建著　　　　　56.00元
口述津沽：民间语境下的西于庄　张建著　　　　108.00元
紫芥掇实：水西庄查氏家族文化研究　叶修成著　58.00元
芦砂雅韵：长芦盐业与天津文化　高鹏著　　　　58.00元
王南村年谱　宋健著　　　　　　　　　　　　78.00元
国术之魂：天津中华武士会健者传　阎伯群、李瑞林编　78.00元

◎津沽名家诗文丛刊
王南村集　王焮原著/宋健整理　　　　　　　　68.00元

严范孙先生古近体诗存稿　严修原著/杨传庆整理	48.00元
星桥诗存　苏之銮原著/曲振明整理	58.00元
退思斋诗文存　陈宝泉原著/郑伟整理	88.00元
待起楼诗稿　刘云若原著/张元卿辑注	42.00元
刘大同诗集　刘建封原著/刘自力、曲振明整理	88.00元
碧琅玕馆诗钞　杨光仪原著/赵键整理	58.00元
石雪斋诗稿(附遂园印稿)　徐宗浩原著/张金声整理	68.00元
紫箫声馆诗存　丙寅天津竹枝词　冯文洵原著/杨鹏整理	88.00元

◎ 津沽笔记史料丛刊

严修日记(1876—1894)　严修原著/陈鑫整理	138.00元
桑梓纪闻　马鸿翱原著/侯福志整理	42.00元
天津县乡土志辑略　郭登浩编	98.00元
严修日记(1894—1898)　严修原著/陈鑫整理	128.00元
周武壮公遗书　周盛传原著/刘景周整理	128.00元
天后宫行会图校注　高惠军、陈克整理	128.00元
津门诗话五种　杨传庆整理	78.00元

◎ 名人与天津

李叔同与天津　金梅编	68.00元

◎ 随艺生活

方寸芸香:藏书票里的书故事　李云飞编	98.00元
问津书韵:第十三届全国读书年会文集　杜鱼编	78.00元
开卷二〇〇期　董宁文、董国和、周建新编	168.00元